文化艺术经济学译丛 | 王家新 —— 主编

文创产业创业学

Entrepreneurship for the Creative and Cultural Industries

Bonita M. Kolb　　[美] 博妮塔·M. 科尔布　著　　赵子剑　译

辽宁省版权局著作权合同登记号：06-2016-185

Entrepreneurship for the Creative and Cultural Industries 1st Edition / by Bonita M. Kolb / ISBN: 9781138019546

Copyright © 2015 Bonita M. Kolb

Authorized translation from English language edition published by Taylor & Francis Group LLC; All rights reserved; 本书原版由Taylor & Francis出版集团出版，并经其授权翻译出版．版权所有，侵权必究．Dongbei University of Finance and Economics Press is authorized to publish and distribute exclusively the Chinese (Simplified Characters) language edition. This edition is authorized for sale throughout Mainland of China. No part of the publication may be reproduced or distributed by any means, or stored in a database or retrieval system, without the prior written permission of the publisher. 本书中文简体翻译版授权由东北财经大学出版社独家出版并限在中国大陆地区销售．未经出版者书面许可，不得以任何方式复制或发行本书的任何部分．

Copies of this book sold without a Taylor & Francis sticker on the cover are unauthorized and illegal. 本书封面贴有Taylor & Francis公司防伪标签，无标签者不得销售。

图书在版编目（CIP）数据

文创产业创业学 / （美）博妮塔·M.科尔布（Bonita M.Kolb）著；赵子剑译.—大连：东北财经大学出版社，2018.5
（文化艺术经济学译丛）
ISBN 978-7-5654-3094-7

Ⅰ．文… Ⅱ．①博…②赵… Ⅲ．文化产业-创业-研究 Ⅳ．G114

中国版本图书馆CIP数据核字（2018）第033333号

东北财经大学出版社出版发行

　　大连市黑石礁尖山街217号 邮政编码　116025
　　网　　址：http://www. dufep. cn
　　读者信箱：dufep @ dufe. edu. cn
大连图腾彩色印刷有限公司印刷

幅面尺寸：170mm×240mm 字数：247千字 印张：23
2018年5月第1版 2018年5月第1次印刷
责任编辑：李　季　徐　群 责任校对：田杰玉
封面设计：张智波 版式设计：钟福建
定价：58.00元

教学支持　售后服务　联系电话：（0411）84710309
版权所有　侵权必究　举报电话：（0411）84710523
如有印装质量问题，请联系营销部：（0411）84710711

"文化艺术经济学译丛"总序

王家新

谈文化艺术经济学，势必要从"文化""艺术""经济"这些范畴开始。一方面，文化与经济是并列关系下的永恒命题，从文化人类学、历史动力学、系统论的视角，可以解析两者共生、互动、一体化的进程。学者们沿着文化与经济这两个维度，在历史脉络中通过种种途径寻求两者融合发展的轨迹。而文化与艺术的关系则是整体与局部的统一，无论文化的定义如何纷繁复杂，艺术作为文化的子系统都是毋庸置疑的。因此，文化艺术经济学可以描述为：一个以经济学为系统工具和参照系，以文化艺术活动为变量和研究对象的经济学分支。其核心问题有二：一是包括艺术在内的"大文化"是如何促进经济发展的；二是如何最大程度地提供文化艺术产品、有效配置其资源的问题。两个核心问题衍生了不同的方法和路径，而这种交叉的、跨学科的研究又开辟了新的领域，由此或许可以阐明这套译丛名为"文化艺术经济学译丛"，而非"文化经济学"或"艺术经济学"的缘由吧。

回望文化艺术经济学的发展历程，上述两个核心问题的研究境遇迥异。从文化与经济的二元对立，到因发展不平衡而打破两者的藩篱，夹杂着政治经济学与文化研究的论争，复苏于新经济地理学等为代表的经济学"文化转向"，繁荣于新制度经济学、计量经济学等对新古典经济学的超越。"大文化"促进经济发展问题的视域里硕果累累，包括韦伯（Max Weber）关于文化和宗教对经济体系影响的研究，也包括诺思（Douglass C. North）对意识形态作为合约实施的变量影响经济发展的新锐观点。相比之下，对文化艺术产品生产及文化资源配置的研究则进展缓慢，滞后于日新月异的生产实践。

文化艺术是人类文明演进过程中形成的独特精神资源。长期以来，由于文化艺术对经济社会发展的作用不同于其他要素，是以一种潜移默化而不是剧烈的方式，通常在深层次而不是浅层次上施展其巨大的影响力，因而未从实践和学理上得到应有的重视。进入工业革命后，产业分工格局逐渐形成，自伏尔泰抛弃"桂冠诗人"的封号而投身出版业开始，文化艺术品也被纳入大规模工业化生产体系，如古典音乐被制成唱片、名家绘画被仿真复制并广泛传播，使高端精神消费从宫廷、贵族进入中产阶级乃至寻常百姓家。20世纪后期，信息技术广泛应用于文化创作、生产、分配和消费的各个环节，进一步推动了文化大众化趋势。新一代消费者大量使用互联网、移动电话和数字化媒体，不仅扩展了自身文化体验的范围和方式，而且从文化信息的被动接受者转变为文化内容的主动创造者，文化对经济社会的渗透力、影响力在裂变式扩大增强。在欧美、日韩等国家和地区，文化产业早已成为支柱性产业甚至是第一大产业，其对GDP和就业的贡献率不容小觑。我国在实现建设社会主义文化强国战略目标的进程中，文化产业成为国民经济支柱性产业，亦即其增加值超过GDP 5%将成为最醒目的里程碑。原来习惯说"文化搭台，经济唱戏"，现在看来文化本身就是一台戏，是新的经济增长点，是转变经济增长方式的重要抓手，是满足新民生的重要内容，是一个国家软实力和综合实力的重要体现。可以说文化艺术产业已经成为以创新创意驱动为特征的现代经济的重要组成部分。

经济学的任务是辨析事实、指向未来，经济学从未放弃对文化艺术这一"非经济因素"进行经济学分析和探索，这固然可以视作"经济学帝国主义"的不断扩张，但追根溯源是因为经济学本质上对理性和效率的偏好。早在庸俗经济学时期，萨伊（Jean Baptiste Say）、西斯蒙第（Sismondi）、李斯特（Friedrich List）就开始了对文化艺术生产问题的探索。到了古典经济学时期，休谟（Hume）、杜尔哥（Turgot）、亚当·斯密（Adam Smith）都从经济学的角度对文艺问题进行了思考，约翰·罗斯金（John Ruskin）更是明确主张将文化与艺术价值放在经济理论分析框架内，这些思想产生了深远的影响。然而，文化的使用价值如同人类赖以生存的水和空气一样不可须臾或缺，其交换价值又如钻石般弥足珍贵、不可复制，文化这种兼具钻石和水的特征的价值悖论现象，使得经济学无法使用既有标准化程式对其进行阐释，制约了这一领域理论研究的进展。真正标志着文化艺术经济学发展成为经济学领域跨学科研究的一个重要分支的，是1966年美国经济学家威廉·鲍莫尔（William J.Baumol）和威廉·鲍恩（William B. Baum）发表了《表演艺术：经济的困境》。在此之后，文化艺术经济学以美国为中心迅速彰显起来，众多的经济学家加入到讨论中，标志性的专著也随之出现，如1976年布劳格（Mark Blaug）编著了第一本文化艺术经济学读本，而索罗斯比（Charles David Throsby）和威瑟斯（Clen Withers）合写了第一本文化艺术经济学教科书《表演艺术经济学》。经过数十年的积累，西方学界逐步建立了比较完备的研究体系和框架，初步改变了文化艺术经济学理论滞后于实践、滞后于经济学其他学科的窘境。

文化艺术经济学在诞生伊始就肩负着鲜明的现实指向：在研究内容上，西方文化艺术经济学基本形成了以表演艺术经济、博物馆经济、电影经济、视觉艺术经济、数字艺术经济为核心的基础框架；在研究方向上，形成了艺术经济学特殊本质和特征研究、艺术与社会发展之间的关系研究，以及基于艺术行业特性的政府公共政策研究三个基本方向。其中，政策导向成为西方艺术经济学的突出特点，这是由于文化艺术生产和消费对经济社会发展的作用日趋重要，文化经济政策的决策过程也变得更加复杂，深度了解这些趋势的成因、把握其规律，对相关政策决策将大有裨益。经济学不仅为文化政策制定提供必要的知识框架和分析工具，还可以形成具有实际意义的政策建议，有利于文化政策在经济价值和文化价值之间找到结合点。事实上，近年来西方文化艺术经济学的发展，很大程度上受到参与拟定政策者的推动，即英国学者贾斯汀·奥康纳（Justin O'Connor）所谓的"知识掮客"（knowledge intermediaries）。最具代表性的就是撒切尔夫人时期用文化与艺术促进城市复兴的政策导向，以及 1997 年工党赢得大选后提出的发展创意产业的议题。

然而，文化艺术经济学不是西方独有的命题，早在唐宋时期我国书画市场就已十分成熟，在米芾的《画史》《书史》《宝章待访录》等著作里可以看到历代皇室、豪门贵族及士大夫、寺观僧道乃至小工商业者经营、消费活动的记载。但是，我国现代文化艺术经济学研究起步较晚，在迅速发展的进程中必然要吸收借鉴西方国家的研究成果。事实上，1986 年《国外社会科学文献》所译介的法国学者梅西隆（H.Mercillon）的"艺术经济学"一文，对我国 20 世纪 80 年代初期的艺术经济学研究产生了深远影响。而今，随着全球化进程加快和文化艺术产业的发展，文化艺术经济学也随之兴起，必将成为我国综合学术研究趋势下的一个重要新兴领域，并在现实语境中逐渐寻回自己理论探索的志向。我国经济发展已转向扩大内需，引导、挖掘人们对文化艺术领域的巨大需求，并把这些潜在精神文化需求转化为有效的市场要素和新的经济增长点，是推进文化产业成为支柱性产业、转变经济发展方式的重要途径。同时，中央对推进文化产业实现跨越式发展的战略部署，国务院学位委员会《学位授予和人才培养学科目录（2011年）》的相关修订和调整，对文化艺术经济学教育和研究提出了新的、迫切的现实需求。

正是为了满足新时期、新形势下拟定政策、指导实践、培养人才的需求，东北财经大学出版社秉持"高雅、高端、高瞻"的出版人文理念，引进西方文化艺术经济学理论研究的最新成果，推出了"文化艺术经济学译丛"，作为完善我国文化艺术经济学的重要知识参考和研究依据。编者从普林斯顿大学、剑桥大学、布伦伯格等大学和专业出版社出版的众多书籍中，遴选出具有代表性和影响力的新书，洽谈版权，协商翻译事项，全面启动丛书的编译出版工作。所选著作内容涵盖当代艺术品市场、文化政策、艺术金融、文化遗产等诸多领域，具体考察文化艺术在国外特别是发达国家运作的实际情况，相关政策议题具有前瞻性、创新性。东北财经大学出版社一直以"集结全球智慧、凝聚智识人生"为己任，引进出版了1 000多部国外财经类图书，这个书系是东财版财经译著的新成员，相信会对当代文化艺术经济学教育产生信息共享、知识溢出、协同创新效应，对我国文化产业发展发挥积极的推动作用。

习总书记在党的十八大闭幕时的记者见面会上说，我们的责任，就是要团结带领全党全国各族人民，接过历史的接力棒，继续为实现中华民族伟大复兴而努力奋斗。任何事业都是这样，要传承、要开拓，要站在巨人的肩膀上创造自己的高度。或许这套译丛所选择的未必是文化艺术经济学中最好的、最重要的著作，但相信终有一天，会有更适合我国文化艺术实践、足以确立文化艺术经济学学科地位的代表性著作由此诞生。这正是我们编译这套译丛的初衷所在。

许多从事创意工作的人从青年时代起便会有画家、音乐家、作家、设计师或表演艺术家的自我意识。他们可能已经在各个大学、学院、艺术学校或音乐学校花费了数年的时间，不断地获取灵感、找寻榜样、完善技艺。在他们生命中这些激动人心的青春岁月里，或许并没有人会谈及太多关于毕业之后等待着他们的残酷现实。

当然，在充满不确定性的经济时期，任何一个大学的毕业生都不再确保能够顺利就业。如果这种状况对拥有商科、法律和教育这类职业领域学位的毕业生来说是严酷的现实，那么在创意行业领域里更是如此。部分学生将足够幸运地成为全职的画家、音乐家、作家、设计师或者表演艺术家，从而自食其力，但其余那些具有天赋和创造力的毕业生又该怎么办呢？

还有其他的方法为具有创意技能的个人构建职业生涯，这就涉及了创业学（entrepreneurship）①。他们可以下决心自己创业，销售创意产品。即便他们决定在业已存在的营利性创意产业或非营利性文化组织中谋取职位，他们也会很快发现二者都是在高度竞争性的环境里生存发展的，而创业技能在其中将是具有价值的。

什么是创业者？传统的定义通常包含这样的词语：创业者是组织、管理某项商业事务并承担其风险的人。新近的定义则进行了扩展，包括了所有的企事业形态，无论是商业的、政府的机构，还是非营利性的组织。新定义里还包括了首创精神这样的词。创业行为要求个人发挥领导作用，而不仅仅是按部就班。它需要可以预见某种可能性，并将其变为现实的人。当然，这也是所有从事创意行业的人都融入到自己的工作中的过程。通过对本书相关知识的运用，从事创意工作的人不仅能创作一件产品，还可以创造出新的商业或非营利性的机遇。

创业规划

无论从事创意行业的个人是决心在既有的组织里工作，还是开创自己的事业，又或者二者兼而有之，他们都需要了解如何通过撰写创业规划来抓住一件产品或服务的想法并使其变成现实。创业并非与艺术家所从事的从最初灵感到最终作品的创造性过程完全一样。这个过程始于对一个想法的探索，继而是目标的创立，最后终止于执行层面。

创业的过程发端于对消费市场的探索，以期发现一件由创意人员或组织

---

① 创业学(entrepreneurship)包含多层意思,既表示企业家精神,也可以指具体的企业管理技能,还可以指研究创业过程的学科:创业学。创业者通过发现、识别和利用商业机会,整合各种资源,提供产品和服务,以创造价值的过程,即创业学的研究内容。本书的目的和内容是教授文化创意产业的创业方法和技能(译者注)。

生产的产品是如何提供出与其竞争对手的产品相异的独特价值。之后创业者将会分析产品，找到定位准确的客户群，并对定价、分销和推广进行决策。一旦把创业规划编制出来，最后的步骤便是实施。这当中包括了金融、法律和管理方面的问题。虽然创业并不适合所有人，但至少理解商业如何运作将使任何人都可以成为一名更具有价值的雇员。

第一部分　寻找灵感

在构建创业规划之前，必须要理解一些基础性的创业概念。这些概念被涵盖于本书的前三章里。第1章涉及作为商业而言的创意和文化。虽然可能具有普遍性，但关于什么是艺术以及艺术的货币价值，社会的看法已经发生了改变。除了对基础性商业概念进行解释外，第1章还将讨论这种不断变化的观点是如何影响文化产品的生产、分销和购买的。虽然在艺术和手工艺之间的区别上存在各种不同意见，但对二者来说创业的过程却是一样的。此外，多数创意产业的商业活动都是以营利为目的的，而文化组织往往是非营利性质的，但二者在制订创业规划时可以遵循同样的结构。

第2章开头部分将叙述确定艺术家自身以及那些潜在创意企业的使命、愿景和价值观的必要性。做完这步之后，就需要对创意企业的内部资源进行一次诚恳的评估，包括财务和人力方面的资质。接下来，需要对创业所处的外部环境进行审视，包括竞争对手、社会文化的变迁、技术进步和经济形势。在这之后，便可以把信息聚合起来，逐一分析优势、劣势、威胁和机遇。最后，要对营销目标、意图和策略进行决断。当然，创意工作者或许并不会有外部环境意识，他们也许对目标客户的设定也不太确定。正是基于这些原因，第3章的焦点将放在研究方法上。

第二部分　创建业务

　　创业的第一步是确定产品优势和消费者需求之间的匹配度。为了找出这种匹配度，创意企业主必须首先理解产品可以提供给客户的效用。因此，第4章讨论了如何分析一个产品所具有的核心效用、形式效用、延伸效用和辅助效用。这一分析将使创意企业主能够做出关于其竞争优势的决策。接下来，创意企业主需要找到对购买产品感兴趣并能获得相关效用的客户群。第5章运用了地理、人口和心理的特征分析如何锁定目标客户群。虽然创意工作者可能会希望跳过这个步骤，这常常是因为他们对自身的创意成就深信不疑，于是就假定每个人都会掏腰包购买其产品，但实际上离开这一步，任何的成功都纯粹是运气使然。

　　第6章将阐释收入、销售成本、运营费用和利润的概念。此外，定价模型也将被讨论，因为选择正确价格的能力对确保组织的财务存续来说至关重要。很多创业者并不会考虑如何对其产品进行分销。第7章则涵盖了运用工作室、商店、线上或博览会这些类型的直接分销渠道。另外，包括零售商在内的间接渠道亦在讨论范围之内。

　　最后，创意企业主已准备好制订一份推广计划。第8章涵盖了品牌战术的重要性，并且阐释了传达产品效用的营销信息的必要性。这样的信息可以通过广告、销售激励、公共关系和人员推销这类传统的推广方法来传播。随着社交媒体在商业推广中运用的增加，必须对自媒体（owned media）、付费媒体（paid media）和赢得媒体（earned media）①的新区别加以理解。因此，第9章阐释了如何发展一种整合传统推广方式的社交媒体战略。

---

　　①　赢得媒体(earned media)，即用户口碑(译者注)。

第三部分　创业成长

一旦创业开始启航，如果想让企业成长壮大，我们还需要了解其他方面的一些知识。第10章提供了包括银行业务、资金来源和财务报表在内的额外的财务信息。第11章涵盖了辅助性的分销方案和物流问题。此外，这一章还包含了如何有效利用那些由寻求通过创意产业来鼓励经济发展的社区所提供的各类项目。最后，第12章提供了关于法律和税务问题的实用信息。由于成功的创意企业主可能还希望增加员工数量，因此这一章还包括了关于招聘流程的一些基础信息。

辅助资源

每章结尾的练习都可以用来帮助我们撰写创业规划。附录部分是创业规划的提纲，并配以各章能够帮助提供的所需信息。

目　录

第一部分　寻找灵感

这是你开始创业之旅的起点：不是用乐器，或者其他的艺术媒介，而是从一个想法开始。你已经是个充满创意的人——现在你需要找到的是用你的创造力为你赚取收入的方法。

第1章　艺术、文化和创业学

第2章　让梦想成真

第3章　研究竞争对手和客户

"成熟完善且训练有素的天才总是对市场感到很确定，仿佛它是在自行运作：但其实不应蜷缩在家，期盼着别人的追捧。"

《给皮埃尔·帕里斯·欧文的信》，华盛顿·欧文，1824年

Well-matured and well-disciplined talent is always sure of a market， provided it exerts itself： but it must not cower at home and expect to be sought for.

Washington Irving，Letter to Pierre Paris Irving，1824

第1章
艺术、文化和创业学

虽然许多人把艺术和商业视为互不相干的两件事，但实际上我们没有理由认为具有创意技能的人不能成为成功的商人。

1.导言

艺术家个体、创意产业，甚至文化组织其实始终都在商业的范围内活动着，尽管并非所有人都能成功地对其创作进行定价、推广和分销。实际上，一些从事创意行业的人很排斥把艺术和文化视为生意的想法，认为艺术和文化应该与商业世界保持距离。尽管如此，艺术和文化一直以来还是不断地被定价、分销和推广。在过去，从事这些商业性活动的常常是销售作品的推广人、代理人或画廊，而非艺术创作者本人。今天，通信技术使得从事创意工作的个人可以直接面向潜在客户进行推销。然而，鲜有创意工作者被传授这方面的技能，从而成为成功的生意人，因为商业活动涉及的内容比创作一件作品要纷繁复杂得多。

本书的任务在于教授理解创业的基本技能，以便创意工作者无论是经营营利性的创意产业，还是管理非营利性文化组织都能够成功地走上创业之路。通过学习创业技能，创意工作者可以把更多的时间花在对其艺术和文化产品的创作生产上，因为这样一来他们可以免除为了增加收入而从事兼职工作的困扰。此外，如果在非营利性组织工作的创意工作者能够增加组织收入，那么他们也会在融资筹款方面节约时间和精力。这些艺术家兼生意人在经营着专注于销售自己的艺术产品的小企业，又或者管理着创意和文化组织，他们通常被称为创意企业主或创意产业的创业者（creative entrepreneurs），有时简称为创客（creatives）①。为了获得成功，创客必须学习各类可以使用的商业结构和所有权模式；创客必须很好地理解创意产业类初创企业所独有的特点；创客还必须懂得创业规划的用途及其构成要素。

创客感言：海伦娜·伊沃奇洛娃（Helena Vyvozilová）

海伦娜认为自己所做的事不是销售，但实际上她的公司为各种场合提供音乐团队和合唱团服务。此外，她还为客户组织各类活动：从团队建设到大型盛典都有。海伦娜在网上进行销售，但大部分新客户则是通过私人推荐而获得的。她自诩提供的是高度个性化的服务。就创业技能而言，海伦娜唯愿早先时候她可以：

- 更有耐心，因为事业是随着时间推移慢慢建立起来的；
- 在筹集资金方面更加地积极主动；
- 少一些理想主义，对残酷现实有更深入的了解。

欢迎访问海伦娜工作室网址：www.hmmanagement.cz。

2.艺术和人

作为理解艺术、文化和商业之间关系的第一步，我们可以回顾一下人类

---

① 创客最早译自英文单词"Maker"，源于美国麻省理工学院微观装配实验室的实验课题，此课题以创新为理念，以客户为中心，以个人设计、个人制造为核心内容，参与实验课题的学生即"创客"。从汉语语意来看，"创"指创造，"客"指从事某种活动的人，"创客"代指勇于创新，努力将自己的创意变为现实的人。近年来，在中国"创客"与"大众创业，万众创新"联系在了一起，特指具有创新理念、自主创业的人。文创产业的核心即创意，文创产业的创业者要想获得成功，创新自是必然要素，故对"creatives"一词的翻译借用"创客"这个既有词汇。为了简洁精练，原著中出现"creative entrepreneurs"的地方多数对应"创客"一词，从而避免使用创意企业主或创意产业的创业者这样的直译所带来的繁琐(译者注)。

社会关于艺术的观点是怎样发生变化的。通俗定义认为，艺术是专业艺术家所创作的、专门以凝思而非实用为目的的产物。然而，这个把艺术作为艺术家的个体表达而不带任何实用功能的定义直到18世纪才被人们接受（Staniszewski，1995）。在那之前，艺术作品和表演被视为社会文化的一种表达方式。艺术被创作出来，寄望成为反映一个社会的价值观和信仰的有形产品，而不仅只是注重艺术家自己的视角。

于是，作品不是作为艺术被创作出来，而是为了满足特定的人类需求，尽管现在它们或许已被视为艺术。这些需求都是很实用的类型，如制作陶碟用来进食，但其中也包含精神需求，如供奉之用的雕塑或音乐。无论是满足实用需求，还是满足精神需求，这两类作品被创作出来都体现了特定社会文化的价值观。因此，艺术家把个人的意念融入到作品中则被认为是完全没有必要的。

实际上，把个人的内在意念看作艺术创作的必要元素是现代的发明。在较早的历史时期，只有工艺技能才被认为对物品的制作是必要的（Greffe，2002）。物品或许对其使用者来说具有美感或富有意义，但首要目的还是要实用。人们认为工艺技能对艺术创作才是必要的，而非所谓的艺术洞察力。

在文艺复兴时期，艺术才开始被提升到高于刻板技艺的位置上。然而，艺术的创作仍然被认为是一项可以学习的技能。直到18世纪，艺术的洞察力和天赋才被加入进工艺技能里成为艺术创作的必要因素。虽然美术家或许可能希望获得技术技能，从而更好地创作自己的意念想法，但仅凭技术技能已不足以称其为艺术家。要成为一名真正的艺术家，思想是必不可少的。

2.1 评估艺术产品价值——美学、经济或二者兼有

由于具有艺术洞见力的人比较少，因此他们的创作产物除了作为艺术品具有美学价值外，还会作为稀缺商品而具有价值。在中世纪，这些稀罕的作品只有皇室和教会才能够负担得起。然而，在18世纪，随着市场经济的兴起，商人阶层也拥有了可以购买艺术的财富。这些商人购买艺术品或许是因为他们希望获得作品所带来的美的享受以及分享艺术家独特视角的满足感。但是，艺术的价值不仅来自作品本身，它还存在于艺术作品的稀缺性之中（Budd，1995）。商人们懂得稀缺商品的价值所在，他们购买艺术也因为其具有保值性，并且可以转售获利。

高雅/低俗：艺术（art）与工艺（craft）之间的区别曾被解释为，艺术是艺术家内在意念的表达，而工艺则是为了获得他人的赞赏和认可来制作的。尽管如此，工艺仍然可以成为内在意念的产物，即便创作出来的作品对消费者来说具有实用价值。在出现于17世纪的关于高雅和低俗文化的区别中，我们可以找到理解那些由谁来决定艺术的定义和消费者的判断之间的人为分割的方法（Woodmansee，1994）。随着越来越多的人有支付艺术作品或表演的钱，那些上层阶级的人却开始感到沮丧失望，他们不再选择所谓的高雅艺术，转而把钱花在了诸如言情小说和音乐厅演出这类流行性娱乐活动上面。上层阶级认为选择不参与高雅艺术一定是因为智慧才情的缺失。如果大众不愿意为艺术买单，那就是大众的错，而不是艺术的错。照此观点来看，受大众欢迎的艺术就不会是好的艺术（Gans，1997）。因此，喜爱流行文化的人就被认为是在智力方面较差的人，于是"弱智化"（dumbing down）这样的术语就被用来指称文化的流行化。

从传统意义上讲，高雅艺术被认为是传递了一种应该不偏不倚地思索其

内在属性的精神真理，而非外在的美学。如此这般的高雅艺术被认为是超越庸俗的价格概念的，尽管其消费同时体现了买主的知识涵养和财务状况。虽然上层阶级认为关于价格方面的考虑显得很庸俗，但是许多著名的艺术家却对挣钱很感兴趣。活跃在意大利文艺复兴时期的艺术家多数都是精明的商人。甚至莎士比亚的戏剧也是为了从票房收入中获得利润而创作出来的（Levine，1988）。当时的戏剧公司会书立合同，规定给其优秀剧作家相应合理的酬劳，但如果这样定向委托创作的结果无法令人满意，他们则会弃之而去。

艺术的价值：艺术具有两种价值，即美学价值（aesthetic value）和货币价值（monetary value）。当然，这两种价值在客户的购买动机中是可以结合在一起的。当一个人若是对一件艺术作品的美学价值高度赞赏时，就会愿意为此美学价值支付相应数量的钱。又或者，一个人也会仅出于货币价值的考虑而购买一件艺术品。在这种情况下，这个人认为这件艺术品具有美学价值与否已变得不重要了，只要这件艺术品具有货币价值，并且在将来的某个时候可以实现转售获利即可。当然，一个人或许还会认为这件艺术品同时具有美学价值和货币价值。在这种情况下，购买这件作品既是出于享受美的原因，也是为了在现金需求增加时可以进行转售。

那些为了艺术审美情趣的个人享受而实施购买行为的人可能仅凭个人喜好就做出了购买决定。然而，如果人们是因其货币价值进行购买，正如他们将来或许会售出艺术作品一样，他们很有可能向这一领域知识渊博的专业人士咨询意见，如艺术品经销商、画廊业主、艺术代理人或推广人。

思考问题：我怎么看待艺术和文化应该被评估这件事？

工业界和艺术圈有什么共同点吗？他们都需要设计师

成立于1897年，位于美国宾夕法尼亚州的鲁迪艺术教学工作室（The Rudy Art Class Studio）有着工匠手艺的根基。尽管如此，它现在却为大型项目进行建筑玻璃的制造。虽然它满足了这一类型大客户的需求，但是它也想服务于需要独特产品的小设计师。结果就成立了由金属工匠、玻璃制作师和木工组成的鲁迪艺术合作社（The Rudy Art Collective）。现在设计师们拥有了一间可以为其客户找到创意产品的一站式商店。

合作社的弊端之一是艺术家个人不能完全控制一个项目。但是，合作社的优势在于各个成员会带入互补性的技艺，艺术家可以从别人的作品中获得灵感。对与作为合作社一部分的大型工业化公司进行合作的个体艺术家成员来说最大的好处在于，他们现在可以接近那些先前没有发现他们的客户。在为工业化组织工作的同时，合作社的成员们仍然自视为艺术家，并且表现出了完满完成协同工作的效果。

正如合作社的脸书（Facebook）主页上所阐释的那样，"鲁迪艺术合作社把艺术性和工业性（artistry + industry）结合在一起。我们是把建筑概念转化为艺术生产的艺术家、手艺人和工程师"。

Rudy Collective 和 Burkey，2013

思考问题：有没有什么地方性产业可以让我的创意天赋在满足其客户需求方面发挥作用？

3.艺术这门生意

艺术和文化的潜在客户被归入消费者市场（consumer market），在这其中个人出于个人使用的目的购买产品，而在商用市场（business market）中，各类组织要么为了转售的需要进行购买，要么为了其他产品生产环节所需进行购买。

在艺术的消费者市场中，人们为了自身效用而购买艺术产品，如在家里进行展示或者作为礼物进行赠予。当对消费者市场进行营销时，就需要强调可以通过所有权而获得的个人效用。

艺术的商用市场涵盖了诸如教育机构、民间组织和企业在内的各类组织，其购买艺术产品往往是为了在公共空间或办公场所进行展示，又或者是出于增加藏品的目的。当对商用市场进行营销时，就需要突出艺术产品的质量和价格，而非个人效用。

3.1 艺术中介——在创作者和购买者之间

当画廊和艺术经销商这类组织为了面向消费者进行二次转售而购买艺术产品时，它们扮演着中介的角色。当使用中介销售艺术作品或者直接把作品卖给消费者时，艺术家面临着选择。从历史上看，在过去艺术家要对消费者进行直接销售是很困难的，因为他们没有能力轻松地推广和分销其作品。由于具有购买艺术品欲望的是少数人，所以就需要中介进行定位找出潜在客户，并对艺术家的作品进行营销。因此，中介具有对艺术进行推广的优势，而弊端在于它们会拿走利润的一部分。

通信技术的进步和开展电子商务的能力让创客直接进行营销推广成为一件更加容易的事。通过创客和消费者之间进行关于产品特点和效用的双向交流，社交网站增强了直接面向消费者进行推销的能力。支付技术的进步为所有人提供了在任何地点都可以处理货币交易的能力，这让创客不必亲自到场便可以获取收入。作为通信和支付技术进步的结果，艺术家已经可以通过创建在线工作室、运用社交媒体进行推销，以及把其作品直销给消费者，从而自己充当中介。

那些创作诸如音乐、戏剧和舞蹈这类基于表演艺术的创客，同样面临着是否运用中介或是直接向消费者进行销售的抉择。演艺中介是指按收入的一定比例提前预订场地的代理商。如果演出的上座率不佳，表演者仍然可以拿到合同约定的报酬。正因为存在这样的财务风险，代理商通常只对为业已成名的表演者做中介感兴趣，因为这样更易于售票。如果表演者自己充当中介，他们便要承包下一块场地，然后直接把门票推销给消费者。如果门票没有售出，表演者将会承担风险，因为他们照样必须支付场地租金。因此，他们必须投入时间和金钱宣传推广演出。不过，他们也将直接获得从更高的门票收入中获益的好处。

思考问题：我将会使用中介吗？又或者我直接与客户进行交易？

4.创业之定义

可以这样说，创意和商业是一对天作之合。实际上，还可以这样说，创业只不过是创意表达的另一种方式而已（Hansen，2014）。富有创新精神和发愤图强往往是创意人员与生俱来的特质，这也是商业成功的两个必要因素。然而，在过去对一个艺术家来说，很难做到在保证有时间创作艺术作品的同时还能管理好生意。正如前面所讨论的，技术的进步已经使直接面向消费者推销产品变得更加容易。但是，越来越多具有创意技能的人开始对营销自己的产品或组织产生兴趣其实是另有原因的。随着来自政府渠道的补助资金的减少，通过销售产品获得收入对创意人员来说已经成为越来越有必要的事情。

创意人员愿意冒险创作新的艺术作品是因为他们对创作出来的作品质量怀有坚定的信心（Cowen，1998）。对一件产品将如何惠及消费者的信念则可以用来定义什么是成功的创业者。因为对创意人员和创业者来说，财务上的成功并非终极目标，金钱只不过是达到目的的一种手段。对传统的创业者来说，财务上的成功是其产品为消费者提供了效用的证明，而且经济回报也使得公司可以成长壮大。对具有创意技能的创业者来说，经济上的成功意味着他们的作品获得了大众的认可，而金钱是支付费用、购买原料和拥有更多创意自由的保障手段。

不幸的是，鲜有大学为就读音乐、艺术、设计和戏剧专业的学生开设教授基本商业技能的课程。即便人们认识到应该学习管理、营销和财务技能，传授这些科目的课程往往也不会专门为创意类专业的学生而开设。这是很遗憾的事，因为向相关艺术和文化管理专业的学生教授初创企业创业技能的课程实为一种迫切的需要（Bauer et al.，2011）。

4.1 组织的类型——所有企业都是组织，而并非所有组织都是企业

所有的企业都是组织，而并非所有的组织都是企业。组织不过是一群分享共同目标的人而已。主要的组织形式有政府、非营利性组织和企业，它们

在所有权、税收义务和组织目标方面各有不同。

政府：政府组织由被选举出来的官员组成。这类组织的目标是提供诸如教育、医疗和社会福利需求的核心政府职能。它们还可以通过维护如公园、剧院和博物馆这类公共设施达到提高公民生活水平的目的。政府组织可以在国家层面和地方层面形成。它们甚至可以具体到一个单一社区。在政府组织工作的人从税收或国有资源的销售收入中获得薪酬。

非营利性组织：有一些组织由特定的人群发起设立，目的在于解决未被政府和企业所满足的特定的公众需求。非营利性组织，又称为非政府组织或慈善机构，它们由那些有着解决社会问题愿望的有志之士组成，通常包括艺术和文化组织、健康和公众服务机构，以及宗教团体等。它们是否与政府机构一起或者代替政府机构提供服务则在各个国家有所不同。

这类组织可能会通过收费的方式从接受服务方直接获得资金。但是，即便这样的情况真实存在，来自这些渠道的收入仍然不足以弥补费用支出。因此，非营利性组织必须通过政府补助或私人捐款获取额外收入。正是由于达不到产生利润的必要收入水平，让企业难以对提供这类服务感兴趣。因为非营利性组织提供的是企业无法提供的公共服务，所以在许多国家它们都是免税的。文化组织通常都是非营利性的，因此它们需要通过资金的募集才能获得组织生存所需的足够收入。但是，捐赠者更有可能支持那些懂得商业规律的企业型非营利性组织，因为它们更有可能成功地履行其使命。

企业：企业由单个的人或一群人所创立，为的是提供产品以换取资金。供给的产品可以是某种有形商品，或者是某种服务。在企业里，从销售收入获得的资金必须要能够支付生产有形商品或提供服务所产生的成本费用。此外，还必须有足够的收入支付企业的管理费用，并且还能产生利润来维系企业主的生活。然后，额外的利润才能用于开销、储蓄或对企业进行再投资。

企业营业税是政府收入的主要形式。像设计、时尚和科技这类创意产业，连同由艺术家创立的个人企业一起，都属于营利性商业组织。

思考问题：我将组建一个非营利性组织还是创立一家企业？

5.企业组织结构

如果具有创意技能的创业者想要开设的是企业这种组织类型，就必须对其所要采用的组织结构进行决策。企业可以按四种不同方式组织，其中财务风险和经济回报各有增减。企业组织结构可分为：个人独资（sole proprietorship）、合伙（partnership）、法人团体（corporation）、合作社（cooperative）和非营利性组织（nonprofit），见表1-1。

表 1-1　　　　　　　　　　　　　　企业组织结构

企业/组织	优势	劣势
个人独资	不用分享决策权	独自承担经济风险
合伙	两个资金/理念渠道	意见分歧风险
法人团体	保障个人资金	法律/财务资料繁琐
合作社	成本费用共担	对产品没有控制权
非营利性组织	免税	对董事会负责

5.1　个人独资——单打独斗

个人独资企业是由单独一个人所拥有和管理的商业组织。如果生意亏损，企业主承担所有经济风险，但如果生意盈利，也将收获全部的经济回报。大多数小企业，包括创意产业的初创企业，都采用了这种组织结构方式。虽然背负着所有的经济风险，但是个人独资企业的优势却在于，决策过程不需要共享，并且创业者可以创建自己的企业理念。这对不愿意在产品类型和组织使命上让步的创客来说是具有吸引力的。许多创客在创业时就抱着保持小规模经营的打算，为的是他们能够对企业全部决策保有控制权。

5.2　合伙——两个人总比一个人好

第二类组织结构形式是合伙企业，这类企业的所有权由两个或两个以上的人共享。合伙企业的优势在于，有一个以上的人提供创业启动资金以及创意和商业方面所需的技能。合伙企业还有另一个好处，即为了创建一家成功的企业同时有不止一个人在勤奋努力工作，避免了孤军奋战。合伙企业的劣势在于，假如情况不按上述发展，合伙企业可能就会走到尽头。如果每一个合伙人不能同等地专注于使企业成功，合伙企业的结束过程会异常痛苦心酸。如果合伙企业最终失败，每一个合伙人都有可能为另一方的债务承担法律责任，这有可能产生巨额开支。因此，假如要建立合伙企业，应该拟写相关法律协议来规范合伙人的权利和责任。

5.3　法人团体——是的，从法律上来说它就是一个人

法人团体是企业组织的一种独特形式，在这种形式下企业被视同与自然人具有一样的法律地位。这可能让人感觉有些奇怪，因为大家都知道法人并非真正的人。然而，由于若干原因，让法人具有与人同等的法律地位是有益处的。如果企业是合并起来的，收入归法人团体所有，就可以反过来用其支付管理费用和业主所得。如果企业运营不佳，法人破产，法人团体会损失全

部资金，但是个人储蓄和企业主的财产则不会有风险。这就是法人团体被称为有限责任的原因。当这种形式的商业实体最早在19世纪40年代的英国建立起来时，其创建的理由之一是有限责任可以使穷人也进行创业，因为他们不必倾其所有于生意风险之中（Micklethwait 和 Wooldridge，2003）。组建一家法人企业涉及诸多法律文书资料工作，具体组建工作在各个国家略有不同。这在过去可能需要聘请一名律师，但在今天有很多自助型网站可以帮助创业者完成这个过程。随着个人独资企业或合伙企业的成长壮大，人们或许也会决定将其法人化，以使个人资产得到保护。有些形式的法人团体允许所有权股份的转让出售，这样做让股东分享到了利润。对创意产业的初创企业来说，这种类型的法人化组织可能是比较罕见的一种组织结构形式。

5.4 合作社——大家都在一条船上

第四种企业组织结构形式是合作社。在这种所有权形式下，产品生产者共同分担某些成本费用。比较常见的一种合作社组织结构形式是共同分担商铺租金和营销费用。然而，参与到合作社组织结构中的人并不是平等地分享收入份额。每一件产品指定对应其相应的所有者，收入也将被分别记录跟踪。合作社的优势在于，如果合作社成员轮流参与企业的管理工作，企业运营成本将会降低。而合作社的劣势在于，创客将对其余在售产品几乎没有控制权，这将导致产品品质不一致，甚至形成直接的竞争销售。

5.5 非营利性组织——仍然需要有人买单

为了创作产品或提供服务以促进社会进步，一群具有奉献精神的创意人员聚集在一起工作，因为他们有使命感，他们自然而然地形成了一个非营利性组织，但事实并非如此简单。非营利性组织和其他企业在组织结构形式上的区别是，非营利性组织没有所有人，而只有经理人。非营利性组织可由一个人创立，但在大多数国家，为了正式地合并吸收更多的人则必然涉及组建董事会——负有对组织的最终责任。非营利性组织依赖捐款填补收入和支出之间的空缺，而捐赠者则希望能确保他们的资金用在了实处。在经理人运营管理非营利性组织的同时，董事会则监督组织运作以确保各项使命任务的顺利完成。多余的利润不会被用于纳税，而是进行再投资以满足组织使命的需要。

思考问题：什么样的企业组织结构形式是最适合我的？

6.收入与利润

无论是被营利性的企业所使用，还是被非营利性的文化组织所使用，商业模式都是通过为客户提供所需所想的产品来赚取利润。收入和利润之间的差别很简单，但也是需要理解的关键。如果没有很好地理解这一点，即便客户购买了产品，企业也可能会遭遇失败。当创业新手认为从销售产品获得的资金就是可以用来开销的利润时，便可能发生这样的情况。要知道，在营利性的企业产生利润之前，从销售产品中取得的收入必须要能够支付生产产品和运营企业所产生的一切成本费用才行。产品销售收入减去产品生产成本的部分是毛利润（gross profit）。从毛利润中减去管理费用，包括运营企业产生的所有成本，余下的部分是净利润（net profit）。只有净利润为正数时才有企业主可以用来进行生活开销的剩余收入。

不能很好地理解毛利润（减去产品生产成本后的收入额）和净利润（支

付管理费用后留下的收入额）之间的区别，是许多企业失败的原因（Nie-mand，2013）。营利性企业必须支付成本费用，否则将破产，而非营利性组织却能用资助或捐赠弥补收入和成本之间的缺口。因此，资金缺口越小，用来申请补助和筹款的时间、精力也就越少。

由于在实现盈利之前必须支付各项成本费用，开支最小化对新办企业或组织来说就显得至关重要。要做到这一点，创客必须理解商业活动会导致的两类成本费用，即可变成本（variable cost）和固定成本（fixed cost）之间的区别。

6.1　固定成本和可变成本——天下没有免费的午餐

即便创客没有卖出任何产品，有一些费用也是必须支付的。虽然没有销售发生，因而也没有收入，但是诸如租金和水电费这类固定成本每月都要按期支付。因为推销产品和吸引客户可能需要花费数月的时间，所以创业必须要有充足的资本，即启动资金，用以支付所有的成本费用，直至企业开始通过盈利实现自身可持续发展。

企业作为一个整体会产生固定成本，而每一件售出的商品则具有可变成本，其中包含原材料成本和生产过程所必需的任何形式的员工薪酬。只有在每件售出商品的可变成本得以支付后，余下的收入才能被用来支付固定成本。做到收支平衡，即用收入支付全部成本费用，对所有类型的企业来说都是具有挑战性的，但对初创企业尤为如此。只有实现收支平衡，企业才能盈利。这就是在创业开始前认真做好费用支出的规划和在企业运营中仔细地控制成本的重要原因。

传统的商人是在市场上发现了未被满足的需求后开始创业。这类商人明白他们可以开发和销售某个产品以满足这种需求，从而赚取利润。创客则是因为人的创作欲望和创意动机而创业，并不仅仅是为了提供产品赚取利润。创客面临的挑战是找出那些欣赏、认可并愿意购买其产品的客户，从而产生足够的收入实现盈利。

6.2 补充性收入——保留"正式"工作

具有某种创意技能的人往往感到通过在既有的企业里工作这种方式很难满足其自我表达的需求。于是，他们就会想要自己创业，在分享他们创意的同时，还能带来收入。然而，如果收入不足以支付所有的固定成本和可变成本时，创客仍然需要替别人工作来赚取额外收入以养家糊口。虽然很多有创意、创新能力的人天生就是创业者，但不幸的是，在每个国家他们都需要额外收入米生存，因为艺术家的收入往往低于平均水平（Greffe，2002）。不过有一点是肯定的，创客能从推销自己的创意产品中获得的钱越多，他们也就越不需要靠为别人工作来赚取薪水。

思考问题：当我创业时，我需要其他收入来源吗？

是什么让一个艺术家获得成功？

要成为一名成功的艺术家仅有天赋是不够的，虽然那是一个很好的起点。通往艺术成功的道路不止一条。实际上，可能有多少不同的艺术家就会有多少不同的道路。以下五点是成功艺术家身上所具有的共同特质：

1.让艺术处于其生活的核心位置：他们醒过来就在思考艺术的创作和营销。

2.理解艺术在商业世界的运作之道：他们愿意学习陌生的商业理念，并意识到沟通交流、搭建关系对成功而言的必要性。

3.有良好的职业道德：他们能够平衡创作和营销艺术之间的投入时间，并在商业性工作上花费必要的时间而从不抱怨。

4.充满弹性，能屈能伸：当计划受挫时，他们专注于解决问题；当顺风顺水时，他们试着不断改进以使下次效果更好。

5.只把时间花在理解支持他们的人身上：真正的朋友支持选择艺术作为职业。

许多对艺术成功来说至关重要的特质对商业成功也同样至关重要。或许艺术家终究也没有什么不同的地方！

De Wal，2014

7.企业所有权

具有创意技能的人有三种可行的方法开创企业。他们可以收购一家业已存在的企业、在自有的生产或销售空间里创建一家全职型企业，又或者开办一家需要其他收入来源进行补贴的生活方式型企业（lifestyle business）①。

7.1 收购业已存在的企业——让别人先开始吧

如果一个人想自食其力而又不愿意替别人工作，就可以考虑收购一家业已存在的企业。这对一些想在创意产业中创业的人来说是具有吸引力的，因

---

① 生活方式型企业属于小企业的一种特定的类型,其设立的目标一般是维持特定的收入水平,而不是更高的收入,而更多的动机则是创立者个人的兴趣、爱好和技能(译者注)。

为可能会有类似工艺品店或音乐工作室这样业已存在的企业刚好切合他们的创业激情。但是，收购并管理一家已经存在的企业需要高水平的商业技能和承受巨大的财务负担。给予对此种创业方式感兴趣的人的最常见建议是，在收购前去相似的既有企业工作至少六个月，以学习了解是否具备了成功所需的技巧。

7.2 全职型企业——自己开始吧

第二种方法就是开创一家崭新的企业。这涉及开发产品理念、为企业寻找办公场所、定位正确的目标客户群以及发布推广活动。因为企业办公场所的租金费用等有待支付，所以有必要尽可能快速地产生足够多的收入。结果是这类企业将占用创业者大部分的时间和精力，这种情况下，创业者通过为别人工作赚钱已不大可能了。

7.3 生活方式型企业——只图好玩，但也是认真做企业

第三种选择是通常所说的生活方式型企业或创意型企业。这类企业是把企业主既有的兴趣转化成为可以产生收入的生意。企业运营将很有可能发生在企业主自己居住的地点，以节约成本费用。但是，对创意工作者来说，可能是居住在其作品创作的地点，如工作室或仓库，而不是在真正的居所工作。有一些生活方式型企业始于家里，这是抱着当企业做到一定规模并产生足够收入时再另寻他处的想法。然而，现在存在如此众多的在线分销产品的渠道，使部分创意企业将永远都不再需要实体零售店。但即便不需要实体店，如果当企业成长得足够大时，另寻地点生产产品或许也是有必要的。

创业的几种方法

● 收购既有企业：需要资金和技巧。

● 创建自有企业：需要全身心投入。

● 生活方式型企业：为了挣钱而做你喜爱之事。

8.创业学

创业这个词时常被人们不假思索地使用。实际上，这个词从 20 世纪 80 年代开始才被频繁使用。要理解为什么当时出现那样的情况，有必要了解一些商业史。第二次世界大战结束后，美国有很多企业开始变得非常庞大。事实上，当时通用汽车在美国本土的年收入已经超过欧洲最大的十家公司年收入之和。美国企业得以成长是 20 世纪 40 年代战争破坏所带来的结果。因为几乎没有来自欧洲和亚洲的任何竞争，但同时又存在战后重建对商品的巨大需求，所以美国企业蓬勃发展了起来。

虽然创业的动力不受任何民族、年龄、性别的限制，但在 20 世纪五六十年代的美国几乎没有多少动机激励人们把自己的资金用于冒险创业。那时，为一家能够提供不错薪水而又有就业保障的大公司工作显得更有意义。

竞争加剧：但是，到了 20 世纪 70 年代由于诸多原因，美国大企业的统治地位开始发生变化（Hoopes，2011）。首先，随着许多国家变得越来越资本主义化，政治体系变得越来越不稳定，世界开始经历宏观经济的变化，其结果就是国际竞争的加剧。突然间，整个美国产业体系，如汽车制造业，都发现很难与来自其他国家的产品进行竞争。在汽车产业，日本公司开始专注

于为美国人提供更高品质的汽车。由于美国消费者对制造得更好的日本车的青睐，整个美国汽车产业，与提供原材料、零部件和销售服务的所有公司一起，都受到了沉重的打击。美国人开始意识到为大公司工作并不能保障安全稳定的就业。

技术进步：除了新出现的全球化竞争以外，技术进步也在影响商业环境。在20世纪70年代，微处理器开始冲击市场，由于计算机处理数据的能力比人快得多，从而改变了工作的方式，这使得整个传统产业都面临过时淘汰的窘境。那些懂得利用新技术从而以更高效率完成工作的人开始萌生了创业挑战老牌公司的经济动机。由于大公司统治地位的瓦解和技术进步带来的许多机遇，越来越多的人发现创业不仅在个人成就感方面而且在经济上也是回报丰厚的事情。

随着社交媒体的发展，21世纪给大企业的统治地位带来了更多挑战。大公司再次感到难以快速地利用社交媒体在推广营销和客户服务方面的优势。业已存在的那些大公司被其现有商业模式的运行束缚了脚步，它们没有时间和能力去创新地运用新媒体。因而，那些微小的初创企业再次获得了竞争力。另外，创业热潮往往也会随着失业率的趋势变化发展。2009年，在美国经济衰退的高点，每月有558 000家新企业成立（Stangler，2014）。

8.1 战略目标——取决于你的动机

小企业主、传统企业的创业者和具有创意技能的创业者的战略目标各不相同，因为他们各自对企业有着不一样的动机。开办小企业的人通常不打算把企业做大成为员工众多的市场主要竞争者。实际上，小企业的战略目标可能只是为企业主及其家庭提供生计。而传统意义上的创业者通常会具有把一家企业做大从而与那些大型老牌企业竞争的欲望。之所以通常这样做，是因为创业者的产品有足够的创新性，足以吸引顾客形成相互竞争的产品。在传统的创业模式中，重点是寻找最赚钱的产品机会，而战略目标就是做大做强。传统的创业者都认为其企业有一天将成为某一个市场的主要竞争者。而那些具有创意技能的创业者（简称创客）往往是把创业建立在自身天赋才华和兴趣爱好基础上的人。他们的战略目标是赚取足够的利润以支撑其创意生活方式。虽然非营利性组织的战略目标是满足社会需求，但是由于其也要参与到诸如消费者研究、产品研发和财务规划这类商业性活动中，因此创业技能也越来越受到追捧。

不同的战略目标

- 小企业主：为企业主及其家庭提供生计。
- 传统的创业者：做大做强的欲望。
- 创客：赚足够的钱支撑其生活方式。

8.2 创业结束——死亡是生命的一部分

创业企业可能会发展成熟到可以提供稳定收入来源的阶段。人们或许会认为这将无限制地持续发展下去，但实际上这种情况很少见。大众的品味偏好会改变，而先前受欢迎的产品的销量也会下降。创业者必须通过调整或改变产品做出回应，以使产品销量再次增加。然而，对创业者来说，另一种选择可能是下决心结束创业。这并不意味着失败，这只是一种对创业不再满足创始人需求的体悟。即便在销售没有下滑时，创业也可能由于其他的生活遭遇而结束。例如，创客可能需要搬迁到新的地方开始生活，又或者发生了家庭变故，这可能意味着创业已不再可行。同样，创业者在将来的某个时刻或许会再次感到创业的需求（Ochse，2014）。

9.创业规划

对一家初创企业来说，通过制订创业规划可以大大增加成功的概率。许多具有创意技能的创业者可能认为履行这样的规划过程将限制其创造力的发挥。他们或许还会感到这将会是一个枯燥乏味的过程，于是，也可能会成为一个他们永远无法完成的项目。而实际上，创业规划只不过是把创意者的梦想书写在纸上而已（Beam，2008）。

9.1　写作的理由——不只是为了你自己

撰写创业规划为创客提供了实施创业理想的路线图。虽然创客很享受创作产品的过程，但是他们可能并不喜欢创建产品推广计划和追踪成本费用这类日复一日的繁琐事务。然而，如果不去完成这些工作任务，就不会有收入产生，结果也就没有利润可言。如果没有利润，创客将不再具有支撑其继续创作产品的经济实力。

创业规划应该分部分撰写，规划的每个组成部分必须能够共同发挥作用，以确保创业成功。创业规划并非静态不变的，随着影响企业的外部力量发生变化，即使在撰写完成之后也需要不断地回顾思考，必要时还要进行修改。此外，在创业实施之后，根据创客利益的演化发展应继续保持对规划的修改调整。

9.2　创业规划的构成要素——用诸多部分构建整体

供创客使用的创业规划应包括对企业、产品和客户的描述。另外，它还可以包含日常运营、产品分销和推广营销的计划。最后，它还应有财务预算方面的内容。

如果创业涉及不止一人，对企业进行描述的部分不应只包括开创企业的创客本人，还应对企业的组织结构予以描述。最重要的是，要把企业创始人的目标任务、愿景和价值观的陈述置于创业规划中。关于产品的部分不应仅局限于对创业者的创意理念的描述，还应阐述产品的效用和竞争优势。创业规划的一个关键部分是运用人口、地理和心理的特征描述目标客户群。

在对企业、产品和客户进行描述之后，创业规划应该深入到更加琐碎日常但也是必要的组成部分，即产品分销计划。这部分将阐释客户如何以及在哪里能够购买产品。如果没有与公众就产品进行沟通的能力，就不会有任何销售产生。因此，让目标客户认识产品及其效用的推广计划是必不可少的。对用以传播产品效用的信息和媒介的清晰描述也应包含在计划中。最后，必须在可预期的收入和开支两方面都做出财务预测。离开上述这些构成要素的任意一环，想要获得商业成功都是十分困难的，或者说是不可能的。

创业规划的各个组成部分通常都按上述所呈现的顺序来完成。但是，这里还存在一个显著的差异。一名传统创业者在撰写创业规划的过程中，通常脑海里已经有了一件可以满足某个客户群体需求的产品。如果在产品研发过程中，创业者发现该产品不具有市场价值，产品将会得到调整改变。然而，创客则往往以他们想要创作的产品为出发点。他们必须对产品进行分析，对其所能供给的效用进行选择，以便能够找出对购买产品最感兴趣的客户群。

思考问题：我愿意花时间和精力来撰写一份创业规划吗？

小结

虽然许多人把艺术和商业视为互不相干的两件事，而实际上我们没有理由认为具有创意技能的人不能成为成功的商人。企业可以以个人独资、合伙、法人团体或合作社的形式存在，它们与政府机构和非营利性组织不同，因为它们是基于为客户提供所需产品以赚取利润的动机而形成的。实现盈利需要产品的销售价格足以支付所有的固定成本和可变成本。只有在这些成本费用支付完毕之后，才有可用来再投资或开销的利润。对创业感兴趣的人可以直接收购一家业已存在的运营中的企业，或者开创一家需要全职投入的零售型或服务型企业，或许还可以拥有一家生活方式型企业以提供补充性收入，与此同时继续为别人工作。随着在企业工作不再具有就业的稳定保障，以及新技术的进步使得创意人员可以抛开中介研发和销售产品，越来越多的人开始对创业产生兴趣。传统型创业者首先会寻找填补消费者需求的机会和产品，而创客则希望从他们创作出来的作品中产生收入实现创业梦想。在这两种情况下，如果想创业成功，创业规划是必不可少的策划工具。

完成任务

回答以下这些问题将有助于创业规划引言部分的撰写。

1.个人信息

a.用一句话来表达你生命的激情所在。

b.列出你的专业训练背景。

c.列举出有偿或无偿的工作经历。

d.给出五个你相信自己会成功的理由。

2.关于创业

a.对收购既有企业、开创全职型企业和拥有一家生活方式型企业的同时保有另一份工作三种创业方式按喜好进行排名。

b.在网上对你的产品市场的历史进行研究搜索。

c.详细描述你将提供的产品、服务和理念。

d.描述你的潜在客户。

形象化训练

1.画一棵树，把你自己画作树干，你取得的成就画作树枝。

2.画出可能会喜欢你产品的某类人。

3.在一端是高雅文化另一端是流行文化的一条线上找到你的产品位置。

4.迅速地为你的产品、企业或者二者写出十个可能的名字。

参考文献

Bauer, Christine, Katharina Viola and Christine Strauss. "Management Skills for Artists: 'Learning by Doing'?" *International Journal of Cultural Policy* 17, no.5 (November 2011): 626-644.

Beam, Lisa Sonora. The Creative Entrepreneur: *A DIY Visual Guidebook for Making Business Ideas Real*, Beverly, MA: Quarry Books, 2008.

Budd, Malcom. *Values of Art: Pictures, Poetry and Music*, New York: Penguin, 1995.

Burkey, Brent. "Marketing the Creative Sum." *Central Penn Business Journal* 29, no.23 (May 31, 2013): 1-9.

Cowen, Tyler. *In Praise of Commercial Culture*, Cambridge, MA: Harvard University Press, 1998.

De Wal, Aletta. "5 Common Traits of Successful Artists." *Fine Art Tips with Lori McNee*, n.d. Web. Accessed August 20, 2014.

Gans, Herbert. *Popular Culture and High Culture: An Analysis and Evaluation of Taste*, NewYork: Basic Books, 1997.

Greffe, Xavier. *Arts and Artists from an Economic Perspective*, London: Unesco 2002.

Hansen, Drew. "Jay-Z and 5 Lessons Artists Teach Entrepreneurs." *Forbes.com*, February 16, 2012.

Hoopes, James. *Corporate Dreams: Big Business in American Democracy form the Great Depression to the Great Recession*, New Brunswick, NJ: Rutgers University Press, 2011.

Levine, Lawrence W. *Highbrow Lowbrow: The Emergence of Cultural Hierarchy in America*, Cambridge, MA: Harvard University Press, 1988.

Micklethwait, John and Adrian Wooldridge. *The Company: A Short History of a Revolutionary Idea*, New York: Modern Library, 2003.

Niemand, Thayn. "7 Deadly Sins of Business Owners: Ignoring the Numbers." *Finweek*, August 1, 2013.

Ochse, Gareth. "Why I Want You To Fail Fast." *Finweek*, May1, 2014.

Rudy Collective. "About." *Facebook*, www.facebook.com/RudyCollective. Accessed July 2, 2014.

Stangler, Diane. *Ewing Marion Kauffmann Foundation*. Report. April 9, 2014. www.kauffman.org/newsroom/2014/04/entrepreneurial-activity-declines-again-in-2013-as-labor-market-strengthens. Accessed July 1, 2014.

Staniszewski, Mary Ann. *Believing is Seeing: Creating the Culture of Art*, New York: Penguin, 1995.

Woodmansee, Martha. *The Author, Art, and the Market: Rereading the History of Aesthetics*, New York: Columbia University Press, 1994.

第 2 章
让梦想成真

使命、愿景和价值观为商业决策提供了判断的基本原则,让选择变得高效而简单。——马云

1.导言

在创客开始撰写创业规划之前，他们应该反复思考其组织的使命、愿景和价值观，因为正是这些原则和信念将引导他们在制订创业规划时做出必要的决定。创客还必须对其内部资源进行评估，这其中包括可用的经济资产、他们所拥有的各种能力，以及成功的创业者所需的个人素养。此外，为了增加成功的可能性，对组织即将面临竞争的外部环境也要进行研究，这其中包括竞争对手以及社会文化、技术和经济方面的状况。创客具有的内部资源和面临的外部环境都将在影响即将生产的产品和未来的目标客户方面的战略决策上发挥作用。在收集好这些内部和外部信息之后，需要创客对组织的优势和劣势、机遇和威胁展开分析。最后，创客要做好对战略目标、任务和策略进行决策的准备。

创客感言：珍妮-林德·安琪儿（Jenny-Lind Angel）

除了在非营利性的文化组织工作，包括博物馆教育这样的项目，珍妮-林德还自己创业，专注于儿童辅导。她面临着所有创客都面临的挑战：当感兴趣的行业领域回报不佳时，还得另谋生计。基于此原因，她向既在文化组织工作又自己创业的创客推荐以下几点建议：

● 在不止一个领域里开发技能，不局限于社交媒体。

● 学会使用、开发捐赠软件。

● 培养你的领导和管理才能。

你可以在以下网址访问珍妮-林德的领英（LinkedIn）个人资料：www.linkedin.com/in/jlangel25。

2.艺术家的组合式生活

在创意人员能成功地学会销售其产品或服务所需的商业技能前，他们必须学会面对只关乎创作其艺术的最初梦想所带来的困境。在他们致力于完善自身技艺的那些岁月里，可能已经下决心计划通过取得艺术的成功来维持生活。当他们认识到为了支撑他们及其家庭的生活不得不使用（艺术以外的）其他技能时，对有的创意人员来说这就像是邯郸梦觉一般。尽管如此，创客应该思考的是几头兼顾，而非孤注一掷。多数的创客通常都有不同方式组合的收入来源（Greffe，2002）。实际上，赚取收入的可能性就像人本身一样的形形色色、多种多样。有的创客通过创意作品的产出取得收入，如通过销售创作的绘画或版画来维持生活的视觉艺术家。而其他的视觉艺术家或许会对开设店面销售其他创意人员的作品感兴趣。由于对表演艺术家来说，通过纯粹的表演维系生活是非常具有挑战性的一件事，他们可能还会做出开办工作室教授表演技能这一类型的决策。作家可以通过书籍版税获得收入，但往往还不足以支付生活开销，所以他们可能还会有第二份职业，如专业博客的博主。上述所有这些人，只要他们想让可能性变为现实，都必定会从制订创业规划这件事上获益。

3.确定使命、愿景和价值观

虽然大多数人不会以正式声明的形式写下来，但是他们都会感到自己的生活有某种使命、愿景和价值观存在其中。对许多从事创意工作的人而言，无论是美术、音乐、设计或写作，他们的个人使命、愿景和价值观都会涉及创作某件创意产品。企业同样具有使命、愿景和价值观以影响、塑造企业的日常运转。区别在于，企业把这些思想理念以声明的形式固化下来，以便企业员工在面对职业操守问题时可以做出正确的战略决策（Gegax，2007）。企业、组织或个体的使命是其存在的主要原因，愿景是其希望在未来所能实现的内容，而价值观则会影响决定使命和愿景的实现方式。

3.1　使命——你的人生目的

有些人的人生使命可能非常个人化，如结婚生子。对另一些人而言，其使命或许会涉及投身于某项社会事业或是社区服务。而对创客来说，其使命将很有可能是拓展和表达个人才华。虽然有些人可能不会从使命的角度来思考太多关于其人生的事，因为他们忙于应付生活所需的各种日常抉择，但创意人员往往会深思熟虑其人生的目的。他们的使命有可能是通过作品表达自我。然而，在这种使命中仍然有一部分是与他人分享他们的作品。虽然这种渴望分享的愿望可能只局限于家人和朋友，但是它也有可能演变成创意人员与更广泛社区群体分享作品的一种使命感。

所有组织，包括企业在内，都会具有结合了做什么以及为谁而做这些内容的使命。对企业而言，其使命就是提供消费群体所需所想的产品或服务。为了完成这一使命，任何企业都会以消费者能接受的价格生产出最好的产品。此外，当今的大多数企业都会把它们如何通过服务社区而使社会变得更好写进其使命的声明里。消费者尤其期望那些小企业的使命表述包含道德标准这样的内容（Baucus 和 Cochran，2010）。

一个人在一生中可以自由地选择不只一个使命。然而，为了获得成功，企业需要单一且定义准确的使命。个人用一生的时间完成其各种各样的使命，而企业的时间则短了许多，并且资源也是有限的。使命过于空泛将导致组织资源过于分散，从而具有一无是处的危险。

营利性企业和创意企业的使命有一个基本的区别。如果一家营利性企业发现其生产的产品不再受消费者青睐，企业会改变其使命和产品以迎合需求。而创意企业主（创客）由于具有表达自我的使命，他们或许不大可能或者不愿意改变产品。这意味着，创客将不得不更加努力地工作以找到那些理解其作品价值的人。同时，创客或许永远都没有办法做到面向庞大的客户群体销售大量的产品。而从另一方面来看，成长为一家拥有众多员工的大型企业可能从来也不在创客的使命范围之内。

艺术中介组织亦有使命

专业艺术顾问协会（Association of Professional Art Advisors，简称APAA）是一家由著名的独立艺术顾问、博物馆馆长和艺术企业管理者组成的非营利性组织。我们的使命是建立和传播用以习得、保护和呈现艺术的最高可行原则和指导方针。高标准的专业精神使我们团结在一起，而在与法人公司、公共艺术项目和私人收藏开展的工作中我们将坚守这些标准。

APAA的成员在其各自领域里都是久经考验的专家，我们致力于促进提升公共和私人部门的艺术价值。作为顾问，我们是客观主义的倡导者，只专注于为我们的客户工作，与艺术经纪人不同的是，我们不维持艺术品库存用以销售，也不代表任何艺术家。

这是一个使命声明的例子，它清晰地阐明了：

- 它是谁：艺术顾问、博物馆馆长和艺术企业管理者。
- 它做什么：建立、传播原则和指导方针。

- 它为谁工作：我们的客户。

- 它的价值观：促进提升艺术的价值。

APAA，2014

3.2 愿景——你想在未来达到的目标

使命阐述了企业当下的目的，而愿景描绘的是创客希望企业在将来所能够成为的模样。这或许是一个需要一些时间思索才能回答的问题，因为创客很有可能只把心思放在当前获取收入的机遇上。但是，即便在规划今天事务的时候，考虑一下未来产品的生产、分销的新渠道或者锁定新的目标客户群也将是有益无害的事情。例如，现在创作绘画作品销售给个人客户的某位视觉艺术家在将来或许想创作室内大型壁画。愿景也可以是涉及产品分销的新渠道方法。例如，目前在艺术博览会上做展出的创客或许有将来开设零售店的愿景。随着创客希望在周边的城市开展业务，愿景还可以是拓展企业以服务新的地域市场。此外，愿景还可以包括向目前服务范围之外的新的年龄、族群或生活方式的客户群进行延伸。

3.3 价值观——你所信仰的

一个组织不仅仅有其使命和愿景，它如同人一样，也有其价值观。价值观，即关于什么行为是正确和公正的那些根深蒂固的信仰，价值观将影响使命和愿景如何得到实施。每个组织的价值观都会是独一无二的。虽然将价值观书写下来是具有挑战性的，但是这样做可以为企业日常面临的诸多决策提供指导。价值观可能会表现为企业员工被对待的方式或者用以解释客户如何受到服务。最终，价值观要能够聚焦在企业怎样使社区变得更好这一点上，无论是地方性社区，还是全球化社区。当企业未来要做出影响其员工、客户以及社会的战略决策时，这些价值观将辅助这一决策过程。

实际上，创意人员很有可能具有两种关于使命、愿景和价值观的主张：一个属于个人；另一个属于企业。个人使命可能是创作出传递表达个人内心某种意念的艺术作品，即便没人欣赏也没关系。与此同时，企业使命则是在创作产品的同时还能表达消费群体所期望的某种创意构想。来自第二种产品的销售收入使第一种作品的创作成为可能。虽然创客可能会具有与企业使命和愿景不一样的个人使命和愿景的主张，但是价值观应该是类似的，因为创客认为在个人生活中正确和公正的事物应该与其在创业过程中的认识保持一致（Baroncini-Moe，2013）。

思考问题：我的个人使命与我的职业使命有着怎样的不同？五年内，通过我的努力，我想让我的社区、国家或世界如何变得更好？

3.4　关于主张声明——把它写下来

或许创客并不想在决定其使命、愿景和价值观上花费时间。但是，这其实是很有必要的，因为当开创并管理一家企业时，这些主张声明可以充当引导必须做出诸多战略决策的指南。也正是这些关于使命、愿景和价值观的主张将形成企业文化的基础。所有的未来决策都必须向这些主张看齐，否则企业将难以获得成功。这些主张不需要过于冗长和精美地编写。实际上，如果它们简短而易于理解才更好。创客可能会想在其网页或其他的推广媒介上展现他们的使命、愿景和价值观，但其实没有这样做的必要。更重要的是，创客要用行动反映这些主张。

使命的主张声明样本

下面是两家社区剧院的使命主张声明，一则很简洁，另一则略长，它们都清楚地阐释了其存在的理由。

夏威夷州堪姆拉（Kamuela，HI）的威美亚社区剧院（Waimea Community Theatre）

威美亚社区剧院为创意社区参与提供端口，同时寻求生产优质的娱乐产品。

俄亥俄州阿克伦城（Akron，Ohio）的风向标社区剧场（Weathervane Community Playhouse）

风向标社区剧场的使命是提供娱乐、信息传播以及教育活动，从而丰富阿克伦城地区的文化生活。风向标剧场旨在为社区居民提供观看和参与有代表性的优秀戏剧作品的高品质展演机会。风向标剧场力求向成人和儿童提供关于戏剧艺术的教育机会。为了实现这些目标，风向标剧场应该谨记其受众的标准要求并保持财务健全的管理。

使命陈述是对存在理由的简要说明。

AACT

4.分析内部资源

开创一家创业组织的同时，意味着创客负有确保其成功的全部责任。如果一个人是受雇于一家业已存在的企业，他或她可以与经理沟通交流以申请成功创作和销售产品所需的资源。但是，当自主经营或成为某个组织的管理者时，创客就必须确保获得成功所需资源的有效性。有趣的是，创业者被认为最需要的技能之一便是创造力，而这刚好是画家、音乐家、设计师和作家已经具备了的一项技能（Smith et al.，2007）。

那种认为艺术家就是在阁楼里孤独地工作的与世隔绝之人的普遍观点已经过时了。在这个传统观念中，艺术家生存所需的全部就是其天赋和意志力。而现在的艺术家已经意识到成功所需的远不止是艺术的视野（Eikhof和Haunschild，2006）。其他获得成功的关键因素还包括必要的财务资源。此外，还有管理企业所需的人际沟通能力和组织能力。人际沟通能力可能是某些性格类型的人与生俱来的，而组织能力则毫无疑问是任何人都可以通过学习来获得的。

内部资源

- 财务方面：我有资金来创业吗？
- 人际沟通方面：我有能力进行合同谈判和销售产品吗？
- 组织能力方面：我能安排处理好组织的当务之急吗？

4.1 财务资源——把钱拿出来

创业者需要资金，即初创资本支付初始费用，如购买产品生产所需的专业设备。即便没有需要的设备，创客也必须要购买产品创作所需的原材料。此外，如果企业在单独的地点办公，则还需支付租金。对大多数创业者来说，这些资金来自个人积蓄、朋友、家人，或是几者相结合。因为新办企业的高风险性，获得银行或其他类型的商业贷款是很困难的（McKeever，2008）。

流动资金：然而，最大的财务障碍并不是用来支付初始设备或原材料的资金，而是支付企业直至利润产生前日常所需费用的资金。这部分资金被称为流动资金。每个月赚取足够的利润支付企业开支对一个初创企业来说是件困难的事，如果还要赚取足够的利润为创业者的衣食住行买单对一个初创企业来说则更是不太可能的事了。因此，在创客建立声誉和客户基础的同时需要流动资金进行周转。

除非创客刚好最近彩票中奖，或者从长辈亲属那里继承了遗产，否则他们不太可能拥有充足的可用流动资金。如此一来，在初创企业产生足够的利润之前，创客将需要额外的收入来源。如果创业者还要支撑家庭生活开销，这一点就会显得尤为重要。针对这一问题的解决方案之一是，让创业者继续一份全职"正式"工作的同时兼职创业（Sonora Beam，2008）。当然，这样做可能有助于解决财务问题，但同时又会使企业成长受到限制。在保有另一份全职工作的同时，创客很难做到能够全神贯注于创业。因此，通过从事临时性工作或者找到允许时间灵活安排的工作或许能让创客有更多的时间专注于创业。只有在创客确信其可以从创业中获得足够的利润，从而具有稳定收入来源之后，放弃正式工作才会成为一个可行的选择。

其他创客，特别是那些没有家庭成员可以依靠的创客，则面对着迥然不同的财务状况。他们往往会在创业的同时把生活标准降到可忍受的最低水平。随着来自创意企业的收入和利润的增加，他们才有可能逐渐提高生活标准。之所以决定不去寻找外部就业机会，是因为那样做会占用创作产品以及推广企业的时间。如果创客从事其他的工作，用来奉献于创业的时间就可能会大打折扣。

4.2 人际沟通能力——这才是最重要的

虽然有大量的关于成功创业者所需的个人素养的研究，但是它们都难以量化，而且研究成果各不相同。另外，在不具备那些条件的情况下，有的创业者也会成功。尽管如此，大多数研究都证实，如果创客能够具备某些能力，将增加成功的概率（Brown，2007）。

说服和谈判：成为一名成功创客所需的人际沟通能力包括了说服和谈判的能力。这些能力是开展交易以保持企业正常运作所需要的。例如，创业者需要就原材料和物资供应的价格进行交涉。通过拿到较低价格的物资供应，创客就可以降低产品售价，从而增加销量，或者将产品价格保持在同一水平，以获得更高的利润。需要谈判交涉的还有房屋租金支付方面的问题。为了保持企业的偿付能力，以合理的价格取得经营场所甚至比物资供应的成本更加重要，因为房屋或场地租金往往需要按月支付。如果企业没有取得足够的收入，创客可能需要在租金支付问题上反复交涉若干次。此外，当产品通过零售分销渠道进行销售时，还需要对合同进行谈判磋商，因为创客需要在产品价格和质量方面说服分销商。

如果创意企业主拥有零售实体店，产品的销售环节就是必不可少的。因此，销售能力是另一项必要的技能。然而，创意企业的销售能力不仅可以用来销售产品，它还可以用来向遇到的每个人推销创客自己的故事。在创意企业里，企业主和产品往往是捆绑包装在一起的，而激起潜在客户兴趣的正是二者的故事。由于市场上诸多竞争性产品的供给，创客不能奢望产品毫不费力地自行销售出去。

之所以有人际沟通能力的必要性，还因为企业主每天都需要处理公众关系。有的创客是个性内向者，他们喜欢遵从自己的价值观和独来独往的生活。如果是这样的情况，他们将需要学习怎样以维护企业声誉的方式与公众展开互动，这其中包括那些不满意的客户。另外，如果企业主需要增加人手，雇用和管理员工也是他们不得不面对的事情。保持员工的快乐感和工作效率是创客推脱不掉的责任。倘若创客不愿意在人际关系方面培养更多的技能，他们可能就需要通过借助零售渠道分销产品，而其中的工作人员应该具有与公众互动的所需技能。

毅力和自信：创客需要具备的另一些人际沟通能力还包括毅力和自信。自我推动并在一段时间内努力坚持的能力是必不可少的。成功的创业者需要能够在没有监督的情况下独自工作，为了完成一项任务投入尽可能多的数小时、数日甚至数月的时间。此外，创业者必须具有乐观的天性和对自我及其产品的信心。毕竟，如果连创业者自己都不信任产品，更何况其他人（Sur-owiecki，2014）。不过，这些特质同样可以用以定义成功的艺术家，他们是曾经长期在创造力方面进行自我挣扎的人，因为他们持续不断地对自我内心的艺术洞察力保持了信心。

4.3 组织能力——结构化的头脑

成为成功创业者所需的组织能力包括收集和分析关于产品、定价、分销和推广的战略决策方面的必要信息。有效的决策过程需要一个用以维护关于企业财务资产、销售数量和产品库存这几类数据的组织系统。离开这一系统，决策就变成了基于猜测和假设而非事实的决策，这会导致代价高昂的错误。当然，即便在分析了数据之后，做出的决策仍然可能会是不正确的。但是，如果一次决策失误了，创客可以重新分析数据发现出错的地方，以便下次做出正确的决策。

时间管理：对创客来说，或许最重要的一项技能就是时间管理，这包括确定事务轻重缓急和保持注意力的能力（Bisht，2013）。既然创客对创业的方方面面都要负责，就总是会有各种各样的工作任务在等候处理，而时间总是有限的。这对任何企业来说可能都是真实存在的情况，而对创意企业来说则往往有过之而无不及，因为企业主往往还必须要创作产品。一个成功的创业者需要习惯于以每天要达到的目标这一清晰思路开始工作，确定需完成工作的先后顺序、轻重缓急，并且还要能够抗拒干扰。

上述这些是创意人员能经常用到的人际沟通和组织方面的能力。为了使其创意作品得到展示，他们不得不说服别人，并进行谈判交涉。当然，在此过程中他们已经把自己的思想"推销给了"其他的创意人员、教授和中介机构。此外，他们也成为向公众解释创作流程及创意作品意义方面的专家。创客通常独自工作，而且在没有任何直接监督的情况下保持注意力以完成工作。所有这些人际沟通和组织方面的技能都可以从艺术创作上的运用转换到创建营利性创意企业或者非营利性文化组织上使用。

思考问题：对我的企业或是组织来说，我能够接触到的财务资源有哪些？为了取得进步，有哪些人际沟通能力是我所需要的？在一到十的范围内，我给自己的组织能力打几分？

5.外部环境

除了内部资源外，创客还必须分析将会影响其创业的那些来自外部环境的力量。环境一词经常被人们用在对自然环境关注的语境里，从而忘记了这个词还有更加广泛的含义。在创业领域，这个词用来形容影响组织运作的所有因素。艺术家懂得他们会受生活于其中的外部环境的影响，正如创意灵感可以源于与其他人、其他事的互动联系那样。他们知道，他们的艺术不仅只是被自己内心的艺术洞察力所塑造，还与激发创意灵感的外部事件有关。

要在创业领域获得成功，创客必须明白那些影响艺术创造力的外部力量同样会作用于创业的策略上（Bensoussan 和 Fleisher，2008）。在诸多外部因素中最能影响新生的创意企业或文化组织的是竞争对手、社会文化变迁、技术革新和经济现状。关于所有这些外部力量的信息都可以通过对易于获取的网络综合性新闻的关注便可轻而易举地收集起来。然而，为了使风险最小化以及有助于确保创业成功，采取每周抽出部分时间查找各种新闻资源以获取有可能对创业产生影响的信息，这样用更加有针对性的方法分析创业的外部环境或许还是有必要的。这一分析外部环境的过程被称为环境扫描（environmental scanning）。

在评估内部资源时，创客需要分析可利用的资源和个人能力。如果有必要，资源可以去寻找，能力可以通过学习获得。而来自外部环境的力量则是处于创客可控范围之外的。它们不能被改变，但却是创业必须应对的力量。例如，经济疲软的状况不是单个企业有能力去改变的，因为一个企业不可能独自引发经济的增长。在这种情况下，企业必须决策如何做出应对，而不是把注意力放在改变外部因素上。例如，如果经济状况很糟糕，创客可能会采取提供临时打折的策略以维持销量。

在分析外部环境时，创客要找出创业会面临的威胁，并采取行动予以反击。另外，创客还要寻找那些能在创业过程中加以利用的机遇。

外部环境

- 竞争对手：我的产品与竞争对手的产品相比如何？
- 社会文化：不断变化的价值观念和生活方式是如何对我的产品需求产生影响的？
- 技术：技术是如何影响我的产品生产和业务开展的方式的？
- 经济：人们还有能力购买我的产品吗？

5.1 竞争对手——了解你的敌人（或是朋友）

最至关重要的外部环境因素之一便是竞争环境。竞争对手是那些销售创客所供给的、满足同类需求产品的企业，这意味着形成竞争的产品并不一定要一模一样。在分析竞争对手时，创客应当把自身的产品与竞争对手的产品所提供的效用进行对比。提供相类似效用的产品就是竞争对手，即便它们的生产和分销方式完全不同。

例如，假设创客正在生产的是手工皮质钱包，其竞争对手就可能是其他生产类似手工产品的企业。而且，由于并非所有人都会在意一款产品是如何被制作出来的，那么其竞争对手有可能会是以大规模方式生产的皮质钱包。在这样的情况下，创客的任务就是分析其产品相比竞争对手产品的竞争优势。例如，独特的设计、更好的材质，或者是在提供给当地社区就业的特定地点进行的。创客几乎不太可能把其产品具有更低价格说成是自己的竞争优势，因为消费者还可以购买以大规模方式生产的钱包，而且几乎可以肯定的是其价格不会太贵。

思考问题：一旦开始创业，谁将会成为我的竞争对手？与我形成竞争的将会是什么样的以大规模方式生产出来的产品？

5.2 社会文化——理解变迁

另一个必须加以分析的外部因素是社会文化的变迁。社会文化（socio-cultural）一词指的是人们价值观念和生活方式的变化。价值观是关于生活应该怎样度过的那些根深蒂固的信念，它们影响着人们购买产品的类型。当人们选择购买满足某个需求的产品时，这个被选择产品的类型将受其价值观的影响。例如，一个人对自然环境的关注态度会影响他们想要购买和展示的艺术品类型。首先受到影响的可能是艺术品的内容，如自然景观相比城市风貌或许会更受青睐。不过，购买决定还可能受到用以创作艺术品的材质类型的影响。例如，消费者担心商品生产中过度使用化学物质，可能会因商品是由天然纤维制成的缘故而选择购买一件衣服。当然，人们拥有的价值观念的范围远不止如此。人们可能看重的事实是一件产品是否是手工制作或者产品能否给其生活增加美感。对有的消费者来说，产品所提供的身份地位就是有价值的，而对其他人来说，他们从产品的使用中获得了快感这一点很重要。通过理解消费者的价值观念，创客便能锁定正确的目标客户群，进而研发提炼出适宜的营销信息。

另一项重要的考虑因素是与人关联在一起的各种各样的生活方式。价值观是根深蒂固的信念，而生活方式则包括了人们每天做出的各种关于怎样生活的选择。这些关于人们吃什么、在哪居住，以及和谁交往的选择直接影响消费决策。生活方式的选择甚至能使人们联合在一起形成非正式的社群。以具有根深蒂固的宗教或精神信仰的人为例，这类人群希望购买和消费向公众表现其信仰的那些产品。

我们把集中于某个特殊兴趣爱好领域的人称为粉丝（fans），即那些只对某个艺术领域感兴趣的人（Abercrombie 和 Longhurst，1998）。例如，对绘画感兴趣的粉丝会去参观艺术展，并购买在色彩和样式方面让他们觉得有吸引力的绘画作品。而一种更深入浓厚的兴趣则会发展成为某种生活方式，到了这个地步的文化狂热者会旅行去某个地方观看特定的演出、在网页上研读相关的艺术家信息、在博客里参与讨论艺术家新秀。他们如此投入，以至于只收藏某个特定艺术家的作品。通过理解目标客户的生活方式，创客便能更好地提供满足其需求的产品。

思考问题：怎样找出影响我的潜在客户价值观和生活方式的那些社会文化的变化因素？我知道那些带来机遇的最新变化吗？

5.3 技术——唯一不变的就是不断变化本身

在分析技术环境时，创客需要对技术是如何影响艺术创作有一个更深入的理解。此外，还需要理解技术是如何改变消费者的购买行为以及企业的运营方式。虽然技术进步的结果会产生新的产品，但大多数创客的创作和销售并不都是高科技产品，因为这类产品需要可观的经济资源投入研发，且往往是大规模生产的。然而，技术环境的变化确实会影响一些艺术作品的创作，正如有的艺术家会把数字技术融入艺术作品中。

另外，技术的革新必然还会影响到消费者研究和购买产品的方式，于是，创客运作企业的方式也会受到影响。首先，技术进步为创客提供了通过社交媒体直接向消费者进行营销的手段。其次，技术使电子商务成为可能，创客现在能够把产品卖给世界上任何地方的任何人。最后，技术还简化了支付流程。电子支付现在不仅可以实现全部货币的在线支付，而且还能在任何位置使用手机进行支付。消费者期望这些技术上的进步可以被各个企业所采用。消费者不希望听到创客为在某个工艺品博览会上不能使用信用卡支付而辩解。在那种情况下，买卖自然会落入能够刷卡支付的竞争者手中。

思考问题：什么样的技术革新会影响到我的产品和企业运营的方式？

5.4 经济——人们还愿意花钱吗

对创客来说，需要分析的最关键外部因素之一是经济环境的变化。经济增长和失业率的变化直接影响着消费者的支出。如果作为低经济增长的结果出现失业率高企的现象，越来越多的人就会处于失业或半失业状态。因此，人们将拥有更少的可自由支配收入，这是人们在购买完诸如衣食住行等生活必需品之后余下的部分。如果可自由支配收入减少，那么人们能够用于购买属于非必需品的创意产品的资金也会随之减少。

而在经济困难时期，即便是有工作的人，把钱花在非必需品类商品上的可能性也比较小。这是一种源自持续不断的关于经济疲软的新闻所产生的心理效应（Cooper，2008）。作为不停地接收裁员和企业倒闭这类新闻的结果，人们会变得恐惧起来，他们会担忧自己也失去工作，这样一来他们就会把任何多余的钱都存起来，而不再消费。这又会导致一些企业损失收入，甚至因为客户太少而关闭。

这并不意味着经济疲软时就没有人去创业。相反，这意味着理解当下的经济形势对正确进行定价和推广产品至关重要（Schindler，2012）。人们总有一种想法，相信通过降低价格就可以渡过经济困难时期。然而，降价只会削减收入，甚至还会让潜在购买者认为低价是质量低劣的信号。对创客来说，一个更好的方法是，判明产品购买者看重的效用是什么，并在促销信息里集中地传播这些效用。对产品价值进行解释将帮助消费者理解为什么购买此产品是一个明智的选择。

思考问题：我会怎样评价我所在社区的经济健康状况？如果我不知道，要怎样才能找到答案？

6.SWOT 分析法

SWOT（由四个英文单词的首字母组成，即优势（strengths）、劣势（weaknesses）、机遇（opportunities）和威胁（threats））分析法是一个标准的商业工具，它被用来分析从内部和外部环境审视过程中获得的所有信息。SWOT分析法始于对组织内在优劣势的辨析，进而对要么是机遇、要么是威胁的外部因素进行甄别。SWOT分析法的结论将成为创业规划的基础。只有在创客理解了自身优势之后，才能利用这些优势抓住机遇（Galbraith，2007）。此外，创客还必须修正其内部的劣势，进而保护其免受外部威胁。

人们常用一种标准的由四个方形组成的表格罗列出优势、劣势、机遇和威胁，每个方形里放置一个种类，但也可以把它们简单地排列在一张纸上。在这里，创造力可以发挥作用。创客可能觉得在一面很大的墙上展开思考会很有帮助，他们甚至还会使用图像代替文字。在操作SWOT分析法时，创客应从分析内部和外部环境的审视过程中收集所有信息。但是，仅因为某一个内部因素或外部力量被包括在SWOT分析法中并不意味着这个信息将被作为最终的创业规划战略的一部分。

6.1 优势和劣势——认识自己

分析初创企业的内部优势和劣势是SWOT分析法的第一步。创客的才华天赋以及产品所提供的效用可能是其中的优势之一，而其他优势还可能包括企业的地理位置、原材料的来源、友善合意的服务、定制产品的能力，以及创客的财务资源、市场营销的专业知识、人际沟通能力。此外，创客的声望和品牌形象也可能成为企业优势。一些经过分析得出的优势可用于企业战略决策。例如，如果创客具有较强的人际沟通能力，那么开设实体店或参加艺术工艺品博览会就应当成为创业规划的一部分。

初创企业的劣势可能是对上述所列任何一项的缺乏。缺乏财务资源或管理企业所需技能都有可能是劣势。如果创客没有足够的资金支持商业理念，这并不意味着注定要失败，但这却是一个需要克服的问题。在这样的情况下，可行的策略或许是以兼职的方式开始创业，同时保留一份固定工作。同样，如果劣势是创客缺乏市场营销的专业知识，那么可行的策略则是找一个大学实习生协助完成这一领域的工作。

6.2 机遇和威胁——为二者都做好准备

应当说，分析内部的优势和劣势相对简单，因为创客对他们将要带给企业的东西可以说已经心中有数。更加困难的是分析来自组织外部的机遇和威胁，因为这是无法掌控或改变的。机遇可能来自竞争对手产品过高的定价、经济因素促使人们更愿意花钱、社会文化的变迁导致更多的人对某种特定产品类型感兴趣，或者是技术进步使在线销售变得更便捷，而威胁则可能来自这些完全相同力量的变化。

下一步是最关键的，也是一个组织战略成功的基础。组织的某一项内部优势必须与某一个外部机遇相匹配。例如，对竞争对手产品的分析可以为创客供给什么样的产品提供参考，如创客擅长宠物摄影，并且关于外部环境的分析显示在当地还没有摄影师瞄准这一目标细分市场，而养狗正日益成为该地区都市生活方式的一部分，这就可以成为创业策略的基础。道理同样适用于具有生产制作纯手工平板电脑套流程优势的创客。倘若一家科技公司把一款针对儿童的新型平板电脑引入了当地市场，机遇就来临了。如果创客刚好生活居住在一个富裕的社区，那么还会有另外的机遇出现，这时创业的策略就可能是生产对儿童具有吸引力图案的平板电脑套。甚至威胁也能被用于创业策略的基础，如经济疲软，创业的策略可以是专注于销售价格低廉的版画，而不是原创性绘画。机遇还可能在锁定新客户群的基础上形成。如果SWOT分析法显示了高收入游客群体正在某个地区观光访问，那么通过推销这个细分市场中高质量、高价格的原创性艺术品便可以很好地利用这个机遇。

思考问题：我在哪里可以找到进行SWOT分析所需的相关信息？

7.目标、任务和策略

一旦SWOT分析法完成，创客则必须对目标、任务和策略进行决策。创客要做的第一步是决定总体战略目标，这是对企业主所希望实现内容的一种宽泛的陈述。为了确保成功，目标必须得到在SWOT分析法中发现的相关信息的支持，而不能是毫无根据的遐想。然而，即便是得到研究支撑的目标也不会自然而然地转化为现实，因为没有计划的目标充其量也只是幻想。为了把目标变为现实，需要罗列出实现目标过程中那些不得不完成的各项任务。例如，假设目标是开设一家为当地公司设计制作商标的图形艺术企业。要实现这个目标就会产生远不止一项必要的任务：创建推广战略、提高认知度的网络建设，以及购买更新的电脑设备。

但是，如创建战略、提高认知度和购买设备这些任务要让人能够轻松完成依旧显得太宽泛。于是，下一步就是抉择完成每项任务所需的具体策略。

比如，创客可以通过创建网站、开设社交媒体平台，以及研发展示已完成作品小样的宣传册实现首个任务。

通过网络确定客户需求将同样需要具体策略来实现。创客可以选择通过致电其他企业询问其现在是否在使用其他独立图形艺术家的服务，从而研究竞争对手。创客或许还可以参与企业的网络事件，与各个企业主探讨其图形艺术方面的需求。创客还可以通过网络研究其他图形艺术企业的产品和服务。最后，购买新设备将涉及预算的确定、寻找可用资金以及对产品的研究。为了确保这些策略能够顺利完成，使各项任务和终极目标得以实现，可以设置一条时间线，规定完成进度的具体日期。

实现目标

- 目标：我想要实现什么？
- 任务：为了实现我的目标，我将需要做什么？
- 策略：为确保任务完成，我必须采取的步骤是什么？

思考问题：如果研究显示我的想法是行不通的，我将在多大程度上愿意改变我的目标？

小结

对任何组织来说，创业规划过程都应该从对使命、愿景和价值观的陈述撰写开始。这些内容描述了组织存在的目的，也描述了创业者关于组织将成为什么样子的愿景，同时也体现了创业者的价值观。接下来的步骤是，创客分析内部状况，包括财务资源、人际沟通能力和组织能力。对外部环境的审视包括竞争对手、社会文化、技术和经济等因素，是决定创业策略的基础。判断企业内在优势、劣势和外在机遇、威胁的SWOT分析法将有助于这一过程的实现。创业规划将在内部优势与外部机遇匹配的基础上形成。创客现在可以准备好设定目标，决定各项任务以实现目标，以及完成每项任务所需的具体策略。

完成任务

回答以下这些问题将有助于完成创业规划的引言和形势分析两部分。

1.要点

a.写出你个人生活和职业两方面的使命主张。

b.列出你想让企业实现的三项成就。

c.描述一下你想怎样使世界变得更好。

2.内部资源

a.罗列出你所有的资金和其他贵重物品。

b.列举可以显示你人际沟通能力的五项成绩。

c.列举运用你的组织能力使情况得到改善的三个例子。

3.外部环境

a.罗列出三个你最接近的竞争对手以及五个不那么接近的竞争对手。

b.举例说明影响客户的最重要的社会文化趋势。

c.举例说明一个技术发展趋势将如何影响创业方式的例子。

d.在网上搜索研究描述经济状况的统计数据。

4.SWOT分析法

a.列举至少三项优势、劣势、机遇和威胁。

b.用蓝色圈出最令人激动的优势和机遇。

c.用红色圈出最危险的劣势和威胁。

5.目标

a.列出主要的职业目标。

b.列出至少三个为实现目标而必须完成的任务。

c.为每项任务提出两个策略，并说明它们是怎样得以实现的。

形象化训练

1.画一个圆圈，把你的使命和愿景写进去。围绕第一个圈再画一个更大的圆圈，将你的价值观尽可能多地写进去。

2.写出你竞争对手的名字，用字符大小表示其竞争力大小。

3.列出十项优势和十个机遇，并画线使其配对连接起来。

4.在时间线上标出目标、任务和策略。

参考文献

AACT."Crafting the Mission Statement."www.aact.org/start/mission.html.Accessed July 28,2014.

Abecrombie, Nicholas and Brian Longhurst. *Audiences: A Sociological Theory of Performance and Imagination*, London: Sage,1998.

APAA."Mission|APAA."www.artadvisors.org/mission.Accessed July 7,2014.

Baroncini-Moe, Susan.Business in Blue Jeans: *How to Have a Successful Business on Your Own Terms, in Your Own Style*,Shippensburg,PA:Sound Wisdom,2013.

Baucus, Melissa S.and Philip L.Cochran."USA:An Overview of Empirical Research on Ethics in Entrepreneurial Firms within the United States." In Laura J.Spence and Mollie Painter-Morland(eds) *Ethics in Small and Medium Sized Enterprises:A Global Commentary*,New York:Springer,2010,pp.99–119.

Bensoussan, Babette E.and Craig S.Fleisher. *Analysis without Paralysis: 10 Tools To Make Better Strategic Decisions*,Upper Saddle River,NJ:FT Press,2008,

Bisht, Naveen. "Entrepreneur and Time Management: 4KTA." *Siliconindia* (February 2013):44–45.

Brown,Stephanie."Seven Skills for the Aspiring Entrepreneur."*Business and Economic Review* 53,no.2(January 2007):16–18.

Cooper,James C."The Great American Shopper Hits a Wall."*Business Week* no.4113 (December,2008):10.

Eikhof, Doris Ruth and Axel Haunschild."Lifestyle Meets Market:Bohemian Entrepreneurs in Creative Industries."*Creativity and Innovation Management* 15,no.3(September 2006):234–241.

Galbraith,Sasha.*Anatomy of a Business:What It Is,What It Does,and How It Works*, Westport,CT:Greenwood Press,2007.

Gegax,Tom.*The Big Book of Small Business:You Don't Have to Run Your Business by the Seat of Your Pants*,New York:Collins,2007.

Greffe,Xavier.*Arts and Artists from an Economic Perspective*,London:Unesco,2002.

McKeever,Mike P.*How to Write a Business Plan*,Berkeley,CA:Nolo,2008.

Schindler, Robert.Pricing Strategies: *A Marketing Approach, Thousand Oaks*, CA: Sage Publications,2012.

Smith,William L., Ken Schallenkamp and Doughlas E. Eichholz."Entrepreneurial Skills Assessment: An Exploratory Study." *International Journal of Management and Enterprise Development* 4,no.2(2007):179.

Sonora Beam,Lisa.*The Creative Entrepreneur:A DIY Visual Guidebook for Making Business Ideas Real*,Bevely,MA:Quarry Books,2008.

Surowiecki,James"Epic Fails of the Startup World."*New Yorker* 90,no.13(May 2014): 36–41.

第3章
研究竞争对手和客户

俗话说，有三种类型的知识：已知事物、未知事物和未知的未知事物。研究不仅可以帮助创客回答他们不知道答案的问题，还将有利于创客发现他们甚至还不知道问题所在的知识。

1.导言

在分析内部和外部环境之后，创客可能已经迫不及待地想开始撰写创业规划了。然而，在那样做之前，花些时间研究竞争对手和潜在客户才是明智之举。在创业规划实施前开展研究，通过确保各项决策是基于数据信息而非臆测产生可以使成功概率得到巨大的提升。确定开展研究问题的方式和各类研究方法将有助于创客获取所需信息。但是，即便研究的问题是恰当的，选择的方法也是正确的，除非还有合适的研究者参与进来，否则收集的数据将会错误频出。只要计划并操作得当，从研究中产生的信息将帮助创客做出正确的创业战略决策。

创客感言：史蒂芬妮·罗宾逊（Stephanie Robinson）

史蒂芬妮在娱乐产业工作，负责各类人才的预雇。在大学期间，她就开始在一家非营利性社区艺术中心实习，而现在是专职工作。她需要确保预雇的音乐家、歌手、喜剧演员和诗人的才华能够与客户的需求相匹配。她通过电子邮件、电话和人员推销等渠道促进客户关系。她认为找到目标客户的关键技巧是：

1.注意琢磨无约电话的诀窍。

2.懂得关于合同的法律术语。

3.会使用各种类型的企业数据库程序。

你可以在网站上了解史蒂芬妮公司：www.neon-entertainment.com。

2.研究的定义和基本原理

研究是为了回答某个问题而收集、分析数据的一个过程。对竞争对手和客户二者的研究是一项并不只是在撰写创业规划的开始阶段应当完成的活动，而是创意企业主应该理解研究对于获得持续的商业成功是必要的。成功的创客应该总是渴望知道其竞争对手的产品、定价和推广策略。此外，创客还应该对目前客户和潜在客户的产品偏好一直研究下去。创客掌握的信息越多，就越有可能成功地对其产品进行定价、推广和分销。

研究可以被定义为找出企业成功需要知道什么的过程。俗话说有三种类型的知识，即对事物已知的和未知的，以及对未知事物的未知。研究不仅可以帮助创客解决他们不知道答案的问题，还可以帮助创客发现他们甚至不知道这些问题的知识。

了解企业潜在竞争对手和客户的重要性不言而喻。离开这种了解去实施一项创业规划就等同于不带地图徒步远足一样。这样的徒步旅行者可能知道他们想要去的地方，即使他们抵达了目的地，也只能算是运气使然。而使用地图的徒步旅行者在开始旅程之前会规划线路和勘察地形。倘若地形看起来具有挑战性，并不意味着徒步旅行者就会放弃，它只是说明他们需要带上更多的供给、留足更多的时间。研究的过程和结果的目的不是打击创客对创业的积极性，而是确保他们具有成功所需的知识和资源。

在前一章中，我们对审视内部和外部环境的过程进行了阐释。创客应该已经意识到他们的内部资源。而一次对新闻资源的在线搜索便能为其提供关于外部社会文化、技术和经济环境方面的信息。但是，如果创客想要对竞争对手和客户有更多的了解，则一定要开展收集原始数据的系统性研究。

2.1 研究竞争对手——知道得越多就越好

多数的创客都明白他们必须将其产品目标定位于某个消费群体，但他们却往往低估了研究竞争对手的必要性（Krzyzanowska和Tkaczyk，2013）。竞争对手是提供相似效用的产品以满足消费者需求的企业或组织，它并不需要对创客提供的某个产品的直接模仿。虽然创意人员会注意到密切相关的产品之间的差别，但是普通消费者可能并不会注意到这种差别。对创客来说，在较广的范围内研究竞争对手比在过于局限的范围内研究要好得多。组织的现有客户大概是了解目前和潜在竞争对手信息的最好来源（Bensoussan和Fleisher，2008）。询问现有客户购买什么其他类似产品将有助于创客了解自己所处的竞争环境。

研究还应该为创客提供关于竞争产品有何效用、如何定价、如何分销，以及如何推广方面的信息。这些信息可以在创客对创业规划进行调整时使用，或者用以理解为何需要推广营销活动阐释现有产品的竞争优势。

2.2 研究客户——如果不知道他们想要什么你就不可能使其满意

对创业者来说，必不可少的一步是理解潜在客户的关注点。几乎所有的创客都会很轻易地爱上自己的艺术创作，因此，可以理解的是，他们相信其他人也会有相同的感受。然而，创业者还需要知道的是，客户购买一件产品的动机要复杂得多。即便对手工制作的椅子这样实用性很强的产品来说，这也是真实存在的情况。人们购买椅子或许只是用来满足可以坐这样基本的使用功能。但是，人们还可能会因为椅子的风格、色调及其在屋子里呈现的样子而选择购买一把椅子。购买一把椅子的另一种可能的理由是，这把椅子使购买者想起了过去的某个特定场景或某个人。在营销时，椅子提供乘坐的主要用途是理所当然、不言自明的，而创客需要研究的是，购买行为涉及的其他动机，以便能够在其营销信息里传播这些效用。因此，创客需要运用研究理解不同消费群体的需求和意愿。这些信息将有助于产品效用与正确的目标客户群匹配。

关键的一点是在撰写创业规划期间完成这样的研究，而不是创业已经启动之后才去做，因为这样一来就可以避免发生诸如制作了效果不佳的推销素材这种代价高昂的错误。实际上，经常地、更多地了解关于他们的竞争对手和客户，是一项创业者应当养成的习惯。

思考问题：我需要研究什么样的竞争对手和客户？

2.3 研究流程

创客应该遵循形式规范的研究流程。流程的第一步是确认什么是创客现在不知道而需要知道的。接下来，创客要拟写一个正式的研究问题。一旦成文，下一环节是寻找可以回答该问题相关的信息。有一些问题的答案可能已经被其他组织研究过了，可以作为二手数据使用。然而，可能的情况是，创客需要进行一些初始性研究。如果是这样，流程的第三步是确定研究方法。创客可能采取的方法：定量研究，即对事实的调查；定性研究，即对观点和意见的探究；或者二者兼取。在研究方法被计划好之后，流程的第四步是研究的开展。最后，创客要准备好分析获得的信息，以确定研究问题的答案。

研究流程

1. 写出研究问题：我们需要知道什么？

2. 确定信息来源：我们该问谁？

3. 确定研究方法：我们该使用什么样的工具？

4. 开展研究：在何时、何地以及由谁来开展研究？

5. 分析结果：我们是否理解答案想告诉我们的？

3. 撰写研究问题

研究流程的第一步是确定需要研究的是什么。创客可能有众多的信息需求，而研究本身也是耗时耗力的事情，所以并非对每个问题都能或者应该做出回答。研究中最重要的议题是搞清楚创意产品的什么方面可以满足客户需求。需要回答的另一些研究问题往往与应该如何恰当地对产品进行定价、分销和推广有关。

屡见不鲜的情况是，创客认为已经了解其竞争对手和潜在客户想从产品里得到什么。这样一来，创客很有可能会在这些假设的基础上撰写创业规划。然而，创业成功取决于知道这些问题的答案，而不是做出假设。即便研究结果显示了创客的某些假设是正确的，研究本身仍然是值得努力的，因为新的思路、新的观点可能会从获取的信息中产生。创客可能需要进行测试的某些假设包括：是什么刺激了客户对产品的购买欲望；什么样的价格水平是可接受的；什么样的推广信息将促进购买行为；客户更喜欢在哪里购买产品等。创客可能会从一个很宽泛的研究问题开始入手，如应该如何对产品进行定价？但是，最终的研究问题必须更加具体。比如，中产家庭的母亲愿意为一个孩子的手工午餐袋支付多少钱？研究问题必须加以具体化的方面包括：什么是需要知道的；谁是询问对象等。

提出总括性问题是很简单的事，诸如为什么消费者会购买我们竞争对手的产品？起初这一问题也看似恰当。但是，这个问题没有将消费者、竞争对手和产品具体化。一个写得好的研究问题将尽可能具体。它不仅提供关于需要了解的信息，它还提供关于谁会供给这些信息。如果可能它还应该量化任何有关人口、使用量或价格的数据。例如，为什么人们购买大规模生产的版画？这样的研究问题可被重写为"为什么25～35岁的职业女性会去折扣店购买版画装饰办公室？"在初次尝试时，一般不会写出这样非常具体的研究问题。在问题足够具体到可以提供有用数据之前往往需要经过若干次尝试。这个过程通过一个以上的人完成才会达到最佳效果，因为两个人在一起工作可以对问题的具体内容展开挑战。在撰写研究问题时，总是从对问题的宽泛定义开始，但后续的不断重写将把真正的意义阐释清楚。

研究问题样本

• 竞争对手：在过去一年中，我们最接近的竞争对手发布的定价低于50美元的新产品是什么？

• 消费者：为什么消费者对购买有机产品感兴趣？

• 价格：17～22岁的大学生愿意为购买秘鲁手工珠宝支付什么样的价格？

• 产品：新客户购买我们手工制作的碗是作为礼物，还是个人使用？

• 地点：在我们的回头客中，去年至少有三次购买行为的那些人是喜欢在实体店购买，还是喜欢线上购买，或者两个渠道同样喜欢？

● 推广：我们目前的客户年龄在45岁以上者至少每周都使用的社交媒体是什么？

以谁（Who）、什么（What）、多少（How many）或多久（How often）开头的研究问题往往需要定量研究法，如测量。毕竟关于人口特点或访问频率这类问题的可能回应的数量是有限的。而以为什么（Why）一词开头的问题则需要用其他研究方法揭示观点、价值观和意见。因为这些问题不易用简短的语言回答，所以就应当运用如焦点小组法①、访谈法和观察法等定性技术方法进行研究。

4.确定信息的来源

创客通过撰写研究问题明确了难点之后，研究流程的下一步便是确定信息的来源。研究人员可以获得两类研究数据，即二手数据和原始数据。研究人员从研究参与者那里直接获取的是原始数据。与此相反，二手数据则是业已存在的数据，因为别人已经在先前的研究成果中将其收集。

4.1 二手数据——虽是二手，但却是首要的

尽管是二手数据，但是它是创客首先应该寻找的数据类型。正因为二手数据业已存在，它比开展研究获取原始数据的成本更低。由于有丰富的二手

---

① 焦点小组法（focus group）是市场研究中常用的一种研究用户的方法，又称深度集体访问法、集体座谈法、集体访问法（译者注）。

数据的网络资源，研究人员不仅不需要花钱开展研究，而且使用二手数据还可以节省时间。实际上，网络可用数据的海量存在使得创客有可能需要招募管理员协助其甄别相关的、可靠的信息。

政府数据：联邦和地方的政府组织都会定期收集经济方面的信息。这些信息来源于将提供关于整个国家以及某个具体地区经济增长与否的相关数据。除了经济增长，这类数据还会包括就业水平和趋势方面的信息。例如，年龄、受教育水平和家庭状况这些关于公众的人口统计信息，通常会在政府进行人口普查时收集。根据各个国家的不同情况，人口普查数据还可能会提供非常详细的信息，包括从家庭状况到就业类型，甚至使用的语言和祖籍等。政府数据在协助产品定价和定位目标消费群体方面可以发挥作用。

学术和行业协会期刊：网络可用的数据还有学术机构或行业协会有关消费者偏好、媒体使用情况、价格水平可接受度的各项消费者研究成果。从时尚行业到艺术材料供应商，几乎每类产品都有对应的行业出版物和行业协会。例如，时尚杂志可以进行关于其读者的色彩偏好调查。彩色玻璃工作室的行业协会则可以提供有关消费者如何在家里使用彩色玻璃的信息。但有时人们只有通过订阅数据库的方式才能访问这类信息。在这种情况下，创客应该尝试通过公共或大学图书馆访问这类信息。

生活方式类出版物：社会文化方面的数据往往可以在生活方式类出版物中找到。创客应该经常阅读与其创意领域相关或针对其目标细分市场的出版物。这些出版物可以提供当下消费者购买产品的观念和想法的相关信息。生活方式类出版物提供的信息往往是诸如对环境的兴趣、有机食品受欢迎程度、旅行偏好，以及其他消费态度和价值观念的总括性的消费趋势，而行业期刊则会具体化到如珠宝、木制品、画廊等产业。为了获得创业成功，创客需要在其创意领域和社区中保持信息畅通。

思考问题：我所在的城市、地区及国家有没有可以使用的人口普查数据或经济数据？我应该开始阅读一些什么样的出版物和期刊？

信息丰富的行业协会

国际艺术材料协会（The International Art Materials Association）服务于艺术用品的生产商和零售商。其各成员组织希望知道它们应该生产和储存什么类型的艺术用品。为了回答这些问题，协会为其开展研究。最近发布的一项调查表明，大多数人依据朋友、艺术家网站和艺术教师的推荐做出购买什么艺术用品的决策。艺术用品商店应该针对的客户是谁？协会研究证明，与在线购物相比，艺术类学生更有可能在当地实体店进行购买。那他们都购买些什么呢？最常购买的艺术用品是丙烯颜料和铅笔。当对目标市场、合理的产品库存以及规划促销活动进行决策时，这类信息的价值显得极其宝贵。所有这类以及更多的相关研究信息对协会成员是一应俱全的。

关于艺术家和艺术材料的研究，2012

4.2 原始数据——自己寻找到的信息

倘若初创企业所需的是特定的信息，那么就需要开展针对竞争对手以及当前客户或潜在客户的初始性研究。如果要做初始性研究，就要留意寻找适宜的研究对象，以便获得的信息能够代表整个消费群体。这个问题尤为值得仔细斟酌，因为如果有人问错了人，最好的情况也就是获取的信息是无关紧要的，而最坏的情况则可能是获取的信息完全错误。于是，在这之后的创业规划将根据错误的假设形成。

公众具有一种老套的观念，即艺术家都是孤独地在阁楼里创作，但实际上艺术家的人际交往是很频繁的。虽然他们可能不会分享某件单一作品的创作，但是艺术家彼此分享理念构思却是家常便饭。其实，艺术家个人的成功可能取决于他们身处其中的艺术"社区"（Power，2010）。由于彼此频繁地沟通交流，创客想要亲自收集信息应该是没有问题的，研究只不过是把这一过程系统化了。

根据研究方法是定量还是定性的不同，确定和寻找研究参与者的流程也将各异。定量调查的研究参与者将很有可能是运用随机方法选出来的，这样才不会由于只选择了积极回应的人从而使研究结果过于偏颇。但是，定性研究对象的选择就要运用非随机的流程，以便研究对象能够体现出客户特征。

定量研究对象：使用随机方法选择定量调查的研究参与者，只是意味着每个人被选入研究中的概率是相同的。如果创客在完成调查的过程中只询问熟识的人，那么必将产生偏颇的结果，因为创客的朋友很可能享有相同的产品偏好。因此，研究结果将不能很好地反映出创客其余的潜在目标客户。

人口一词通常用以限定包含在定量研究中的每个参与者。研究人员可以运用人口统计学的特征方法对被研究人口进行限定，正如每个人都属于某个特定的年龄、性别、收入和种族。或者，还可以从地理区域上加以限定，因为每个人都居住在某个特定的区域里。由于市场营销往往基于人的心理特征，所以研究人员还可以在兴趣、价值观或生活方式的基础上限定人口。例如，我们可以把研究的参与者描述为对纤维艺术感兴趣的20～45岁的当地女性。产品使用情况也能被用作限定研究人口的一个方法，诸如某个特定产品所具有的非用户、偶发性用户和频发性用户。例如，某个研究问题的人口变量可以设置为只购买过一次产品的客户。

研究的人口范围不宜过大，如居住在纽约所有购买手工珠宝的女性。在这种情况下，人口范围应该通过其他目标细分市场特征进行缩小，如收入水平或年龄。研究的人口范围也不宜过小，如居住在柏林的70岁以上参加制陶学习班的所有人。在第一种情况下，由于人数众多难以全部接触使得即便想对整个人群进行抽样问卷都很困难，而在第二种情况下则是难以准确定位找到这些个体。

有效的统计研究：研究人员可以通过开展有效的统计研究尝试证明事实或假设。可证明的事实可能是：有多少消费者愿意购买产品、哪类促销最有效、定价对购买行为的影响、或者分销产品的合适店铺。当然，如果需要百分之百准确的答案，研究人员必须询问包含在研究人口范围内的每一个人，即人口普查。如果所需信息涉及人数较小且都能触及，那么开展人口普查也是可行的选择。

然而，大多数研究涉及的其实是人口的抽样调查而非人口普查。例如，创客想要了解出席画廊巡展的年轻夫妇喜欢购买的产品类型。询问出席活动的全部年轻夫妇只会占用过多的时间和资金。而且，开展研究的创客并不需要百分之百准确地知道哪种产品更受青睐。较低的准确率仍然能够提供关于占出席活动的年轻夫妇总数一定比例的人所感兴趣产品的信息。对人口进行抽样调查可获得关于消费者偏好的信息，而这将使创客制订创业规划的过程得以继续下去。如果不需要进行精确可靠的统计抽样，则可以运用询问五分之一的年轻夫妇这样随机抽样的更加简化的方法。

定性研究对象：对定性研究的对象进行选择会涉及非随机抽样法。在运用非随机抽样法时，人口变量的每个人被选为样本的概率并不是均等的。但是，非随机抽样法并不意味着研究人员是不假思索地胡乱选择参与者。即便采用非随机抽样法进行焦点小组、访谈性和观察性的研究，仍需要谨慎选择研究对象。在挑选研究参与者时要考虑三个基本问题，即人口和心理特征、对研究问题的认识，以及潜在参与者所居住的地理区域（Kolb，2008）。

在选择定性研究参与者时使用的特征描述被称为参与者简况。在为每一类定性研究方法选择参与者的过程中都具有很多相似之处，但同时与特定问题相关的挑选过程则各异。对焦点小组法来说，最重要的考虑因素是人的特征。对访谈法来说，因为涉及的参与者人数较少，最重要的参考标准是对所研究问题的认识。而对观察法来说，最重要的考虑因素则是地理区域。例如，假设一个焦点小组正在规划能够吸引对艺术感兴趣的年轻白领的零售布景的类型，调查对象全部由年轻白领组成自然就是关键。如果开展关于从独立小生产者处采购原材料这一问题的访谈，则只应该挑选具有该问题相关知识的人。由于观察法需要在能找到感兴趣的参与者的地点进行，因此关于画廊访客行为这样的研究将会在画廊开展。

在选择定性研究参与者时，创客可以使用两种方法，即便利法和雪球法。便利法使用满足标准条件且愿意参与其中的人。第二种方法之所以称为雪球法，是因为它让满足条件的已知的参与者帮助招募其他人参与研究，直至样本规模足够大。

思考问题：我怎样找到与我未来客户相似的研究参与者？

5.确定研究方法

研究流程的下一步是确定什么样的研究方法能从被选出的参与者那里获得研究问题的最佳答案。一种研究方法是定量法，这是一种汇集数字和事实的方法。最常用的定量法是传统的调查，研究参与者用预先确定的可能回应的清单回答问题。之后，这些回答将被量化，并以百分比的形式表现出来。

通常情况下，要询问每一个潜在的研究对象是不大可能做到的事情，因此当一个抽样样本中包含了足够的被调查人群时，就能说答案在某个百分比范围内已被证实是正确的了。虽然如此有效的统计调查不大可能由创客开展，但是较小的调查也能提供有关客户在产品效用、定价、推广和分销方面有价值的见解。

定性研究方法包括焦点小组法、访谈法和观察法。这类研究试图理解研究参与者的态度和价值观，而不仅仅是收集事实信息。正因为态度和价值观不能够轻易地通过调查问卷确定，所以需要在焦点小组或访谈中进行更深入的讨论。而有时候答案难以用言语表达，在这种情况下，研究人员可能就要使用观察法了。

5.1　定量研究法——只要事实

一旦写好了研究的问题，参与者挑选就绪，就到了创客必须抉择运用什么研究方法的时候了。如果创客试图收集获取的是事实类的信息，则传统的调查是较为适宜的。调查是对一系列事先设定好的问题进行提问的书面调查方法。这些设计好的问题可以通过对若干给定的参考答案进行查验。然而，有时候问题也可以是开放式的，允许研究参与者用自己的语言来回答。开展调查的好处是，创客可以把各种回答制成表格进行比较，因为同样的问题每个参与者都给出了自己的答案。由于问题和答案是标准化的，假设收集到了足够的调查问卷，便可以说问卷反映了整个组群的真实想法。

传统的调查属于创客可以确定开展的类型，这类调查可以通过邮寄或在商店、工作室，甚至某个活动现场分发给研究对象。此外，调查还可以使用电子邮件在线开展，或者较小的调查还能发布在社交媒体或者某个网站上。那些想接触更多目标对象组群的创客，则可以考虑使用复合的调查发布方法，因为有一些组群可能会选择在线进行回答，而其他人可能需要通过运用人际交流的方式促使其完成调查（Wenzel，2012）。

5.2 定量研究法

● 调查：相同的一组预先设定好的问题。

a 纸和笔。

b 运用电子邮件在线调查。

c 通过社交媒体或网站发布。

在传统方式下，要运用纸和笔完成调查，把表格寄给或是亲手送到调查对象手上。即便传统的通过人员亲自到场实现的调查其管理方式也已发生了变化，因为人们越来越多地使用手持设备输入回答而不是传统的纸质表格（McGorry，2006）。技术进步还使得调查得以在线完成。通过电子邮件或发送短信的方式，可以用软件程序（其中有很多都是免费的）发布调查问卷。只要回复邮件或短信，调查对象就会被带入调查问卷表格所在的网站链接。较为短小的调查还能发布在组织的社交网站上。

调查法也有一些弊端。要写出一份设计精妙的调查问卷需要花时间进行研究琢磨，因为各个问题必须谨慎准确，避免产生歧义。为了确保其真实性和可靠性，在广泛分发之前，调查表必须在抽样参与者中进行测试。在纸质的调查问卷完成之后，如果收到了大量的反馈回应，则有必要把调查反馈输入到电脑的数据库程序中，从而把回应的结果制成表格。

管理任何调查的挑战在于激励参与者完成调查表变得越来越困难。这可能是因为人们太过忙碌，又或是因为人们对个人隐私问题变得愈加敏感。研究发现，使用诸如脸谱网（Facebook）这样的社交网站获取调查反馈是很有效的，因为它使调查对象可以坐在电脑前利用闲暇时间完成调查问卷（Gregori 和 Baltar，2013）。某些文化或民族群体的成员可能更不情愿参与调查问卷。正是因为这种不情愿的存在，对调查做出回应的人或许并不能代表创客需要研究的人群。

由于说服人们对调查问卷做出回应是困难的，因此对问卷调查表的精心设计就显得尤为重要。问题必须写得简单明了，因为假如问题使人感到困惑，参与者就有可能选择不回答。此外，问题的数量必须保持在最低水平，因为倘若调查问卷太冗长，回答者会很容易失去兴趣。问卷还应该在视觉上具有吸引力，从而起到鼓励人们完成调查的作用。

尽管存在上述种种弊端，进行调查问卷还是有优点的，那就是创客能够在完成之后运用数据结果支持自己的观点，即他们的产品在目标市场上是有需求的。这表明了创业成功的可能性，可以打动投资者和贷款人。

5.3 定性研究法——他们感觉如何

虽然标准的定量研究方法只有调查法一种，但可供创客使用的定性研究法却有若干种。定性研究法所产生的结果是不能被简化为百分比的数值的，其研究成果将表现为对观点意见的陈述表达，或者在观察法的情况下呈现为对行为的记录。我们需要对这些结果进行解读才能得出研究问题的答案。虽然焦点小组法、访谈法和观察法三个主要的定性研究工具在 20 世纪中期已被广泛运用，但是直至最近它们才作为有效可靠的研究方法被完全接受认可（Bailey，2014）。创客应该运用定性的研究工具，因为他们依赖于感知技能解读意义。每种定性研究法都具有独特的目的。焦点小组法可以使组群活跃起来，激励其产生各种意见。访谈法则可以使研究人员有时间对某个单一论题进行深入探索。拦截式访谈法针对少量简短的问题可以从不愿加入耗费时间的研究方法的对象那里获得大量的反馈。观察法的独特之处在于，它可以针对难以描述的或对参与者来说难以记住的行为进行研究。

定性研究法

- 焦点小组法：活跃组群以获取各种反馈。

- 访谈法：一对一的深入探讨。

- 拦截式访谈：快捷的路人街边采访。

- 观察法：观察人们的行为和动作。

焦点小组法：焦点小组法是在某个组群内部开展访谈。负责主持引导焦点小组的组长会有一份简短的问题列表和将要介绍的问题。然而，组长要做的不仅仅是提问题，作为组长要使组群活跃起来，从而获取参与者各种各样的反馈意见。为了鼓励参与，在组长事先准备好问题的同时，还应留有组群自愿讨论内容的余地，只要议题没有超出总的话题即可。相比来自组长的提问，焦点小组的参与者更有可能对彼此的评论做出回应。倘若参与者有很多共同之处，这一点就会显得尤为必要，这也是在选择参与者时要基于相似的个性特征的原因。他们会感到某种信任，从而使他们要么反驳彼此的见解，要么给予详细的阐释。

焦点小组法可以用来获取某种态度或行为的根本性原因。例如，假设研究参与者不愿意去市区的某个美术馆参观是因为"害怕"，则焦点小组的组长可以询问每个调查参与者其所谓"害怕"指的是什么。答案可能会是，并非是市区的人有问题，而是街道上的垃圾传递出了市区没有得到很好地照管因此不安全的信息。

如果创客不具备驾驭焦点小组法所需的技能，可行的办法是从当地支持创业的非营利性组织中获取志愿服务，或者请具有能力的邻近学术机构的研究生帮忙。实际上，假如创客不是组长才更好，因为焦点小组的成员可能会表达一些负面的意见。而在这种情况下，创客可能会对其产品进行辩护。假如这样的感觉通过语言或非语言的途径传递给了焦点小组，则焦点小组成员就会停止提供信息。

访谈法：要进行成功的访谈需要写出适宜的问题，并且还要找到适宜的研究对象。设计访谈问题可以相对较快完成，因为其问题数量少于调查问卷。但是，正因为研究涉及的参与者较少，所以必须把时间花在寻找正确的研究对象上。此外，开展访谈法将需要更多的时间，因为需要给每个参与者留足时间做出反馈。这一较长的研究周期使得创客能够深入探讨研究对象的意见和动机。由于寻找访谈对象具有一定的挑战性，我们应该记住访谈的研究对象可能出于个人和集体的原因而产生参与的动机（Clark，2010）。首先，对研究对象来说，访谈应是愉快的经历。当请研究对象参与时，应当强调访谈将在令人感到愉悦舒心的地方进行，有茶点供应，并且参与者将会得到尊重。参与研究的共同原因有可能是发表意见和展现变化的机会使然。创客应该向潜在研究对象保证不仅其呼声将会被倾听，而且对他们的观点和意见都会予以认真考虑。

除了主要的访谈问题以外，访谈者还可以运用探索性的跟踪问题引出额外更多的信息。跟踪提问的必要性在于，当被初次问及时，很多人会依据他们认为正确或合适的答案做出回应。还有很多人出于礼貌会尽可能地用肯定和积极赞许的方式来回答问题。在研究对象用其真实感受做出回应之前，我们需要用额外的探索性问题进行跟踪。例如，访谈法可以用来探究消费者购买原创性艺术的动机这样的问题。访谈对象的最初回应可能会是艺术品价格太高，而跟踪问题可能会表明，其实是创客感到宾至如归的画廊氛围让那些艺术世界之外的人望而却步。随后，访谈者就可以提出更多的类似如何让画廊体验变得更加友善愉悦这样的问题。

思考问题：我想问的五个访谈问题是什么？

*拦截式访谈：*访谈法具有获取深度信息的优势。但是，开展访谈也具有耗费时间的劣势，这限制了愿意进行研究的参与者人数。相比之下，拦截式访谈可以涉及很多参与者，对每个参与者采取至多问两个或三个开放式问题的方式。当研究对象不愿意接受冗长采访时，拦截式访谈就是一个管用的方法，因为当告知人们访谈只持续三分钟时，将会有更多的人愿意合作。拦截式访谈的另一个优势是可以在能找到研究对象的地方开展。这也是拦截式访谈经常被称为路人街边采访的原因。例如，创客可以询问任何一位走进画廊的访客，让其用三个词形容对画廊的印象。又如，邀请逛商店的人提出一个如何改进体验的办法。

思考问题：我的潜在客户经常会去什么地方？

*观察法：*创客能运用的另一种研究方法是观察法，这一方法记录人们的实际行为，而不是他们自己所说的行为。对创客来说，这是一种低成本且易于使用的方法。例如，倘若创客想知道什么类型的产品展示会吸引消费者，他们可以观察消费者在哪个商店停留，并记录下他们在每个展示前徘徊多长时间。如果在其离店时对此行为进行询问，消费者会感到难以做出回答，因为这对消费者来说是完全没有意识到的事情，所以即便是这类方法也应该具有某种筛选对象的系统，而非完全随机抽取。此外，观察应在不同的日期和时间段展开。假如观察的人数太多，可以每三个家庭选择一次。从这样一个简单的研究中可以看出，父母离开往往是由于孩子开始感到厌倦。作为这一研究数据结果的判断，或许可以做出这样的决策，即

把商店的某个角落用作儿童娱乐区可能会促进销量上升，因为这样做父母就有时间去购物了。

思考问题：什么行为类型是我需要更加清晰理解的？

评估你的竞争对手

关于竞争对手的产品你知道得越多就越能够更好地赢得客户。了解对手更多信息的渠道包括：

● 互联网：在谷歌上搜索竞争的艺术家、公司、组织和品牌名字。另外，可以分析竞争性产品在诸如 Etsy 这样的在线市场的销售情况。

● 亲身访问：访问销售相似产品的商店，理解产品是如何营销的，并留意寻找额外的竞争对手。

● 营销素材：查看竞争对手的各类市场营销素材，包括传统的广告以及社交媒体。

遵循上述建议你将找到适用于自己的思路和想法。

SCORE，2013

6.开展研究

在一切准备就绪之后，创客下一步要做的是开展研究。然而，如果创客感到自己不具备开展研究的相关能力，另一个办法就是联系一家当地的高等教育机构以确认是否在其商业院系里有班级愿意将此研究作为一个班级项目开展。商业院系或许还能提供实习生服务帮助创客开展研究。这样的安排，既可以通过几乎免费的协助服务帮助创客，又能通过可以写进简历的真实的职场经验使学生获益。

由于劝说研究对象参与研究变得越来越困难，因此有时候人们会使用经济刺激的方法。这会产生新的问题，因为它鼓励参与只是为了奖励（Bednall et al.，2010）。结果就是，这类研究对象往往不会全身心地参与到研究过程中。还有其他方法可以获取人们的参与度，如运用一家业已存在的文化组织的权威机构的名号。如果人们知道研究得到了某个受人尊敬的机构的赞助，他们会更有可能参与其中。其他获取反馈的有效方法，如让潜在的参与者知道研究会以某种方式造福社会。假如创客能够描述清楚其企业或组织通过供给创意产品将使社区获益，就可以使用这个方法。

思考问题：关于我的创业想法我希望自己能够回答的五个问题是什么？

7.分析数据

接下来要做的是分析研究结果。创客应该认真完成对数据的分析，因为通过数据筛查可以提供关于消费者行为的发人深省的启示。调查问卷的结果可以通过使用软件很容易汇编出来，但对定性研究的数据进行分析就需要仔细聆听和思考。

7.1 定量数据的分析——用数字说话

来自定量研究的数据是以数字的形式存在的。测试每个可能答案的研究对象的总人数很容易换算成百分比。统计结果表述了目标人群范围内的某种消费行为方式或消费偏好。对创客来说，没有必要去换算这个百分比，因为这可以通过在线软件完成。如果是纸笔式的调查，则可以把反馈信息输入电子表格或数据库程序中以完成统计。创客没有必要通过学会统计法来理解平均值和百分比，并相信由此产生的信息。例如，数据可以提供以下信息：43%的受访者更喜欢在实体店购物；57%的受访者则更青睐在线购物。这些数据也可以被比较和对照，如有68%的男性喜欢在线购物，而仅有42%的女性喜欢这种购物方式。

7.2　定性数据的分析——听出主题

与定量数据形成对比的是，定性研究产生的数据结果往往呈现为录音或笔记的形式。这类数据既不能以统计学的方法操作、比较和对照，也不能形成易于理解的百分比。而研究人员对此类数据的分析需要通过寻找反复出现的主旨线索达成。基于此原因，有些人可能会误解并且不信任由此产生的信息，但创客应该本能地理解这个过程，因为它依靠的是洞察力而非简单的事实判断（Johnson et al.，2007）。

因为焦点小组法和访谈法通常都会录音，所以研究人员可以首先在听取这些录音资料的同时记录下被多数研究参与者重复多次的那些最常见的反馈意见。虽然某些偏离主题的意见也是有价值的，但是创客构建的企业规划战略必须基于最具普遍性的主题之上。

定性数据分析的重点在于对意义的探寻，而非运用统计方法证明事实。因为定性研究法是用来回答"为什么"的问题，所以从研究参与者取得的数据往往比理解百分比或平均值更复杂。但是只要清楚了这一点，通过定性研究法揭示的消费者行为的原因是极其有用的。例如，假设某个焦点小组的成员反馈其不愿意购买原创艺术品是因为对现在的艺术家一无所知，那么在网上投放讲述艺术家及其作品的视频便是一项可行的决策。

一个技巧娴熟的定性研究者可以在数据中找到远非一个单一的答案，因为定性研究法涉及的研究对象被允许提供其感觉重要的任何信息，所以产生了丰富的数据。这类数据可能会提出新的见解，从而帮助解答研究问题。实际上，人们还有可能发现研究对象对某个问题的解决办法具有完全不同的观点，或者具有对某个新机遇的构想。例如，研究可能会发现人们愿意为可按某种方式进行偏好定制的产品支付更高的价格。这类信息通过问卷调查是很难获得的，因为相关问题可能不会被问及。相反，当参与者在焦点小组讨论中被问及有关产品价格时，这类信息就有可能冒出来。

思考问题：我具有解读研究数据的能力吗？

小结

开展研究是必要的，这样信息才能被用于制订出成功的创业规划。虽然创客不一定具有与专业研究人员同等的开展研究的水平，但是他们仍然必须理解这个过程。设计详细、具体的研究问题将有助于创客弄清楚关于消费者的动机和偏好。小心谨慎地选择研究对象以确保取得的信息能够准确地反映出创客的目标细分市场。定量研究或定性研究的过程可以由他人进行，然而，创客应该参与对结果数据的分析。这些数据不仅可以回答研究的问题，还可以提供额外的见解，将有助于确保初创企业的成功。

完成任务

回答以下这些问题将有助于完成创业规划的研究部分。

1.计划研究

a.写出你的研究问题。

b.在线搜索，以确定哪些信息是已经有的。

c.描述一下你的研究对象。

d.对你喜欢使用的研究方法进行排序。

2.开展研究

a.运用在线程序写出十个将提供有用信息的具体调查问题。

b.对有可能帮助你回答研究问题的焦点小组给出五个话题样本。

c.写出三个简短的拦截式问题，并对十个可能的研究对象进行提问。

d.列出三种你想观察的行为以及观察可能发生的地点，然后去实施并记录你的观察。

3.研究过后

a.举例说明怎样用信息改进某个产品。

b.由艺术家组成的焦点小组在讨论创业时可能会出现什么样的主题？

形象化训练

1.为有可能知道答案的研究对象画画像。

2.绘出可能引出反馈回应的无字漫画。

参考文献

Artists & Art Materials Study 2012.*2012 Study Key Findings*,October 2012.www.namta. org/files/resource_library_files/ArtistsArtMaterialsPresentationMay2012NAMTA.pdf. Accessed July 31,2014.

Bailey,Lawrence F."The Origin and Success of Qualitative Research."*International Journal of Market Research* 52,no.2(March 2014):167–184.

Bednall,David H.B.,Stewart Adam and Katrine Plocinski."Ethics in Practice."*International Journal of Market Research* 56,no.2(March 2010):155–168.

Bensoussan,Babette E.and Craig S. Fleisher.*Analysis without Paralysis:10 Tools To Make Better Strategic Decisions*,Upper Saddle River,NJ:FT Press,2008.

Clark,Tom. "On 'Being Researched' : Why Do People Engage with Qualitative Research?"*Qualitative Research* 10,no.4(August 2010):399–419.

Gregori,Aleix, Fabiola Baltar."Ready to Complete the Survey on Facebook."*International Journal of Market Research* 55,no.1(January 2013):131–148.

Johnson,R.B.,A.J.Onwuegbuzie,and L.A.Turner."Toward a Definition of Mixed Methods Resarch."*Journal of Mixed Methods Research* 1,no.2(2007):112–133.

Kolb,Bonita M.*Marketing Research for Non-profit,Community and Creative Organizations:How to Improve Your Product,Find Customers and Effectively Promote Your Message*,Amsterdam:Butterworth–Heinemann/Elsevier,2008.

Krzyzanowska,Magdalena and Jolanta Tkaczyk."Identifying Competitors:Challenges for Start-up Firms." *International Journal of Management Cases* 15, no.4 (December 2013):234–246.

McGorry,Sue Y."Data in the Palm of Your Hand."*Marketing Education Review* 16,no.3 (2006).

Power,Dominic."Social Economy of the Metropolis:Cognitive–Cultural Capitalism and the Global Resurgence of Cities."*Regional Studies* 44,no.1(2010):131–132.

SCORE."Marketing research on a Shoestring for Small Businesses."*For the Life of Your Business.* April 29, 2013. www. score. org / resources / marketing–research–shoestring–small–business.Acessed August 20,2014.

Wenzel, Anne M.*The Entrepreneur's Guide to Market Research*, Santa Barbara, CA: Praeger,2012.

第二部分 创建业务

现在你应该已经准备好把灵感转化为创业的下一阶段，即创建业务。当你向有购买意愿的客户传递出你的产品可以提供效用这一信息时，你便拥有了业务。

"我对行动的紧迫性深有感触。只有认知是不够的，我们必须要学会运用；只有意愿也是不够的，我们必须行动起来。"

列奥纳多·达·芬奇

I have been impressed with the urgency of doing. Knowing is not enough; we must apply. Being willing is not enough; we must do.

Leonardo da Vinci

第4章
分析产品及其效用

区分产品的三个通用一般性基础，即所谓的价值学科是运营卓越性、产品领先性和客户亲密度。它们之所以被称为通用一般性基础，是因为它们适用于任何类型的企业。所有企业都展现出这些优势里的某个方面。有些企业展现的还不止一个方面，但要同时展现出三个方面却是极其困难的。

1.导言

因为对想要创作生产的内容了然于心，创客可能会认为他们不需要花时间分析其产品所提供的效用。然而，有很多产品概念一旦理解掌握了，将帮助创客更有效地向其目标市场推销产品。在今天产品过剩的市场上，一个关键的概念是商品化（commoditization）。这指的是有太多相似的产品可供消费者选择，从而使企业对产品的独特定位变得越来越困难。此外，理解产品类型将有助于创客在其产品、定价和分销的关系之间进行决策。包装产品不应是一件事后思考的事。相反，它应该被当作企业品牌形象的一部分来理解。对于以表现力为基础的创客来说，欣赏服务产品的独特性及其对定价和推销的影响是成功的关键。所有这些信息对于理解产品的竞争优势都是必不可少的。产品定位的过程就是探讨这种竞争优势如何与竞争对手的产品相比的过程。最后，创客还需要考虑品牌属性。

创客感言：大卫·罗伊斯（David Ruess）

大卫通过自己的公司——黑狼工作室（Black Wolf Studio）创作和销售插图和美术作品。他在企业和消费市场上都有销售，并且大部分作品可以实现电子化分销。大卫不认为在创作插图和美术作品之间有严格的区分。相反，他创作的是他觉得在审美上让人感到愉悦的作品。作为一名具有二十多年成功经验的艺术家，大卫给即将自己创业的创客的建议：

1.不要只是接受建设性的批评意见——要拥抱它。

2.当业务进展缓慢时——不要惊慌失措，一切终将过去。

3.懂得什么时候要放慢节奏——质量胜过数量。

大卫作品的访问网址：www.blackwolfstudio.com。

2.产品的定义

产品可分为有形的商品、无形的服务或是某种体验。但一件产品也可以是三者的结合，这正是大多数创意产品的情况。以视觉艺术或手工艺品为例，它们都由某种物质承载的（即便是数字化的）。然而，在购买产品时，客户可能还会接受到无形服务是关于如何使用产品或产品如何被创作出来方面的知识信息。此外，购买行为的体验本身也是产品的一部分。销售产品的工作室、零售店、活动场所，以及与艺术家见面的机会都属于产品体验的一部分。当然，基于性能的产品的核心是体验。然而，创客还可以通过销售小册子或茶点提供有形的产品。另外，他们还可能提供其他服务，如衣帽寄存。

2.1 商品化和消费者选择——有什么不同的东西要买吗

今天的人们被各种各样的购买机会包围。消费者不再局限于在当地的零售场所购物，因为技术的进步使消费者几乎能够购买到全世界任何地方的产品。由于消费者有如此多的选择，他们会非常具有鉴别力，从而力求找到恰好符合其需求的产品。这样的寻求并非新现象，因为人们历来都愿意购买独特的产品（Underhill，2009）。例如，游客总是购买一些有特色的产品带回家。在19世纪，目录购物（catalogue shopping）①的兴起意味着消费者可以开始购买特别的物品并直接邮寄到家。尽管如此，大多数人并不到处旅行，也没有机会接触商品目录的营销模式，这就意味着消费者只能买到当地商店所具有的产品。如果产品满足了消费者的需求，那么皆大欢喜；如果产品不能满足消费者的需求，他们仍将购买，因为别无选择。

新技术使得消费者可以从几乎无限数量的生产者那里购买产品。但是，很多产品都是相似的，因为改变一件产品使其变得独特的方法只有那么多。这种缺乏差异的现象被称为商品化（Ferrell和Hartline，2010）。例如，设计一把椅子的不同方法只有那么多。当然，椅子可以被设计用以满足不同的用途。此外，款式、颜色和尺寸可能各不相同。但是，消费者往往可以找到许多出售类似椅子的商店，并且它们都声称产品是最好的。

由于其作品的独特性，创客具有了优势，因为他们的产品往往由具有独特使命的组织或具有独特愿景的艺术家所设计并生产。因此，创客必须将创业策略融入到企业中，以使其使命和愿景与竞争对手区分开来。尽管所有组织都面临产品差异化的挑战，但是创意产品本身具有独特的优势。

思考问题：产品的商品化趋势如何影响我所创作生产的内容？

---

① 目录购物(catalogue shopping)又称为"邮政贩卖"，它是消费者通过查阅"目录购物商场"定期发行的购物目录，拨打"商场"话务中心的电话订购，再由专业快递公司提供快捷优质的送货上门服务，最后付款的购物方式。随着国际互联网的出现和广泛应用，目录购物已经由邮寄印刷品发布商品信息发展成为利用因特网进行在线商品信息传播的方式(译者注)。

3.产品类型

我们可以把包括有形的商品、无形的服务和体验在内的产品分为便利产品（convenience product）、比较产品（comparison product）和特殊产品（specialty product）三种类型。这些产品类型是基于产品的定价、推广和分销，以及消费者购买动机的不同而产生的。通过理解其产品所属的类型，创客可以避免定价、推广和分销方面的错误。

产品类型

●便利产品：集中大规模分销，以地点便利和产品廉价作为亮点进行推广。

●比较产品：选择性分销，以独特性进行推广。

●特殊产品：独家分销，基于品牌进行推广。

3.1　便利产品——无处不在

消费者对便利产品是习惯性购买，他们对此类购买决策几乎不假思索和研究。便利产品通常对消费者来说是低成本的，而对生产者来说则是低利润的。这意味着企业为了产生足够的收入支付费用开支，必须售出大量的便利产品，而为了实现这一巨大的销量，就要把产品分销到很多不同的零售点，以便能够接触到更多的目标细分市场。同样，正因为需要大量销售产品，便利产品通常被设计成能够吸引足够广泛的消费群体的样式。因此，它们常常缺乏独特性。便利产品的促销信息通常聚焦于低花费和购买地点的便利性上，而不是描述某件独特产品所提供的效用。典型的便利产品有软饮、快餐和牙膏，所有这类产品都相对廉价且分销范围广泛。

因为需要大量低价销售，所以大部分便利产品都是大规模化生产出来的。很少有艺术产品会成为便利产品类型。原创性艺术品和手工艺产品的创作生产实在太过昂贵且耗费时间，以至于不能被当作便利产品销售。

3.2　比较产品——多中取一

比较产品的特点在于价格高于便利产品。能够买到比较产品的地点也相对少一些。最重要的是产品特性在不同品牌间存在差异，这一点与便利产品相比更为突出。于是，在做出购买决定之前，消费者会花时间比较和研究这类产品。虽然比较产品，如一双鞋，其供给的主要效用是相同的，但是消费者会基于许多其他特点选择各自的鞋。消费者可能会根据品质、时尚潮流、价格这些特征进行选择，因此，产品的生产者必须理解他们的目标客户所需要的产品特征是什么，只有这样他们才能运用某种营销推广信息传播其产品能够提供竞争产品所不具备的那些特征。

然而，在创客理解其艺术产品独特性的同时，很多消费者可能只将其视为与其他绘画、手工艺品或演出具有可比性而已。这时，创客需要运用推广手段培育消费者以使他们愿意为产品的独特性买单。例如，在选择一幅绘画时，尽管所有的绘画都具有相同的功能，但是消费者具体买哪一幅的决策却常常是根据艺术家、设计、色彩和题材这些特征做出的。如果产品的独特性得到了很好地推广，则目标客户会愿意买单。实际上，消费者甚至可能会比预想的花销更多。因此，针对比较产品的推广信息要聚焦于产品的特点和效用上，而不是低廉的价格和购买的便利性。

3.3 特殊产品——专注于特定人群

特殊产品具有被特定目标市场客户高度推崇的显著特点或者具有独特的品牌标识，因此，当消费者决定购买特殊产品时往往不会接受替代品。消费者不仅愿意到一个特定的地点购买产品，而且产品不是到处可买的事实增加了它的排他性。由戴尔·奇胡利（Dale Chihuly）[①]吹拉制作的工艺玻璃可以作为特殊产品的一个很好的例子。其他昂贵的玻璃雕塑品或许也讨人喜欢，但有一个客户群体只买戴尔的作品，因为他们认为拥有其作品是物有所值的。针对特殊产品的推广信息侧重于产品的品牌形象，而不是产品的具体特性。

很多艺术品属于特殊产品。虽然消费者可能仍有预算，但是他们认为产品的价值是由高昂的价格以及由此产生的排他性造成的。艺术家可能开始在比较类别中对产品进行推广，在其声誉增长之后将产品重新定位为特殊产品，并收取更高的价格。但是，在大多数消费者愿意为产品所能提供的价值支付更高价格之前，艺术家必须首先建立自己的品牌和声誉。

思考问题：我的产品应该被归为便利产品、比较产品和特殊产品三者中的哪种类型？为什么？

---

① 戴尔·奇胡利（Dale Chihuly）生于1941年9月20日，是美国著名的玻璃雕塑师和企业家。他的作品被视为吹制玻璃业界独树一帜的风格类型。尽管制作工艺的复杂程度非常惊人，但是戴尔仍然将这种工艺应用在其主要的室内和室外艺术作品之中（译者注）。

4.产品线和产品组合

大多数企业不仅提供某种色彩、某种尺寸或某种类型的单一产品，还提供由各种产品构成的产品组合。满足相同基本消费者需求的产品可算是相同产品线的一部分。在最简单的情况下，产品线可能只包含某款单一产品的各种变化形式。这类变化可能是很实用的，如提供不同尺寸的手工制作的桌子。这种变化还可以基于消费者偏好，如音乐的风格流派。例如，一家演艺公司可以为家庭客户提供一种音乐会的产品系列，而为成人客户专门提供另一种产品系列。通过对单一推广信息的运用，产品线可以专门针对某个细分市场。建议小规模的组织只保留一条或两条产品线，因为针对每条生产线进行研发和实行推广信息都要付出高昂的成本。

由于产品线的各个商品都具有相似性，并且针对的是相同的目标细分市场，其销售数据将会汇集到一个收入线上。通过这样的方法，创客就能很容易地判断哪条生产线的产出最盈利。

4.1 增加产品线——当你做好了成长的准备时

当创客决定推出新产品时，要么是因为新的创意兴趣，要么是需要增加收入，又或者二者兼而有之。如果产品完全迥然不同，满足了不同的消费需求，或瞄准了不同的细分市场，就会构成一条新的产品线，因而需要不一样的营销信息。例如，手工桌子的生产商可能会决定引入一条板块切割的产品线以针对那些想要手工木制产品但又负担不起的细分市场客户。

在是否引入额外的产品线这一问题上，创客需要仔细斟酌。虽然拥有更多产品线确实增加了消费者的选择，而且也带来了额外的收入来源，但是同时也增加了创客的成本负担（Gordon，2004）。一家新的创意企业应该拥有有限的产品线数量，这是由若干原因决定的。每一件新产品可能会涉及不同的原材料，这增加了花费在材料订货和库存方面的时间。一条新的产品线可能还需要投入不同的设备和技术用于生产。此外，如果产品线瞄准的是不同客户群，那么还需要分别进行营销。在新产品线产生收入之前将会导致所有上述这些额外成本，这就是小型创意企业在初期要以有限的产品线数量起步的原因。推出额外产品线产生的另一个问题是自我蚕食化（cannibalization），这个词用来描述当新产品线的销售导致业已存在产品销量减少时所发生的状况。组织可能会发现目前的客户只是改变了产品偏好而已，而实际上并没有吸引到新的客户。由于推出的新产品线的成本，导致了企业既不会有额外收入的产生，也不会有利润的减少。

思考问题：我将产生哪些不同的产品线？

为什么大公司要购买艺术品？

自中世纪以来，出于居家使用目的的商人便一直在投资艺术品。现在，很多大公司为了布置办公场所而购买艺术品。实际上，在世界范围内，大约 1 500 家企业有艺术收藏品，其中一些企业的艺术收藏品十分丰富，以至于它们向博物馆出借艺术收藏品。大公司购买艺术品的原因各不相同，如增强工作场所的视觉吸引力、提高员工的享受满意度，以及提升其品牌形象等。此外，一些大公司力求从本地艺术家手中购买艺术品，以突出其与当地社区的联系。

当花费大笔资金时，很多大公司都会聘请顾问帮助其选择将要购买和展示的作品。这个顾问可能是专业艺术指导协会的某个成员。顾问不是为了转售赚钱而买入作品，也不代表艺术家。相反，顾问的使命是对艺术品可能具有的利益价值向企业客户提供建议，而后帮助其维护艺术品的收藏。

一旦受聘，顾问通常会与做出最终购买决策的某个委员会一起开展工作。在艺术品被放置好之后，顾问会向员工传授正在展示作品的相关知识。如果某个艺术家想把作品卖给某个大公司，那么第一步要做的就是获取这家公司顾问的名字。

Efron 和 Linytzky，2013

5.核心产品、形式产品、延伸产品和辅助产品

一件产品不仅是某种有形的商品、无形的服务和体验，还包含了消费者所购买的一系列效用集群。所有产品都具有某种核心效用，离开了它就不能称其为一件产品。然而，因为消费者能选择的产品数目众多，且通常具有相似的核心效用，于是他们会在诸如价格、质量、颜色和尺寸这些产品形式特征的基础上选择一款特定的产品。为了进一步吸引消费者，产品还会提供延伸的效用，这些通常是与产品一起提供的额外服务。这些内容可以包括客户服务、担保、配送、金融支持以及购买体验。对某些产品而言，把其辅助效用涵盖进去描述可能反而可以更加清晰地呈现产品（Gordon，2014）。这类辅助效用是基于组织的使命，通过购买产品消费者还能关注生态环境、就业需求、动物权益或社区的艺术教育等。这类辅助效用并不包含在所有类型的产品中，但却属于许多创客使命中不可分割的一部分。通过购买具有这类辅助效用的产品，消费者将与创客建立起一种超越买卖双方的关系，他们将在

某个事业中团结一致。由于市场上充斥着众多的竞争对手，因此所有创客都需要把其产品当作核心产品进行推销。

分析产品

- 核心：产品存在的原因。
- 形式：产品的特征。
- 延伸：无形的形象、服务质量。
- 辅助：结合组织的价值观。

5.1 核心产品（core product）——存在的理由

所有产品的存在都具有某个核心理由。对多数大规模生产的产品来说，确定核心效用很简单，如购买床是用以提供睡觉的地方。然而，创意产品却并非如此，其效用可能不会轻易地被识别出来。那么，一件艺术品的目的到底是什么呢？一些人购买艺术品或许只是为了装饰墙壁的空间，而对另一些人来说核心效用可能是艺术品的形态和色彩所带给他们的感受。还有另一些消费者购买同一件艺术品也许是作为一种身份的象征。此外，游客购买产品的核心效用可能是对旅程的纪念。创客必须牢记是产品的购买者决定了产品的核心效用。了解消费者对产品的看法，将使创客能够开发出直接传播这种效用的营销信息。

对服务类产品而言，核心产品的概念更为复杂。对诸如设计咨询或音乐演出之类的服务而言，部分核心产品便是提供服务的人。消费者会把他们自己和服务提供者之间的互动视为核心产品的一部分。于是，创意和表演服务的提供者必须具有卓越的人际沟通能力。此外，核心产品还可以包含产品的配送交付过程，这其中包括服务的预约和在服务提供完毕之后与客户进行校验以确定产品满意度。即便预约和校验都能通过技术完成，所使用平台的设计风格和效率依然是核心产品的一部分。最终，服务的所有有形表征都可以算作核心产品的一部分。这将包括任何在产品上的文字和商标，以及网站设计和营销材料。

5.2 形式产品（actual product）——还有什么其他一起提供的内容吗

诸如补充材料、安装、配送和客户关怀这些与核心产品一起提供的形式产品可以增加购买行为的价值。对创客来说，虽然核心产品是艺术作品本身，但是提供一张印有对作品如何创作出来加以说明的明信片则可以成为形式产品的一部分。此外，还可以把艺术作品放在可留作他用的漂亮袋子里让购买者带走，而不是将其放在普通的塑料袋里。形式产品所提供的效用使消费者愿意支付更多的钱，因为这增加了整体购买行为的价值。

另外，假如消费者被具有相似核心效用的产品包围的情况下，创客的产品可以打包装运这件事就可能会影响消费者对产品的购买选择。如果产品价格高昂，拥有支付和金融支持可能会促使购买决定更加易于达成。最后，确保创客背书产品，如果担保可以解决任何未来的担忧，那么这就有可能会说服消费者购买某件产品而放弃其他产品。这些形式产品的效用向消费者保证了他们所购买的产品不是只有一种核心效用。

对无形的服务来说情形类似，如某个演出，所有的演出都提供娱乐这个核心产品。但是，什么样的形式效用与核心产品包含在一起则各不相同。有些演出公司会提供客户定制服务，表演者将与购买者一起工作以创作出专门针对其需求的某个节目。例如，消费者亲自选择要播放的音乐曲目。

艺术家或音乐人可能不会考虑让担保成为形式产品的一部分，但实际上它们可以像工业产品那样被运用于创意产品。所有售出的产品都具有所谓的一种默示担保（implied warranty）。这种担保是指产品应该能够用以满足其预定的用途。例如，喝水用的杯子，无论是朴素实用型的，还是作为艺术表达而创作的，都不应当出现漏水问题。另一个例子是珠宝上的扣子，无论是大规模生产的，还是定制设计的，都应该扣得住；否则，购买者就有权索赔。

创客还可能会愿意提供明示担保（express warranty），这是一种对产品将达到特定标准的书面保证。例如，可以声明保证的是某条手织围巾可以机洗，或者某件雕塑使用的材料能够经受住室外的气温变化。明示担保是提供信息的，因为它说明了产品可以承受的使用情况，但它也是向购买者的再次保证，即生产者对产品具有信心。

服务也可以有担保，是指满意度能够得到保障。在这种情况下，创客需要对满意度有清晰的理解，这一点特别重要。大多数人都会真诚地使用产品，只在必要时才投诉抱怨。然而，创客最好能够兑现保障的承诺，即使服务执行起来非常具体化。当然，倘若客户有长期不满的情况发生，创客还可以考虑为他们介绍某个能更好地满足其需求的企业。

5.3 延伸产品（augmented product）——并不额外收费

延伸产品向产品的核心效用和形式效用集群里注入了形象这一无形资产。这其中包括零售空间的环境氛围、员工的知识、购买体验和产品的品牌形象。很多人都愿意为这些基于增强功能的产品支付更高的价格。实际上，购买创意产品的消费者常常是因为想要得到延伸产品所提供的体验。即便他们是在线购买产品，网页的独特风格以及产品创作者的个人故事都会成为所购买的延伸产品的一部分。

5.4 辅助产品（ancillary product）——请加入我们吧

辅助产品的效用由组织或企业的使命提供，而不是由产品提供。产品被购买可能是因为创客的使命肯定、强化了某种同样被购买者所认同的价值观。例如，假设消费者对贫困问题很关切，则产品由低收入人群所生产的事实就会带来支持某项事业的补充性效用。正如消费者亲眼所见，核心产品效用和形式产品效用的结合与延伸产品效用和辅助产品效用一起构成了消费者所购买的产品效用集群。

思考问题：我的核心产品是什么？产品的形式、延伸和辅助属性特征是什么？

艺术与手工艺之争（art versus craft）——这重要吗

有关艺术与手工艺之间的争论并非新鲜事物。然而，二者的区别重新成为人们关注的焦点，因为现在那些没有接受过美术、音乐或设计专业训练的人也可以创作他们认为是艺术的物品正变得越来越司空见惯。在线分享这类艺术的做法带来了新的争论，同时也越辩越不清楚。此外，人们在线分享其艺术创作的能力，意味着他们可以跳过过去决定作品是艺术或者"仅仅"是手工艺的艺术中介机构。美国的"创客运动"（The Maker Movement）和英国的"修补运动"（The Make Do and Mend Movement）也加入了这场争论。

手工艺是实用的而艺术是用来沉思的旧观念已经不合时宜了。现在具有了对艺术和手工艺进行分类的新方法。一个关于二者区别的新论点是创作的动机意图。假如某个创作者认为作品表达了某种意义，于是它就是艺术。另一种观点是分类取决于所使用的材料。按照这一想法，由纺织品、陶瓷，以及有时包括玻璃制作的物品就属于手工艺的范畴。还有一些人则认为是创作者学习技巧的途径在起作用，他们认为只有具有正规训练背景的人才能创作出被称为艺术的物品。最后一种区分方法是关于用途，可被穿戴或在日常生活中使用的物品被认为是手工艺，而其他的物品才是艺术。

来自伦敦泰特美术馆的一名博主曾经就此问题问过其读者。如果连泰特美术馆都不能确切地回答什么是艺术，什么是手工艺，那么谁又可以回答呢？

Beaven，2011

6. 包装产品

似乎包装产品并不是一件需要花时间和心思的事情。但实际上，包装应被当作形式产品的一部分来考虑。当然，产品包装的首要功能是保护。创客考虑的不仅是产品离店时保存的完好无损，而且还要确保为产品能够顺利抵达目的地提供包装保护。在运送至目的地的途中产生的任何对产品的损坏在法律上一般都不是生产者的责任，但购买者可不这样认为。因此，生产者应该好好设计包装，以便包装能够提供足够的保护作用确保产品完好无损，即便不小心掉在车上或地铁的地板上也没事。假如需要快递产品，还需要额外的保护措施。经过设计，包装还能提供辅助效用，如环保。有些包装甚至还被创作成具有其他的用途，因此，为消费者提供了额外的效用。

除了保护、环境问题和循环使用外，创客应当花时间思考如何包装产品以使其成为影响策略的一部分。如果设计得好，包装的效果会有助于企业整体品牌形象的构建。例如，假设企业想构建的是可爱的、独特的、手工制作的、高品质的品牌形象，那么把完成的产品放入廉价的包装中只会损坏这种形象。

标签和产品信息也应加以考虑，因为它们同样有助于品牌形象的构建。产品的创作者也许觉得没必要过多地考虑标签，因为产品品质不言自明。但是，标签包含着产品创作者个人的信息，同时还有关于产品如何被创作的解释性信息。由于购买行为的动机之一是产品的独特性和原创性，购买者需要这样的信息验证其购买决策。当然，标签的设计还应起到补充产品设计的作用。一件新潮的产品需要新潮的包装和标签，而一件怀旧保守的产品则需要不同类型的包装和标签。除了保护，包装的目的在于提升品牌形象。

思考问题：怎样用产品包装提升我的品牌形象？

不只是一个包装

你怎样包装你的产品透露出很多关于内在产品质量的信息。有句古话，你不能通过封面判断一本书的好坏，但是今天的人们却相信，假如封面很糟糕，书的内容必定也一样。以下是一位艺术家包装版画的整个过程：

● 保护：首先，用塑料膜保护版画远离灰尘和湿气。然后，在包装盒内加入硬纸板块以提供支撑保护使版画免于折痕。

● 品牌：接下来用纸包裹，突出展示公司的品牌名称。

● 装饰：因为品牌本身涉及艺术，于是包装也应如此。接下来要把艺术元素加入包装中。

● 最终包装成为艺术产品的一部分。

Corrigan，2012

7.服务的特点

与有形的商品和体验一样，无形的服务也被视为一种产品。但是，服务类产品的特点是有差异的，这也使对其定价、分销和推广价更加有难度。另外，服务类产品的这些独特性特点也导致了在创建品牌形象时所面临的特殊挑战（De Chernatony 和 Segal-Horn，2001）。用以描述服务类产品独特性特点的术语包括非持久性（perishablility）、不可分离性（inseparability）、异质性（heterogeneity）和无形性（intangibility）。这些词汇并非创客所通常使用的，但理解其在服务关系中所具有的含义，对为创业规划建立正确的定价、分销和推广策略却是至关重要的。

7.1 非持久性——今天有，明天无

无形的服务被认为是一种非持久的产品，这意味着它们不能被存储起来供以后使用。一件有形的产品假如今天没有被售出，则可以储存起来并在某一天销售出去。如果仍然没有售出，价格可能需要下调，但产品的价值依然存在。从另一方面来说，假设某场演出的门票没有售出，在演出结束之后，门票就不再具有任何价值，潜在收入也就永远消失了。假如某场音乐会的一个座位没有售出，下次演出时也不可能让两个人同时享有同一个座位以弥补收入损失。出于这样的原因，对无形的服务进行定价往往采取可变的方式，这意味着价格根据座位的可用数量以及演出日期的接近程度而变化。例如，门票可能会在一开始以常规价格供给，而之后如果售出的门票不多，随着销售日期的临近就会进行折扣。然而，假如某场演出的门票销售并不被看好，

则有可能采取相反的策略。在这样的情况下，门票在短时期内可能会以折扣价进行销售，以鼓励消费者尽早购买并引起轰动效应。稍后，当已售出足够多的门票时，则可以提高门票价格。像类似航空公司这样的大企业一般都拥有复杂的软件程序用于测量估算需求，并做出相应的价格调整；而创客则必须密切地关注销售情况，并不断地试错才能确定正确的定价策略。

7.2　不可分离性——购买产品，你同时得到了生产者

服务还会受到另一情况的影响，即服务的执行不能与服务的提供者相分离。对有形的产品来说情况并非如此，如某个人买了一件家具可能不会去想任何有关生产者品性的问题。如果消费者喜欢这件家具，他们就会购买，即使他们发现木工本人性格孤僻也不会受到影响。因为消费者在购买行为之后并不会与创作者发生联系，他们会认为产品与其个性是不相干的。虽然购买家具与创作者的联系可以说少之又少，但是诸如课程或婚礼音乐这样的服务类产品的情况就不一样了。在此，客户期望与服务提供者产生联系互动，而后者的个性特征在购买决策和售后满意度方面都将产生影响。消费者起初与企业进行联系可能是根据已知的服务品质，而后，服务供应者的个性特征则要么进一步鼓励消费者的购买意愿，要么挫伤消费者的积极性。有人格魅力的服务提供者并不能弥补低劣的产品质量，而不友好的服务提供者则有可能给本来品质好的服务带来负面影响。

7.3　异质性——每天都不一样

异质性一词是用以描述服务类产品的品质相比有形产品的品质更加易变这一事实。因为服务类产品是即时制作和消费的，于是没有时间对错误进行修复。如果制陶工对某个陶瓷花瓶感到不满意，可以重新制作。当某个演出

或是某堂课进行得很糟糕时，体验却已被受众接受，不能再更改。服务类产品具有更大的异质性这一事实使得其营销也更具挑战性。某种服务的潜在购买者希望知道他们所能得到的与承诺的产品是一致的。这对有形产品的生产者是一件相对容易的事。例如，假设某位艺术家创作情绪不佳，他或她可以把正在创作的作品暂时放在一边直到某一天再继续。又如，假设一件已完成的作品不符合艺术家的标准要求，它可能会被丢弃，而潜在客户将永远也见不到它了。然而，当假设的产品是一系列课程时，艺术家每次与学生见面时就必须保持同样的友好和善、乐于助人的心理状态。

虽然有些服务提供者通过创建规范流程以努力减少异质性，但是对限制行为的这类规定往往反应消极的创客来说，这可能并不奏效（Moeller，2010）。创客不应把其产品的异质性看作是品质的缺乏，事实上，每件作品在某种程度上都是独特的。

7.4 无形性——当你无法看到它时

最后要说的是，服务类产品是无形的。直到它们被购买者所消费，否则它们都是看不见、摸不着或是听不到的。正是出于这个原因，营销服务类产品比营销有形产品更具挑战性，对后者进行推广可以运用照片或展出的形式，而要用照片或展出来表现音乐在听众脑海里产生的情绪则很困难。因此，营销服务类产品必须依赖于有形的线索暗示。例如，用来推广营销的视觉广告要表现出人们沉浸在演出享受中的场景。此外，可以用过去客户的推荐和评论构建产品物有所值的信任感，还可以通过社交媒体分发视频小样。

思考问题：如果我的产品是服务类的，我会面临哪些额外的挑战？

8. 用产品效用打造品牌

每件产品都有很多种效用，但只有其中的某些效用会成为品牌形象的一部分。打造品牌涉及对哪些产品特性应该通过品牌进行传播的决策。当然，品牌形象只能突出产品提供给消费者的效用。但是，也有一些打造品牌的选择涉及了地点、人和事件。例如，产品的原产国或产品原材料的来源地可以作为品牌形象的一部分进行强调。对一些服务类产品来说，品牌形象的核心可以聚焦于产品的创作者身上，如创客的人生故事。最后，创客还可以把某个事件或某项社会事业当作品牌打造的基础。

8.1 品牌忠诚度——他们总会回来

打造产品品牌的动机不仅是让消费者购买一次产品，而是使他们与产品、企业建立某种关系，以便他们将来再次购买。这一关系被称为品牌忠诚度。假设消费者忠实于某个品牌，当他们进行购买决策时就会首选这个企业，他们也更有可能尝试由这名创客所研发制作的任何新产品，他们还会把购买的产品推荐给朋友。现在，随着社交媒体被广泛地使用，具有品牌忠诚度的客户则更有可能在线上对产品做出积极正面的评价。

建立品牌的另一个好处是，消费者在购买产品时可以减少购买风险。由于市场上充斥着诸多的竞争性产品，而留给产品研究的时间又很有限，因此消费者更有可能去购买一个知名品牌产品，而不是去尝试某件不知名的产品。建立品牌也有助于传播企业的竞争优势，这个品牌可以快速地提醒你产品的价值。

打造品牌在传播创客的使命方面尤为有用，而不仅仅是某个特定产品的效用。品牌使企业所希望实现的使命具体化了，而非仅是营销信息。如果客户信任某品牌，他们更有可能为产品付出更高的价格，因为他们具有安全感，认为物有所值。通过突出品牌特性和企业使命，品牌的信息传递要注重于细节，而非产品是"最好"这样的模糊信息。

思考问题：我的品牌特性主要是什么？

9.比较优势

创客往往对其产品的独特性深信不疑。然而，在消费者心里或许还存在其他提供类似效用的产品。甚至当创客认为其产品没有竞争对手时，消费者还是会进行比较，并有可能把其产品与其他产品放在一起单独形成一组可能的购买选项。由于存在这样的过程和后果，创客最重要的工作之一便是清楚地解释他们的产品如何与竞争对手不同，这个不同就是产品的竞争优势。对每件产品而言，竞争优势回答的是消费者的问题，"为什么我要买你的产品，而不是你竞争对手所生产的产品？"区分产品的三个通用的一般性基础，即价值学科（value disciplines），包括运营卓越性（operational excellence）、产品领先性（product leadership）和客户亲密度（customer intimacy）（Treacy 和 Wiersema，1995）。它们之所以被称为通用的一般性基础，是因为它们适用于任何类型的企业。所有企业都展现出这些优势中的某一种。有些企业展现的还不止一种优势，但要同时展现出三种优势却是极其困难的。

9.1 运营卓越性——我们能以更低成本来做

当一家企业在运营卓越性方面具有竞争优势时，也就是说，它的产品在生产环节上效率很高。因为企业能够高效地制作产品，于是产品价格可以保持在较低水平上。这种运营卓越性优势可能是由低劳动力成本导致的，这也是很多企业想把生产转移到工资水平较低的国家的原因之一。它还可能是由不提供额外服务和最简化包装导致的，从而也能削减成本开支。为了保持较低成本，产品设计也能被简化。因为专注于高效生产，所以结果就是价格低廉，但创客很少会基于这样的基础优势展开竞争。

宜家（Ikea）是一家很好地体现运营卓越性例证的公司。这类公司的其他例子还包括折扣店和供应诸如面巾纸这样的低成本消费品的公司。消费者光顾这些公司是因为他们知道他们将会以合理的价格得到质量尚可的产品。这类公司的品牌忠诚度很低，因此，如果市场上出现更廉价的产品，消费者可能就会马上转向购买廉价的产品。由创客开创的企业往往不具备追求卓越运营的能力，因此把手工产品和个性化服务作为竞争优势的企业不太可能进行廉价大规模生产。

9.2 产品领先性——我们有最新和最好的

形成竞争优势的第二个基础是产品领先性。在这一情形下，企业能提供最前沿、最尖端和最新潮的产品。产品领先性可以源于拥有最新的技术创新产品，或是运用新材料或新制作流程的产品。引领潮流的产品也能导致产品领先性的产生。如果艺术产品具有独特性，有些创客是能够把产品领先性作为竞争优势的。这种独特性可以基于作品的主题、新的创作流程或新的艺术风格。如果创客能够创作出别人无法创作的作品，那么作品定价也没必要过低，因为这样的作品自然会受到懂行的消费者的高度追捧。由于创客可能是这一领域或风格里创作作品的唯一艺术家，他们就会具有吸引客户和使其能够收取更高价格的竞争优势。

9.3　客户亲密度——其中每个人都知道你的名字

竞争优势的第三种通用的一般性基础是客户亲密度。专注于客户亲密度的企业尤为重视与其客户建立关系，以便它们能够用客户真正想要的产品更好地满足其需求。为了达到此目的，它们仔细地追踪客户偏好，以求能将其融入到产品中去。在过去，遵循这一战略的企业往往规模很小，否则很难亲自了解客户。但是，随着对追踪和分析客户信息的数据库的使用，较大的企业现在也能够运用这一战略。在这种情况下，企业区分业务是强调了解和满足客户的需求，从而建立良好的客户关系。

9.4　创客和竞争优势——找到适合什么

大多数创客不能够专注于卓越运营，是因为他们不太可能高效地生产产品。实际上，这样做有可能与其使命背道而驰，因为为了降低价格他们往往需要降低质量。只有为数不多的创客能专注于产品领先性，因为他们生产的产品具有最新的技术或融入了最新的潮流。而大部分创客将专注于建立客户亲密度这种类型的竞争优势。这些创客会花时间了解客户对产品的需求和愿望。之后，他们会尽最大努力回应客户所求所想。这并不意味着他们将完全改变所生产的产品，因为他们的使命是在于创作某种特定类型的产品，但这会使他们根据客户需求调整产品特性。为了建立客户亲密度，在与当前和潜在的客户进行沟通交流方面，社交媒体会非常有帮助。假如创客没有实体店铺，与客户进行经常性的交流互动就更加重要了。专注于客户亲密度的创客将与其客户建立保持其品牌忠诚度的关系。

思考问题：我所在的组织竞争优势是什么？

小结

生产产品只是产品战略的第一步。因为有诸多产品可供消费者选择，所以说产品已经变得商品化了。因此，创客必须懂得如何区分和定位自己的产品。首先是理解产品可以分为便利产品、比较产品和特殊产品三类，其定价、推广和分销都将各不相同。由于便利产品是大规模化生产的，因此它们价格低廉。而大多数创客生产的要么是比较产品，要么是特殊产品。分析产品核心、形式、延伸和辅助的效用可以作为营销信息的基础。那些生产基于表演或服务的产品的创客面临着额外的挑战，这是由于无形性、非持久性、不可分离性和异质性这些因素的存在和影响。产品的特定属性可被用作建立品牌形象和品牌忠诚度的基础。而以运营卓越性、产品领先性和客户亲密度为内容的价值学科模型则可用于决定企业的竞争优势。

完成任务

回答以下这些问题将有助于完成创业规划的产品部分。

1.产品

a.尽可能详细地描述出你的产品。

b.列出你的产品所有可能的变化形式以及在产品线上的排列。

2.产品效用

a.用一句话形容你的产品的核心效用。

b.分别写出关于你的产品的形式效用和延伸效用的五个词。

c.列出与你的产品的辅助效用相关联的价值。

3.比较优势

a.举例说明你所在组织的比较优势。

b.描述你的产品与最近的竞争对手的产品的五个不同之处。

c.回答这个问题："我为什么应该买你的产品?"

形象化训练

1.画一幅关于你的产品的图画，并标注所有的部分。

2.画一个圆圈，在中间写上产品的核心效用。

3.用同心圆来添加形式产品、延伸产品和辅助产品的效用。

4.写一篇推文（tweets）解释清楚为什么你的产品是最好的。

5.画一个能够代表你的品牌的图像。

参考文献

Beaven, Kristie. "Tate Debate: When Is a Craft an Art?" Blog. October 13, 2011.

Corrigan, Charlie. "Barnum's Winter: The Art of Packaging a Print." June 17, 2012. http://barnumswinter.blogspot.com/2012/06/1.html. Accessed August 25, 2014.

De Chernatony, Leslie and Susan Segal-Horn. "Building on Services' Characteristics to Develop Successful Services Brands." *Journal of Marketing Management* 17, no. 7/8 (September 2001): 645–669.

Efron, Jean. "Art Makes a Statement for Business, Too." *New York Times*, March 13, 2013.

Ferrell, O. C. and Michael D. Hartline. *Marketing Strategy*, Mason, OH: South-Western, 2010.

Gordon, Ian. "Creating Product Addicts." *Ivey Business Journal* 78, no. 1 (January 2014): 1–4.

Gordon, Kim T. "Pros and Cons of Expanding Your Product Line." *Entrepreneur*, June 2004. www.entrepreneur.com/article/71094. Accessed August 1, 2014.

Linytzky, Ula. "Corporations Do More To Put Their Art on Public Display." Yahoo News, September 6, 2013. http://news.yahoo.com/corporations-more-put-art-public-display-063101780-finance.html. Accessed March 4, 2014.

Moeller, Sabine. "Characteristics of Services—A New Approach Uncovers Their Value." Journal of Services Marketing 24, no. 5 (2010): 359–368.

Treacy, Michael and Frederik D. Wiersema. *The Discipline of Market Leaders: Choose Your Customers, Narrow Your Focus, Dominate Your Market*, Reading, MA: Addison-Wesley Pub, 1995.

Underhill, Paco. *Why We Buy: The Science of Shopping: Updated and Revised for the internet, the Global Consumer and Beyond*, New Yowk: Simon & Schuster Paperbacks, 2009.

第5章
准确定位目标客户

不仅人们的购买决策会受他们在线读到的产品评论信息的影响，人们还发现这些信息是如此有影响力，以至于如果与大多数线上观点不一样时，它们甚至使产品使用者对自己的体验产生怀疑。

1.导言

通过审视内部资源和外部环境，创客开始了制订创业规划的过程。他们要撰写有关使命、愿景和价值观的声明，并且还要考虑开展什么样的研究。在这些初期步骤完成之后，创客需要对核心产品、形式产品、延伸产品和辅助产品所提供的效用进行分析。而这时制订创业规划过程的下一步便是找到并准确定位潜在客户细分市场。虽然创客可能会不间断地创作作品，因为他们有创作的内在动力，但是直到产品被客户所购买为止，否则他们是没有真正意义上的创业可言的。

创意企业可能会做出向每个人传播相同的营销信息这样的决策，仿佛市场上只有一个无差别的消费者群体，而且他们都具有相同的需求和欲望。然而，通过定位于具有相似特征的单一消费者市场群体，创客便能构建并传播某种单一的信息，这可以提高产品对消费群体产生吸引的概率。要找到对产品所提供的效用感兴趣的潜在客户：首先，创客需要理解消费者的购买过程及其与将在产品推广中使用的营销信息的关系；然后，创客必须明确有关市场定位的策略；最后，创客需要确定那些最有可能购买产品的消费者的特征。对新创建的组织来说，这些步骤将会促使市场细分策略的形成。要想获得成功，这一市场定位策略的重要性不亚于产品生产本身。

创客感言：艾莉森·莱克（Allison Lyke）

艾莉森是一名作家，同时她还为初创品牌、非营利性组织和表演艺术家提供社交媒体咨询服务。不出所料的是，她的大部分工作都是通过社交媒体获得的。艾莉森在大学学习过商科课程，包括市场营销，因此，她认为自己具备了商业成功所需的技能。然而，现在她明白她需要知道的还有很多。

1.做预算：作为一名创客，她过去认为在需要的时候钱总会来的，但之后她懂得了她需要对开销进行计划。

2.谈判/销售：并非所有的顾客都认可你的定价，现在她知道关键在于说服他们在不懂的东西上舍得花钱。

3.名片：只有在生意启动了之后她才认识到，即便在你所有的工作都是在线的情况下，你也没有替身。名片的信息丰富、专业且持久，当你不在场时，它也能够提醒潜在客户，让你的音调不绝于耳。

了解更多关于艾莉森公司的信息可访问：www.Facebook.com/LykeMediaCompany。

2.定位消费细分市场

大多数创客对他们生产的产品质量及其所提供给购买者的效用都深信不疑。因此，他们可能会欢呼雀跃地得出这样的结论，即每个人都想要得到他们的产品。不幸的是这并非事实，因为人们的需求和欲望各不相同。有些创客懂得这一点，但因为他们不知道谁最有可能购买他们的产品，于是他们仍然尝试着面向每个人推销产品。然而，这并不是一种效果好的或有效率的策略。首先，效果不好，因为目标客户不太可能接收到信息，除非是通过他们最有可能使用的媒体进行具体化的传播。其次，没有效率，因为要尝试把营销信息传递给每个人，企业需要花费大量的时间和资金。

为了构建市场定位策略，自20世纪中叶以来，人们就已经在实践中不断尝试一种完全不同的方法（Smith，1956）。首先，创客需要确定是专注于发展市场营销的深度还是广度。其次，创客必须理解营销信息与消费细分之间的关系。最后，创客才能确定市场细分策略以及潜在消费者的特征。

即便是存在已久的企业也仍然需要持续不断地向新的潜在客户进行营销。即使某个组织对现有收入水平感到满意也是如此，因为还存在着客户数量的自然减员的情况。组织会持续地损失客户，因为他们对产品的忠诚度发生了变化，要么是发生了转移，要么是可支配收入减少造成产品购买力减弱。基于这些减员的原因，所有企业都必须始终保持新客户的增加。问题是通过拓展市场深度还是市场广度达到此目的。

2.1 细分市场深度——好比在同一个池塘里钓鱼

找到额外潜在客户的第一种方法是拓展市场的深度。在这一策略下，创客力求从同一地理区域中找到更多的客户，他们具有相同的个性特征，并且作为企业当前的客户而具有相似的购买动机。这是一个简单易行的策略，因为创客已经知道如何吸引这些客户。这种"更多同类"策略的劣势在于，很多不会发生购买行为的消费者也已知晓企业，因为营销信息也同时推送给了他们。而无论出于何种原因，他们早就已经下决心不购买了。例如，某个生产定制香水的创业者把目标市场定位于当地的大学生，他所能做的仅仅是给大学生发送更多的推文。然而，假如这所大学的女生在过去对此反应平平，那么现在她们会有所改观的可能性也很小。对于一个已经有针对性的细分市场来说，要改变消费行为并刺激购买产生需要做的远非发送推销信息那么简单。

2.2 细分市场广度——把网撒得更大一些

相比定位在同一类人群身上，一个更加有效的策略是开拓市场的广度。

在这一策略下，创客力求吸引那些或许目前还没有购买产品的新客户群。新客户群目前还未购买产品可能是由于还没有针对他们的营销信息，因此其对产品一无所知。又或者，他们或许已经对产品有所了解，但并不认为其提供的效用对他们有什么益处。要想成功地刺激新客户的购买行为，创客需要创建新的营销信息以便能够传递出新群体所渴望的效用。虽然构建新的营销信息需要付出时间和精力，但是开拓市场广度的优势在于，它能够带来过去没有被列为目标市场的新消费群体。

假如创客通过对额外的消费群体进行目标市场定位开拓市场广度，那么他们将需要对已有的和新的客户群分别创建营销信息。如果能把每条有关产品效用的传播信息都输送至某个乐于接受的特定的细分市场，那么组织将更加有效地传播信息并刺激更多的购买行为。消费群体的各个成员可能会、也可能不会有相似的人口特征，如年龄、收入或性别。他们或许也不会居住在相同的地理区域。然而，消费群体的每个人都会感到对产品所提供的特定效用具有某种共同的需求。一旦创客确定了他们想要定位的新的目标细分市场，之后他们就可以设计直接面向这一细分市场传播产品效用的营销信息。以定制香水为例，创客可以用这样的信息对职业女性进行目标市场定位，即她们值得拥有一款像她们一样独特的香水。这一新信息应该以独特的沟通方式、措辞和视觉效果进行推广，这将对职业女性的目标细分市场有吸引力。

当消费者不断地受到促销信息的轰炸时，创客将信息集中在一个最吸引他们产品的新消费目标市场上是有意义的。但是，信息必须要能够精确地反映出产品效用。例如，假设创客想通过吸引新的年轻客户群开拓市场广度，则需要创建令人激动、赏心悦目的营销信息以传播产品效用。但是，如果产品没有提供应有的效用，那么品牌形象将会受到损害。

思考问题：为什么我要拓展市场的深度或广度？

3.市场定位策略

有句古话："直到有东西售出，否则便无生意可言。"无论产品有多么的出色，没有客户就没有收入，结果也就没有利润，因此，便没有生意。创客沉浸在对其艺术创作的自恋中而不可自拔的情况并不少见。毕竟，每个人的"新生儿"都是世界上最美丽的。不幸的是，这往往使得创客认为只要人们了解产品，每个人就会有兴趣购买。因此，初出茅庐的创客的第一个冲动就是立即开始使用一种旨在传达给每个人的信息进行产品推广。然而，这是一个严重的错误，因为这既浪费时间又浪费资金。

而实际上，首要的一步是必须确定某种策略能够找到并定位最有可能购买产品的人群。用商业术语来说，消费者被认为是由潜在客户组成的各种各样的群体，即所谓的市场细分。这些市场细分具有相同的特性，导致其有相似的需求，从而产生类似的结果。创业者需要回答的首要问题之一便是选择无差别的、集中的、多细分的市场定位策略，还是选择利基市场定位策略。

市场定位策略

* 无差别的（undifferentiated）：所有潜在客户都被视为具有相同的产品需求。

* 集中的（concentrated）：具有相似需求的单一客户群。

* 多细分的（multi-segmented）：定位多个不同的目标细分市场。

● 利基市场（niche）：运用技术定位具有相似趣味的小型组群。

3.1 无差别的市场定位策略——人人都会爱上我

对市场定位策略的选择由企业的规模及其可用资源所决定。对小企业来说，常犯的一个错误是假定市场里的每个人都是一样的，于是采用无差别的市场定位策略，将整个公众当成了想要相同产品的一个大的消费市场群体对待。即便是一件几乎人人都会购买的产品（如肥皂），也会基于消费者的需求而产生巨大的差异。虽然每个人都有清洁的需求并因此需要肥皂，但是消费者的个人细分可能会产生花香型、防过敏型、动物造型、抗菌型等不同种类的需求。这些肥皂种类中的每种类型都针对了特定的细分市场，分别是喜欢香味的人、易过敏的人、带小孩的人，以及担心细菌感染的人。因为每一组人会对不同的营销信息做出回应，所以针对以上提到的四个组别的营销信息所运用的文字和视觉广告都需要是独特的。即使是肥皂的购买者也不能被视为一个无差别的消费群体。

3.2 集中的市场定位策略——总有人会爱上我

大多数小企业在初期都会采用集中的市场细分方法，即只定位了一个消费细分市场。在这一策略下，创客仔细地分析产品所能提供给潜在客户的效用。通过确定出最有可能购买产品的消费群体，企业成功的机会得到增加。这是至关重要的，因为对新成立的企业来说，可用于营销推广工作的资金量并不是无限的。

企业通过集中于某个特定的细分市场，能够确保更好地提供满足目标客户需求的产品。当下的一个商业趋势是朝着更小的组群进行市场定位。虽然潜在客户较少，但是每位客户实现购买的潜在可能性却更高了（Lesonsky,

2007）。事实上，小企业不可能为所有人提供所有的东西。假设某个小型创意企业专注于某个特定细分市场的需求，如家庭或某个少数组群，自然就能更好地为那个细分市场提供最适宜的服务和效用。这一策略使小企业能更有效地与大组织展开竞争。如果是普遍撒网、广泛传播，小企业的营销推广信息不一定能被目标受众所接受；但是，如果进行细致入微的目标市场定位，则其营销推广信息极有可能会被目标受众接受。

3.3 多细分的市场定位策略——用更多的供给赢得更多人的爱

定位于多个组群，即多细分市场的定位策略。这种方法的挑战在于，对每个组群分别采用不同的营销推广信息。一家企业可能会以集中式的策略开始起步，但随着它的成长壮大，企业或许会采取多细分市场的定位策略，而不是局限于某个单一的细分市场。这个目标可以通过以某种方式修改现有产品达成，如色彩、风格或尺寸方面的变化。或者，企业可以为当前还不在服务范围内的细分市场开发一款全新的产品。对表演艺术家来说，这个目标可以是对正在上演的音乐或戏剧素材的一次改变。例如，某个音乐表演可能是针对公司活动上的娱乐性节目制作的。同样还是这个音乐家，在之后还可以针对儿童派对制作另一场演出。而这里面的挑战在于，企业苦心经营的品牌形象或许会在公众心中造成混乱（Millman，2012）。解决这一难题的一个方法是，在针对不同的组群时，如企业和家庭，可以使用单独的品牌名称和营销活动。虽然企业拥有多细分市场可以产生额外收入，但是也会发生额外的成本费用。

当定位于多细分市场时，可采取的另一策略是保持产品在所有方面都不变，即针对营销不同效用改变相应的信息，而不用去改变产品本身。甚至那些不情愿改变其产品的创客也可以使用这种方法。因为创意产品提供的是各种各样的效用，创客可以传播不同的营销信息，以分别推广每个目标细分市场最受追捧的效用。例如，某个生产手织壁挂毯的创客可以针对女性用户采取装饰概念进行产品营销，而针对男性客户则可以运用礼物概念进行产品营销。

如果是针对多细分市场进行营销，企业应该注意的一点是，必须不断地重新评估市场以确保其选择仍然正确有效。随着当今社会变革步伐加快，很多细分市场也随之快速变化，相应的消费者的需求和欲望也在随之改变。

3.4 利基市场定位策略——人人都会找到合适的人

最后一种寻找和定位消费细分市场的策略是利基市场营销。技术的进步为企业提供了向对更加晦涩难懂的艺术或手工艺形式感兴趣的极少数人进行微细分市场定位的机会（Verdino，2010）。虽然具有特殊兴趣的人一直存在着，但是在技术取得进步之前，还没有经济手段可以触及作为消费细分市场的这部分人。而在技术的帮助下，即便他们在地理区域上相距甚远，创客不仅能找到且能与目标客户进行交流，而且通过运用社交媒体还能围绕产品形成某个社群。

达成利基市场定位的另一个方法是完全的个性化产品。在这一过程中，独特的产品为每一位客户而生产。虽然这会被认为等同于大多数艺术的创作过程，如某件独特的产品被生产出来销售给单独的某位客户，但是其实是有区别的。在这种方法下，一般会有某种基础产品，以此为基础进行定制以满足客户的特定愿望。

思考问题：我的产品是否小众到了应该考虑采取利基市场定位策略的程度？

3.5　市场定位策略的流程——产品第一，之后才是客户

以营利为目的的企业往往会以某件产品或某个目标细分市场作为切入点开始其市场细分过程。它们或许会从某个产品概念开始，进而确定哪一个消费细分市场最有可能进行购买。或者，它们可以从某个消费细分市场入手，进而设计一款对其具有吸引力的产品。然而，创客却几乎总是围绕他们已经在生产创作的产品建构其经营理念（Schaller，2013）。这样虽然简化了过程，因为产品是给定的，但是创客面临的挑战是确保他们所选择的目标细分市场足够独特以使其成为名副其实的细分市场。

创意人员通常都在分析艺术流派、音乐门类和写作风格方面经过了长年累月的训练。但在谁会购买其作品方面，他们往往不会花费太多时间进行思考分析。当他们确实开始对购买者进行思考时，他们很有可能会犯过于概括笼统的错误。例如，某位创客想专注于为年轻消费者提供产品和服务。然而，这样的细分市场太过宽泛，从而不太现实可行。假如这位创客把年轻消费者划分为诸如受过良好教育、中产阶级以上的单身者，或者受教育程度较低、中产阶级以下的父母这样的细分市场，会使市场细分过程将变得更加有效。还有一点值得注意，年轻消费者可能来自占主导地位的组群，或者来自少数群体。年轻人的唯一共同特征是年龄，单凭这一点还不足以有效地把其定位为一个目标细分市场。所有的年轻人都在追求的产品效用将会是多样化的，这对某个组织来说是很难用某个单一产品满足他们全部的需求。因此，市场细分过程的下一步就是确定应该用哪些细分市场描述创客的目标细分市场。

思考问题：我是否拥有足够的产品线拓展多细分的市场定位策略？

作为客户理解你的社区

如果你正在考虑搬到别的什么地方去推销你的艺术作品，那么第一步便是尽可能多地了解已经在新社区生活和工作的艺术家的情况。如果他们能成功地谋生，那么这里必然存在着一个艺术品购买者组成的消费细分市场。此外，营造创意场所，即创造艺术和文化以回应社区的诉求，这一点当地艺术家往往早已懂得。有两种方法可以了解到有关当地艺术社区的情况：

- 盘点艺术家：一定要了解你所在的新社区的所有艺术机构、联谊团体和艺术家个人。从你熟悉的人开始，向他们寻求建议，或与其他人进行交谈。

- 对话：询问这些艺术家他们向谁销售其艺术作品。不要主观臆测，而应保持一种开放的心态询问别人。市场上很有可能已经有客户期待你的作品了。

当搬迁到一个新的艺术社区时，你不需要从头开始构建客户基础。

Jenkins，2013

4.市场细分的特征

创客可以选择任何有意义的特征进行市场细分。例如，一些消费者偏爱古典风格，而另一些消费者喜欢追求时尚潮流，服装的消费市场可以通过风格选择进行细分。同样，服装市场还能通过尺寸进行细分，正如有些公司迎合身材娇小的人群，而另一些公司则定位于身材高大者。另外，特定的地理区域也能被用于目标市场定位，在佛罗里达生活的人们相比纽约人更有可能购买色彩艳丽的服饰。最终的选择将取决于创客，但有一些标准方法可以划分消费者市场。开始这个过程的方法之一是使用某位创客熟识且又能代表预期潜在客户的人（McKeever，2008）。在描述此人之后，创客可以运用人口特征、地理区域和心理特征对信息进行分析。在设计营销策略时，基于人口特征和地理区域的市场细分是最有用的，而在考虑产品研发时，基于心理特征的市场细分是最有效的。

市场细分的特征

- 人口方面：基于性别、年龄、种族/民族、收入。

- 地理方面：基于所在地点。

- 心理方面：基于价值观和生活方式。

4.1　人口方面——你是谁

我们可以把那些容易量化的特征定义为人口特征。它们包括在市场细分中使用的诸如年龄、性别和种族这些特征。人口特征还包括职业状况和受教育程度，二者都与收入密切相关。当对某些产品类型进行市场细分时，还能使用家庭生命周期这一因素。然而，某些人口特征不易确定且被认为关乎隐私，如宗教、民族和社会阶层。假如要在市场细分中使用这些特征，必须尤其注意敏感性。

性别：当对人进行描述时，首先进入我们脑海的特征可能就是性别。当然，多数产品并非针对特定性别，也没有规定说消费者的需求和欲望不能跨越性别的鸿沟。然而，即使产品对所有性别具有同等的效用，市场细分可能仍然会被使用。创客可以通过对零售商店的环境氛围、产品销售的地点，或营销信息中使用的视觉广告，开发出专注于特定性别的品牌形象。但是，对某些产品而言，性别是进行市场细分的基础。手工制作的服装和装饰物品可以在色彩、尺寸和风格方面迎合特定的性别。甚至对在市场细分上没有性别基础的产品而言，如音乐演出，产品所能提供的效用也能被设计成为专门吸引特定性别的客户。假设营销活动针对的是男性客户，可能需要强调观看表演者演出技巧的效用，而针对女性客户的营销活动则或许可以突出类似"女孩们的狂欢之夜（girl's night out）"这样的情感性效用。

年龄：如果这一特征在描述产品购买者时能发挥作用，那么潜在客户的年龄也能被用于市场细分。但是，有一个重要的告诫需要创客牢记于心。创作壁挂作品的人可能会把目标市场定位于年幼的客户。然而，壁挂作品实际上很有可能是由祖父母买给孙子的。因此，创客必须记住产品的目标购买者可能会与产品使用者不同，从而应采取相应的营销推广方式。

在考虑年龄时，还有另一个因素需要牢记。就像男性和女性的需求和欲望是什么的刻板印象被瓦解一样，关于年龄的刻板印象也变得不再那么重要了。随着人们活得更长寿、更健康，他们购买产品的习惯也与前几代人不一样了。上年纪的人还很活跃，对潮流感兴趣，而且他们也有购买产品的资金。同样的道理，虽然潜在客户很年轻，但并不意味着他们就会自动地对艺术产生兴趣。

种族/民族：种族/民族也能影响产品的购买，因为不同的族群可能会庆祝不同的节日、具有不同的价值观，以及具有不同的购买行为模式。假设创客决定生产一款可以用于节日庆典的产品，他们就能使用这个类型的市场细分方法。他们不需要去改变产品，而是运用营销手段提醒某个族群其产品可以作为一件不错的礼物。当把目标市场定位于某个族群时，创客需要认真理解其价值观。这些价值观可能包括强调家庭在一起的时间。例如，生产基于表演艺术产品的创客，或许会发现某些特定的族群很看重娱乐节目是否能够对

整个家庭都具有吸引力。因此，假如创客规划了某种适合于家庭的产品，那么营销信息便可以针对这一特定族群进行推广。最后，购买偏好可能会有所不同。市场目标定位于某个特定的族群可能意味着对产品要运用不同的分销渠道，因为某些族群更喜欢亲自去购物，而非在线购物。尽管如此，目标市场定位于不同的种族/民族群体可能也仅只是需要改变营销信息和媒介而已。

收入：无论目标市场定位于哪种消费群体，收入都是要考虑的因素。因为消费者不仅需要有购买产品的欲望，还需要有为产品买单的能力。花费时间和金钱向没有购买力的群体推销产品不仅是一种浪费，而且从应该被定位为目标市场的客户端来看，它还意味着销售的损失。同样，这也不意味着，即使某款产品价格昂贵，某个收入较低的人就不会去购买这个产品。然而，通过定位某个只能负担起偶尔的购买行为的细分市场，企业是不太可能实现长久持续的发展的。

收入很少单独用于细分消费者群体。因为收入水平相当的人群并不代表着他们都需要相同的产品。尽管如此，创客在描述某个目标细分市场时，也应该把收入与其他市场细分特征结合起来。

4.2 地理方面——你住在哪

在确定消费市场细分策略时，基于地理的市场细分方法也应加以考虑。运用地理区域作为一项特征，产品会被在目标客户集中的地方销售。正如收入那样，它也很少单独被使用，往往与其他特征结合起来。

由于电子商务的存在，产品能在世界的任何角落实现买卖。假如一件产品能够在线销售，人们可能会认为在目标客户定位方面地理区域的差异已不再起作用。毕竟，艺术家通过运用网络能够轻松地实现全球化销售。但是，地理区域的差异实际上仍将影响目标市场定位策略。例如，当把产品发往某些国家时，在运输物流、成本、包装和文件资料方面可能存在额外的挑战。出于这个原因，创客可能会决定不向某些特定的国家销售产品。此外，即便产品具有全球吸引力，但大多数创客仍负担不起全球化的营销推广。

基于地理区域的市场细分对表演艺术提出了特别的挑战。因为产品必须由创客亲自表演，所以表演者的知名度将决定其品牌所能触及的范围。如果所去的地方没有足够的客户基础，那么表演者就必须做出决定，即表演者前往有更多人会被演出吸引的地方是否在个人方面和经济方面都是可行的。经济上可行是必须考虑的因素，因为旅行不仅要在个人身上花费资金，而且还要在设备运输上花费资金。除了在经济上可行，创客还必须决定是否在个人方面也是可行的，因为交通运输所占用的时间，可以用在企业生产经营的其他方面，也可以用在表演者的私人生活上。如果表演者决定在一个他们不被知晓的地理区域进行表演，那么他们必须计划额外的时间和资金进行营销推广，以建立起品牌认知度。

对大多数表演者来说，最终决定将是针对他们所在的地理区域进行目标市场定位。接下来的问题是，潜在客户将愿意走多远观看演出。在这一范围之外投资进行营销是一种资源的浪费。思考关于时间的问题会更加有用，而不是距离。如果将郊区与都市（交通拥堵的）进行比较，同样的距离出行所需时间却是不同的。另外，如果公共交通是目标细分市场的出行方式，则公共交通的时间也应被考虑到。例如，某家剧院公司可能会根据人们是否愿意用1个小时的时间出行观看演出进行决策。它知道在其城市用1个小时的时间能让一个人产生30英里的活动范围，于是就有了一个细分市场的地理区域。

4.3 心理方面——你喜欢什么

心理特征虽然更加难以把握和确定，但对一项成功的市场细分策略来说却更加关键，因为它使创业者可以通过内在特征划分人群，而不是依据人口特征和地理区域这样的外在情况。人口和地理的市场细分方法在针对某款产品分析潜在客户时是适合的首要步骤，而基于诸如态度、价值观和生活方式的心理特征的市场细分方法则是一个更加强有力的市场细分工具，因为它专注于购买行为的动机。在分析潜在客户时，心理特征可能并不像人口特征和地理区域易于辨识，但事实上它却是激励消费者购买产品的因素（Demby，1994）。

心理特征的市场细分方法尝试从态度的角度理解和划分消费者，即对某个人、物品或观念的赞许或否定。态度通常由过去和现在的经验形成，往往与价值观和生活方式不同，因为态度易于变化。一个消费者可能会抱有原创艺术是浪费钱的态度，因为这类作品往往价格不菲。为了改变这样的态度，营销信息必须对购买原创艺术品的效用进行解释。某些消费者或许抱有这样的态度，即产品在哪里生产的并不十分重要，而另一些人因近期读过关于有些国家使用劣质材料进行生产的报道，其态度就会偏向于认为这在购买行为中是决定性的因素。

价值观是关于生活应该怎样度过的一些根深蒂固的信念，这也是它与态度的不同之处。这些信念通常是从家庭、教堂、教育系统和其他社会团体的价值观中发展而来。价值观在影响关键性人生决定的同时，也在购物行为动机中发挥作用。例如，崇尚有限消费和简单生活方式的人将会喜欢实用且制作精良的产品。生活方式是另一个基于心理的市场细分特征，它指的是如何在日常行为中表达价值观。生活方式可以把从有宗教信仰的人想让产品表达其信仰到希望产品体现青春和自由风格的街头滑板手都包含进去。针对生活方式组群进行市场定位和营销要更加容易，因为它们常常通过运用特定的社交媒体网站和参加相似的活动表达和分享其生活方式。所有这些都可能作为推广营销信息的场所。

*VALS调查法：*基于心理特征的细分市场并不会立即显现，这是不争的事实。因此，可能需要开展焦点小组法以及对当前的客户进行访谈，从而发现那些激励不同组群产生购买行为的心理因素。而一旦获取了这种信息，并与人口和地理区域相关联，就能够设计出一个能有效实现定位的市场细分。

有很多复杂的市场细分工具可以用于定义基于心理特征的细分市场，它们很有可能会帮助到创客。这些工具往往由于研究机构在消费者访谈方面耗费了相当多的资源，因此其价格昂贵，是专门针对市场营销专业人员设计和销售的。VALS调查法（values，attitudes，lifestyles survey）是广为人知的心理市场细分方法系统（战略性创业的见解）的一个范例。运用调查结果，可以通过其内在动机及其所拥有的资源对消费者进行分组，这其中包括他们可以使用支配的内部情感资源和外部经济资源。通过VALS调查法可以筛选出八类消费者，其中有两类是创客感兴趣的。创新型的消费者既有如资金这样的外部资源，又有如极强的自尊心这样的内在资源，这促使他们购买艺术产品作为一种身份的象征。体验型消费者是年轻而充满激情的消费者，他们往往资金有限，但却被自我表达的内在需求所不断激励。他们可能会对购买不太昂贵的创意产品感兴趣，用以向他人展示以表达其身份认同感。

思考问题：在描述我的目标市场客户时，人口、地理和心理方面的特征是否是最重要的？

人们为什么购买艺术

人们购买艺术的动机是什么？以下有 13 个原因：

- 情感联系：与个人历史的关联。

- 故事：艺术家的情感、经验和感受。

- 表达的形式：说出了作品所有者的故事。

- 自由：把艺术家的生活方式带入作品所有者家里。

- 奢华：购买某种非必需品时的快感。

- 新鲜且不同：打破作品所有者的已有惯例。

- 资助：帮助艺术家。

- 地点：作品所描绘的或购买的地方具有某种意义。

- 空空如也的墙壁：用作装饰的功能性物品。

- 投资：购买是为了转售。

- 收藏：彰显身份和品味。

- 礼物：用原创性带来深刻印象。

- 时尚：购买艺术符合潮流。

所有这些动机都能被用于确定一个心理消费群体。

Aljena，2013

5. 专业化的市场细分方法

除了基于消费者特征将其细分为不同组群的传统方法外，现在的技术还使得用消费者渴望得到的确切产品进行目标客户市场定位的专业化方法成为

可能。这其中包括了一对一营销和大规模定制。另外，针对企业客户的细分
策略则遵循不同的方法。

5.1 一对一市场细分法——每件产品都是独特的

　　生产原创性作品或是提供个性化服务的小公司能针对个人消费者的需求
提供完全定制化的产品。以前，这只能通过生产者和客户之间的个人咨询来
达成。而现在这些交谈可以借助技术快速且廉价的实现。因此，音乐家能够
为某个活动开发个性化的演出列表，而视觉艺术家则可以创作出在风格、尺
寸和成本方面真正是消费者所想要的作品。在过去，这种个性化的产品只有
少数几个与赞助人有联系的艺术家才可能有。现在，通过社交网站创客可以
与客户在线交流，并创作客户真正需要的作品。个性化方法，如一对一营销
可以同时实施，因为组织运用了标准特征的方法定位其他客户（Bailey et
al.，2009）。创客需要使用销售数据确定哪些客户对企业产生了可观的收入，
进而为这部分人提供原创性产品的附加价值。不幸的是，小规模组织不能为
所有的客户提供这样的服务，并且仍能有足够的收入支付所有成本。

5.2 大规模定制——从相同的核心开始

　　当前的消费趋势之一是希望尽可能地定制产品。消费者愿意为表达其独特
个性的产品支付更高的价格。虽然看起来相似，但是大规模定制与一对一市场
细分的区别在于，其核心产品是相同的，只是一个或少数几个产品元素是个性
化的。因此，大规模定制与完全个性化的产品相比是一个不那么昂贵的选择。
例如，创客可以通过添加客户所选择的某个符号或文字实现产品定制化。

　　产品定制化需要消费者付出一些努力，因为他们必须对可选项目进
行研究，而后他们还需要对兴趣点的不同选项进行设计。最后，他们还

必须通过网站或营销人员把信息传递给创客。虽然定制化相较购买已有产品要占用客户更多的时间，但是他们却很乐意为定制化产品支付更多的金钱（Moreau et al.，2011）。当这件商品作为礼物时，这一点显得尤其如此。

5.3 针对企业的市场细分方法——薄利多销

一些创客可能会把产品卖给其他较大的公司，这些产品将用于给员工或客户的礼物。另外，那些生产演出类产品的创客则或许会直接针对学校或其他机构进行销售。

除了通过组织类型进行细分之外，这些商业市场还可以按不同的利益诉求进行细分。对寻找商用礼品的大公司而言，利益诉求将是产品是否表达了公司形象。同样重要的还有产品的价格。因为这类公司将会大量采购产品，所以它们期望得到较低的价格。

对诸如学校、医院和监狱这类可能会购买演出类产品的机构而言，质量和价格将是考虑因素。不过，在此最重要的标准将是演出是否能达成目标任务。对这类演出产品的购买将不仅是出于其娱乐价值，而往往是为了满足某种教育或情感需求。虽然大多数企业的购买决策都是理性的，但是在特定的情况下决策也会具有某些情感因素。当卖方组织的使命与买方组织的使命相一致时，就会出现这样的情况（Bellizzi，2009）。企业会运用这种一致性与其客户建立起更加牢固的关系。从符合一定道德标准的公司购买供给品的企业身上可以清晰地看到这一点。

思考问题：我能对什么样的商业市场进行目标定位？

6.消费者的购买过程

为了成功地向目标细分市场进行推广营销，创客需要理解消费者的购买过程。在这个过程中有五个步骤：理解需求认知（need recognition）、信息搜索（information search）、替代品评估（evaluation of alternatives）、购买决策（purchase decision）和买后评价（post-purchase evaluation）。这五个步骤不仅涉及确定对某款产品的需求，而且还对购买哪一款竞争性产品、怎样购买以及在哪里购买进行决策，并将帮助创客在适当的时候传播说服性营销信息。

6.1 需求认知——我感到某种需求正在涌来

在市场营销中，欲望和需要这些词常被用以描述消费者的动机。需求即消费者必须拥有的产品。除了衣食住行外，几乎没有什么是绝对的需求。实际上，比起真正所需要的，大部分人消耗了更多的食物、买了多余的衣服、居住的房子也太大，并且车也开得太多了。而出于各种各样的原因，他们可能还想要新的产品。例如，消费者对一双新鞋的需求或者是由于某个品牌是身份的象征，或者是出现了新的时尚潮流，或者是某款鞋能为受伤的脚踝提供舒适感，又或者只是因为购买一双新鞋能使其郁闷低落的心情重新振作起来。

消费者能轻而易举地识别出他们自己的需求，就像饥饿的时候他们就需要食物那样。然而，大多数创意产品并非真正满足消费者的需要，而是满足了他们的欲望。正是由于这个原因，市场营销在使潜在消费者意识到某款产品能满足其诸如对美感、乐趣或身份的愿望方面起着关键性作用。另外，他们的愿望还可能会是支持某项社会事业，或者为需要的人或群体提供经济发展机会。

6.2　信息搜索——外面有些什么东西

在消费者意识到他们有某种需要或欲望之后，他们就会搜索相关产品的信息。相比直接的营销信息，消费者往往更加相信来自个人的信息。这是社交媒体和产品点评网站大受欢迎的原因之一。人们可以表达他们对产品的观点和看法，而这些关于产品的评论在之后又能被其他人用以收集信息。不仅人们的购买决策会受在线产品评论信息的影响，而且还会发现这些信息是如此的有影响力，以致如果与大多数线上观点不一样时，会使产品使用者对自己的体验产生怀疑（Sridhar 和 Srinivasan，2012）。消费者投入在信息搜索中的时间和精力取决于其考虑购买的产品类型。当研究购买服务类产品时，人们最有可能依赖评论做出判断。

产品越昂贵，消费者花在研究搜索上的时间就会越多。此外，产品越复杂，用来研究的时间就会越多。假设做出了错误的决定，那么无疑产品的成本和复杂性都是增加风险的因素。一件不十分昂贵并已为消费者所熟知的产品几乎不需要任何的研究搜索。例如，大多数人并不会对牙膏进行研究，因为他们往往都会买其经常购买的相同品牌的牙膏。假如消费者买到了他们并不喜欢的新款牙膏，风险也是很小的，因为充其量也就是牙膏被丢弃不用而已。

然而，人们会对昂贵或复杂的产品进行更加精心的研究。潜在客户不仅会从社交媒体和产品点评网站上收集信息，他们还会仔细阅读营销材料和浏览企业网站。如果可能他们还会花时间去实体店查看产品，并询问关于产品如何生产的信息。花费些时间是必要的，因为错误的选择可能会成为消费者负担不起的昂贵代价。

6.3 替代品评估——我将如何进行选择

在这个过程中，消费者可能已经把选择缩小到了少数几款产品的范围内。这些产品接下来将在其如何与消费者的购买标准进行匹配方面得到评估。在信息搜索阶段，消费者可能已经就产品价格、尺寸、风格或产品需要满足的其他特征确立了特定的标准。当消费者考虑购买产品时，那些进入其脑海且符合标准的产品集合被称为激活域①（evoked set）。然而，由于考虑中的每款产品实际上都是一种效用的集群，最终的决定将是根据核心产品所提供的效用做出的。创客应该仔细设计产品，以使其不仅成为消费者激活域的一部分，而且还是目标细分市场最终选择的产品。

6.4 购买决策——我要把它买下来

在这个过程中，消费者将决定购买哪款产品。虽然消费者具有了购买意向，但是若干因素可能会导致购买过程停止。第一因素就是不能方便地实现购买。消费者必须能够方便地找到一个员工处理购买，并且还要能接受消费者愿意使用的支付方式。例如，假设没有能够提供协助的员工，或企业不能接受信用卡支付，那么购买过程极有可能就此终止。如果一件产品价格昂贵，除非有某种形式的金融支持，否则消费者可能不会购买。此外，假如由

---

① 约翰·霍华德（John Howard）在1963年第一个把激活域概念引入到营销中。激活域的前提假设是消费者在做决策之前并不是所有品牌都考虑。典型的消费者是在一定数量的品牌中做出选择，一定数量的品牌就组成了激活域。激活域概念的隐含假设是，先前的品牌知识和有作用的态度一起影响消费者的产品偏好（译者注）。

于购买产品的尺寸和类型使其难于运输，还必须提供相应的配送选择。线上购物在方便消费者的同时，也有可能由于糟糕的网站设计或运营维护不佳而停业。假如购买没有最终完成，消费者不大可能再次发起购买体验，没有买到产品的遗憾感也会转瞬即逝（Abendroth 和 Diehl，2006）。对创客来说，值得庆幸的一点是，创意产品的有限性使得消费者更有可能完成购买过程。

6.5 买后评价——我错了吗

即便产品已经付款，购买过程还不算是完全结束。相反，消费者现在会对产品进行评价，以确定产品所产生的效用是否符合他们的期望。创客必须运用一些方法收集消费者购买后的评价反馈，而不是对事实结果进行主观臆测。这可能是使用社交媒体，通过电子邮件联系购买者或者监控在线点评网站。所有这些方法都可以用来确定消费者是否对购买感到满意。如果答案是否定的，那么之后就可以对问题进行纠正补救。

6.6 冲动购买——看见就买

冲动购买是抛开上述环节做出的购买决策。消费者可能只是看到了产品便立即下决心要购买。为了激励冲动购买行为，创客需要在显眼的位置展示其产品，如店面的橱窗，因为商品的视觉展示会对人们是否进入商店产生很大的影响。然而，引导购买行为的却是展示中所包含的有关产品可用性的信息（Oh 和 Petrie，2012）。如果产品在不属于他们的商店里销售，创客则会希望确保其产品具有良好的视觉性。另外，对工艺品博览会的展位布置是需要认真思考的，因为要考虑交通流量问题，这有可能阻碍或有助于冲动购买。同样，在网页上对产品的布置摆放方式也会影响冲动购买行为。

思考问题：怎样描述我的客户的购买过程？

小结

虽然创客对其产品或许有某种本能的理解，但对潜在客户的理解则不然。因此，他们需要分析的是，到底是拓展市场的深度还是市场的广度。市场的深度专注于对当前客户更深入的定位，而市场的广度则意味着定位新的目标细分市场。此外，创客还需确定目标市场定位策略。通常情况下，对小企业可以采取集中式市场定位策略，而较大的企业则适用于多细分市场定位策略。有些创客采用利基市场定位策略开始创业，通过技术的运用去触及单一分散的客户群体。这些策略通过把营销信息定位于最有可能购买的人群上将有助于确保创客成功。创客还需要使用人口、地理和心理的特征定义其潜在的客户。做到这一步，他们就能发展出一套直接与客户群体进行对话并描述其所需产品效用的营销信息。而创客对产品购买过程的理解将进一步拓展其对客户如何从众多不同替代产品中决策购买的认识。

完成任务

回答以下这些问题将有助于完成创业规划的客户部分。

1.客户细分

a.列出你的潜在客户的五项人口、地理和心理的特征。

b.运用上述特征描述出至少三个可能的目标细分市场。

c.列出可能会刺激这三个目标细分市场的最大的产品效用。

d.描述一个你能够进行目标定位的业务细分市场。

2.购买过程

a.描述一下客户如何找到关于你的产品的相关信息。

b.给出你认为客户在购买行为中将会使用的五个标准。

形象化训练

1.画出能显示其人口特征的三位不同的潜在客户的画像。

2.画出能够表示其生活方式的活动。

3.加入其居住地的地理区域元素。

4.在他们的头上画出货币符号，表示出他们将花多少钱在你的产品上。

5.画一幅漫画表现一位客户正在经历购买你的产品的过程。

参考文献

Abendroth, Lisa J.and Kristin Diehl. "Now or Never: Effects of Limited Purchase Opportunities on Patterns of Regret over Time." *Journal of Consumer Research* 33, no.3 (December 2006): 342–351.

Aljena.Agnese. "13 Reasons Why People Buy Art." *Take It Easy Business.* Business Blog for Artists, March 18, 2013. http://takeiteasybusiness.com/13-reasons-why-people-buy-art.Accessed August 10, 2014.

Bailey, Christine, Paul R.Baines, Hugh Wilson and Moira Clark. "Segmentation and Customer Insight in Contemporary Services Marketing Practice: Why Grouping Customers is No Longer Enough." *Journal of Marketing Management* 25, no.3/4 (April 2009): 227–252.

Bellizzi, Joseph. "Using Non-Utilitarian Factors to Encourage Business-to-Business Purchases." *Journal of Global Business Issues* 3, no.1 (2009): 121–126.

Demby, Emanuel H. "Psychographics Revisited: The Birth of a Techniqus." *Marketing Research* 6, no.2 (1994): 26–29.

Jenkins, Meri. "Getting to Market: Part 1." *Tools and Resources.* National Arts Marketing Project, September 5, 2013.

Lesonsky, Rieva. *Start Your Own Business: The Only Startup Book You'll Ever Need*, Irvine, CA: Enterpreneur, 2007.

McKeever, Mike P. *How to Write a Business Plan*, Berkeley, CA: Nolo, 2008.

Millman, Debbie. *Brand Bible: The Complete Guide to Building, Designing, and Sustaining Brands*, Beverly, MA: Rockport Publishers, 2012.

Moreau, C.Page, Leff Bonney and Kelly B.Herd. "It's the Thought (and the Effort) That Counts: How Customizing for Others Differs from Customizing for Oneself." *Journal of Marketing* 75, no.5 (September 2011): 120–133.

Oh, Hyunjoo and Penny Petrie. "How Do Storefront Window Displays Influence Entering Decisions of Clothing Stores?" *Journal of Retailing & Consumer Services* 19, no.1 (January 2012): 27–35.

Schaller, Rhonda. *Creat Your Art Career: Pactical Tools, Visualizations, and Self-assessment Exercises for Empowerment and Success*, New York: Allworth Press, 2013.

Smith, W.R. "Product Differentiation and Market Segmentation as Alternative Marketing Strategies." *Journal of Marketing* 76, no.5 (September 2012): 70–88.

Strategic Business Insights. "VALS™ | About VALS™ | SBI." www.strategicbusiness insights.com/vals/about.html.Accessed August 4, 2014.

Verdino, Greg. *Micromarketing: Get Big Results by Thinking and Acting Small*, New York: McGraw Hill, 2010.

第6章
掌握财务知识

要确定人们愿意为产品效用支付多少钱是困难的，但把产品价格定得过低意味着本应支付的那部分收入还留在客户腰包里。实际上，把创意产品的价格调低往往并不会刺激购买，但却会带来相反的效果，因为这样做传递出的心理信息是产品质量的降低。

1.导言

对创客来说，销售作品并非都是为了赚钱。他们反倒常常受到创意欲望的驱使而乐于与他人分享自己的创造力。然而，如果不懂得财务知识，那么创客很快就会发现企业将难以保持收支平衡。对收入与利润关系的误解、定价错误、无力获得贷款或者仅是因为入不敷出，都有可能造成创业的失败。为了避免未来问题的出现，在开始创业前必须学习一些财务概念。首先，创客必须理解收入与利润之间的关系。此外，创客必须学习各种不同的定价模型，以便能够准确无误地确定产品的价格。而理解如何对收入和支出进行预算将有助于创客跟踪财务状况。最后，创客必须确定初创资金的来源。

创客感言：切尔西·摩尔（Chelsea Moore）

切尔西是一名艺术家，她在 Etsy 网站上销售她自称为手工制作的"好东西"。她创作钩针配件、珠宝和艺术版画。另外，她还进行自由摄影创作，并为婚礼及其他活动提供摄像服务。作为一名真正的创客，她还教授摄影课程。她希望能够开设一间工作室性质的商店，因为她认为人们在购买之前很想进行感受、尝试、观察。切尔西想和其他创客分享的建议是：

1.定价：起初她的定价太低，这不仅伤害了她，而且也伤害了其他艺术家，因为这使得客户认为手工制作等同于廉价。

2.品牌打造：她等了很久的时间才开始使用 MountainThings 这个品牌，它传递出源于自然灵感，并且是用环保材料创作的艺术形象。

3.市场定位：创业初期你可能是面向朋友进行销售，但那并不意味着他们就是你的目标市场。她逐渐认识到她需要的是买得起她的产品的那些客户。

要了解更多有关切尔西作品的情况请访问网址：www.etsy.com/shop/mountainthings 或 www.mountain-things.com。

2.价格、收入和利润之间的关系

很多商人，而不仅仅是创客，都误解了价格与收入之间的关系——如果他们去思考这个问题。每个人都知道价格就是针对产品收取的费用。如果用价格乘以已售产品的数量，就可以计算出总收入。通常，收入数据会被自营企业的个人或被关于某个知名公司的商业新闻所引用。较高的收入数据可能会被用以从积极方面说明某个公司的成功，同时，对较高的收入数据的引用也可以从消极方面反映某个公司的贪婪性。人们都认为，假如一家企业具有很高的收入水平，那么它一定运营良好。实际上，只有在产品被售出时，收入总数才能用以证明这一点。收入总数并不能说明组织的财务健康状况。事实是，利润水平在显示企业是否运营良好，而不是收入。

从收入，即从客户端收到的资金中减去企业产生的成本费用，就可以计算出利润。得出的结果如果是正数，则是企业的利润；反之，如果是负数，则是企业的亏损。即便售出数量可观的产品，即有收入进账时，亏损也是可能存在的。大家或许都会认识某个收入颇丰的人，因为开销太大，在每个月底还是濒临破产的月光族。对企业来说也是同样的道理。在支付成本费用后剩下的资金才是利润。

当某个企业不盈利时，解决办法似乎很简单。毕竟，创客只要提高产品价格，总收入就会增加。不幸的是，这种简单的解决办法并不十分奏效，因为有些人会拒绝以高价来购买，于是提高的这部分价格就会被售出产品数量的减少所抵消。那么降价看似是增加利润的最好方法，因为这样就会有更多的人愿意购买，于是收入就会相应提高。尽管如此，创客需要慎用这种方法。在售出更多产品的同时，任何产品销量的增加都会受到单位收入减少的冲抵，因为所有产品现在都以较低的价格出售。

除了改变价格，另一种增加利润的方法是削减开支。这种方法是创客应当考虑的，但是，削减开支可能会对企业产生不利影响。例如，假设某企业是一个零售商店，当搬迁到某个成本更低的新场地时可能会造成不愿意去新地点的那部分客户流失。假如用不那么昂贵的原材料替换原有产品的生产材料，可能会造成产品质量的下降，导致人们将不愿意再支付相同的价格。运用定价策略产生最大收入的同时把成本开支保持在最小以刺激利润的产生，要做到这一点远比看上去的困难得多。

基础财务概念

- 价格：客户为每款产品所必须支付的部分。
- 收入：企业收到来自产品的总收入流。
- 利润：支付完所有生产和运营成本后的剩余收入。

3.非价格竞争——不提成本

避免依赖低价刺激购买的一种方法是基于质量和价值对产品进行定位，

而不是价格。关于企业如何使用价值这个词，经常存在一种误解。在商业里，它并不一定指价格低廉，它意味着当客户将价格与获得的效用进行比较时，觉得产品值这个价格。要确定人们愿意为产品效用支付多少钱是困难的，但把产品价格定得过低意味着本应支付的那部分收入还留在客户的腰包里（Bala 和 Green，2007）。定价偏低的产品可以具有很好的价值，但定价偏高的产品同样也可以具有很好的价值，只要它能够传递比其他产品更多的效用即可。

对提供几乎没有替代品的特殊产品的企业来说，非价格竞争是一种常见的做法。因为消费者不能找到其他相似的产品比较价格，所以他们通常会接受规定的价格。创意产品之所以能以这种方式进行推广营销，是因为它们几乎是独一无二的。实际上，把创意产品的价格调低往往并不会刺激购买，反而会带来相反的效果，因为这样做传递出的心理信息是产品质量的降低。

4.艺术品定价——可以转售吗

并不是所有的艺术品价格都会与从产品获得的即时价值有关。有时候购买者是根据产品将来的估值计算价格。在 20 世纪 80 年代，两个相关的因素带来了视觉艺术品价格的一次高涨（Horowitz，2011）。首先，巨富阶层的出现，这些人将资金投资于艺术品这样的高风险资产，作为一种投资他们愿意为艺术品支付高价。实际上，在一个经济快速变化的世界里，艺术品被视为一种保值的产品。由于艺术品价格的陡然上升，人们觉得可以通过转售作品赚取利润。事实上，由知名艺术家创作的高价艺术作品的价格变动是很剧烈的（Scorcu 和 Zanola，2011）。于是，购买艺术品的投资风险仍然高于其他类型的金融工具。然而，你不可能把一张股票权证挂在墙壁上。

价格升高的第二个原因，即艺术品的身份价值。世界各国的巨富人群拥有着如此之多的资金以至于他们能买的东西几乎都买光了。如果其朋友圈里的人都极其富有，有钱并不足以彰显身份地位。相反，购买一件稀有商品（如艺术品），则可以表明产品的价格已不在其考虑范畴之内。于是，个人财富的增加和艺术品作为身份象征的价值将艺术品价格推向了新的高度。

思考问题：我能从我自己的生活中举例说明收入与利润之间的区别吗？

5.确定产品价格

即便不期望企业能够提供出足以支付企业主所有生活开销的利润，从销售中产生尽可能多的收入还是非常重要的。假如从销售创意产品中能获得更多的利润，那么创客就不需要兼职工作赚取收入了。这对创客来说是一种解放，使其能更加专注于产品的创作。然而，为产品定价要比创作产品更困难。一方面，创客乐于分享产品，因此可能会把价格定得过低以便促成购买；另一方面，创客对作品价值感受强烈，他们或许会把价格定得过高，于是作品根本就卖不出去。另外，艺术家倾向于在手工艺品定价法和美术作品定价法中取其一。他们要么是根据生产工艺品的成本费用进行定价，要么是基于美术作品的声望美誉度进行定价（O'Neil，2008）。为了寻找到正确的价格，创业者必须理解三种基本的定价方法，即成本定价法、竞争定价法和声望定价法。

定价方法

● 成本定价法：定价要确保支付成本，余下的收入才能作为利润。

● 竞争定价法：根据竞争产品的成本进行定价。

● 声望定价法：把价格定高以显示品质。

5.1 成本定价法——支付成本并增加一点点利润

在确定某款产品价格时，创客必须考虑的首要问题是生产这款产品的实际成本。为了实现盈利，产品的定价必须至少包括生产的可变成本。此外，创客对产品的定价还必须包括与企业运营业务相关的固定成本。剩余的利润才能被创客用于个人开销、企业再投资，或预留用作弥补企业的亏损。确定产品成本的第一步是计算出运营企业的固定成本和生产产品的可变成本。

固定成本(*fixed costs*)：任何企业的固定成本都是那些即便没有产品生产也会发生的成本。例如，即使没有产生任何销售，企业仍然必须支付经营场所的租金。固定成本还包括为设备所支付的费用，无论是购买还是租赁，这都是生产产品所必需的。例如，办公室设备（如电脑）和特定的生产设备（如展示厅所需的特殊照明器材），这些都是固定成本。不得不支付高额固定成本是小微企业在租用昂贵的场地或投资于高成本机器设备之前仔细斟酌的原因。

另一项必须支付的固定成本是员工的薪水。即使在没有产品售出的情况下，企业员工也是必须领薪水的。唯一的选择就是裁员，而这对创客和被解雇的人来说都是艰难的。因此，员工规模越小，企业对产生高收入支付薪水的依赖性也就越小。

可变成本(*variable costs*)：一旦企业确定了固定成本，下一步就是计算出可变成本。可变成本与产品的生产直接相关。生产的创意产品越多，总的可变成本就越高。对生产有形产品的企业来说，可变成本可能会是原材料的成本，因为每生产一种产品，就需要更多的原材料。而对提供服务的企业来说，可变成本则更加难以确定。以为活动提供音乐演出服务的乐队为例，可变成本可能会包括到某个特定活动现场的交通成本、任何特殊器材的租金，或付给额外助阵音乐家的薪水。这类成本都是可变的，因为活动发生的越多，随之产生的成本也就越多。而对一家画廊来说，可变成本则会包括布置某个特定展出的成本。对每个行业以及其中的每类产品而言，可变成本都是截然不同的。

盈亏平衡点(*break-even point*)：假如一家企业能够计算出所有固定成本和可变成本的总量，那么就能使用盈亏平衡公式了。这个公式计算的是盈亏平衡点（BE），它足以支付全部成本需要的以某个特定价格售出的产品数量。计算过程简化如下：

FC/（P-VC）=BE

首先，用价格（P）减去每个人生产每件产品或活动的可变成本（VC）。然后，用固定成本（FC）除以每件产品余下的销售收入。结果就是创客开始盈利前所必须售出的产品数量。即使这样，利润只是每件产品的收入减去每件产品的可变成本。利润并不是整个购买价格。假如创客确定其在特定的时间内无法售出这么多数量的产品，但仍然想做到收支平衡，那么他们有两种选择：要么提高产品价格，要么降低其生产的固定成本或可变成本。

5.2 竞争定价法——其他产品的成本是多少

不幸的是，由于计算出生产某款产品的实际成本存在难度，尤其是服务类产品，有些创客便认为唯一可选的其他确定价格的替代方法只能是根据他们对产品的估值选取一个数字。然而，其实还有别的定价方法。最简单的方法之一就是运用企业的竞争对手作为定价指引。

但是，并非总是轻而易举就能找到合适的比较产品。以手工制作的工艺品为例，竞争可能是源于某款大规模化生产的产品。那样的产品当然可以有更加低廉的价格，因为它是由机器制造的。即使创客在价格方面没有竞争力，他们仍然需要弄明白消费者为了什么花钱购买竞争产品。

在运用竞争定价法时，创客还必须考虑企业的成本。定价倘若离企业能够支付全部成本的理论价格（即盈亏平衡点）越远，那么创客也就必须更加依赖于其他收入来源。

5.3 声望定价法——就让他们买吧

因为创意企业几乎不能直接在成本上展开竞争，或是与竞争对手的价格相匹敌，于是便有了第三种定价方法。对某些特殊产品而言，由于不能轻易地找到替代品，因此企业可以把价格定高，并且仍然能吸引客户。消费者愿意支付高价购买特殊产品，是因为他们知道其将获得消费某款稀缺产品的机会。除了获得产品本身之外，他们也购买了拥有这样一件产品的身份。

思考问题：用什么方法为我的产品定价？为什么？

在定价前认真学习一番

有很多有趣的在线博客是关于其他创客在定价方面所犯过的错误。学习他人经验从而减少自己的定价犯错成本不失为一个好点子。以下是五个值得吸取的教训：

1.不满：你已对作品创作投入了大量的时间，但如果你在得到报酬后对购买者感到怨愤不满，那就说明你的要价太低了。产品价格应该体现为公平交换，买卖双方都应该感到这是一个公平的交易。

2.不要太过保守：你知道自己的价值所在，假如客户对价格抱怨太多，那么你应该保持友好而坚定的立场。

3.有些客户不值得取悦：总是抱怨价格的客户没有反而更好。

4.懂得尺度：给出一个确定的价格，而不是价格范围。当然，客户不会去询问最昂贵的产品。

5.你是有价值的：如果有人愿意支付高价，那么这就是正确的价格，但你不能对自己的作品要价过高。

Dinwiddie，2012

6.预算控制

预算可谓是企业日常管理的一部分。预算是用以预测将来的收支并追踪当前的收支，从而观察预测数与实际数是否有出入。使用预算并不是自选项目，而实际上是控制企业财务状况的唯一手段。

6.1 管理现金——不要让它从你指间溜走

其至在创业开始前，必须开销的现金数量都常常让企业感到吃惊。即使在企业投入运营之后，也还是有营运资金的需求。营运资金是企业在实现盈利并开始能够自我维持下去之前用于日常基础运营的现金。许多企业在有机会实现盈利之前本可以成功却最终以关闭结束，仅仅是因为它们用尽了现金。有三条法则可以用来管理企业以帮助确保这样的情况不会发生：限制材料和成品库存、尽可能快速地回笼资金，以及只在需要时才付款。

第一条法则是限制企业所购进的原材料库存量。购买可以批量生产产品所需的原材料是极具诱惑力的，因为这样做的结果可以降低售价。然而，这样做也会占用之后可能会用于支付诸如租金这样更加关键开销的现金。另外，拥有太多的成品库存也是一个问题，因为产成品的目的是要售出以获取现金。虽然库存确实具有价值，但是却不能用以支付账单。假如堆积了过多的库存，这可能会是必须降价以获得现金的一个信号。

第二条法则是尽可能快速地收回应收账款，即企业应收的资金。如果企业销售的是不那么昂贵的商品，创客应当以现金形式运营，当产品售出时即刻支付。没有理由采用赊销的方式，因为从不情愿的付款人那里收取款项会耗费时间和精力。结果会造成创客收不到企业所需的资金，而花在尝试收款这件事上的时间如果用来生产更多产品岂不更好。

第三条法则是尽可能晚地支付账单。与供应商协商推后30天、60天或90天支付，即便这样做会产生一些额外费用，但也都是值得的。尤其在创业的初始阶段，最关键的问题是要有按时支付账单的足够现金在手上。

6.2　收入账户——追踪进账

上面的部分是从拥有足够现金以资助日常运营的角度来看企业。而确保一家企业长期财务健康的一种方法是追踪其收入来源。每个组织的收入来源清单都是独一无二的，因为提供的产品各不相同。创客需要估算并随后跟进追踪的不仅是取得的收入总数，而且还有收入来源。如果企业提供的产品不止一种类型，每种类型产品的收入则应该分别跟进追踪。这些信息将有助于确定什么活动或产品带来的资金最多。只有这样创客才知道哪款产品产生的收入最多。作为这些信息的结果，可能的决策是停止某些产品的生产以留给畅销产品更多的生产时间。

没有必要为基于如颜色或风格这些特征的每种类型产品都分别设立账户，而应当按产品线对产品进行分组。例如，某位音乐家可能会愿意按公司活动、聚会和俱乐部这几个演出地点对收入进行追踪，因为每一个地点的定价和成本费用都不尽相同。于是，音乐家将知道哪一类活动最盈利。这可以说是与订单数量同等重要的一条信息。在审视预算之后，这位音乐家可能会决定接受利润更多、数量更少、开价更高的公司活动，而不是利润较少、数量多、开价低的私人聚会。

多样化这个词用在商业是指不把所有鸡蛋放在同一个篮子里的理念。拥有不止一种收入来源不仅增加了总收入，而且还能在某个收入来源丢失的情况下通过降低风险保护创客。例如，假设因为某些原因一条产品线（如版画）销售情况不佳，那么仍然还有其他产品线（如摄影作品）能够带来收入。又例如，假设因为经济不景气，某位音乐家的订单数量（如公司活动）越来越少，那么他仍然可以有来自俱乐部演出的收入。

如果收入不足以支付成本，那么创客或许可以考虑通过增加全新的产品线进行多样化经营。这些可能会增加收入，如在某个教育机构教授成年人或学生收取授课费用。创客还可以为政府组织或营利性企业提供咨询建议进一步实现多样化经营。另一个思路是出租工作室空间给其他组织。最后，还有一个办法，创客可以通过在某些活动中展示其技能或分享专业知识，并收取一定费用，这在带来额外收入的同时，还有助于宣传创客的核心艺术产品（Smith，2013）。

6.3 设定收入预测——你需要赚多少钱

当开始创业时，最困难的任务之一便是确定所需的收入量以及从哪里获得这笔收入。大部分创客一开始会对能售出的产品数量进行估计，之后再确定他们必须靠其生活的最终利润有多少。

另一种方法是，首先以每月所需利润额作为目标开始（Lesonsky，2007）。这一收入目标应足以支付企业成本和企业主的生活开销。在计算生活开销时，创客应当把每个月每种必须支付的项目都涵盖进去，这其中既包括诸如房屋租金和养车费用这类固定开销，也包括诸如娱乐这样的自由弹性开销。任何的年度开销都应该除以 12，并增加到月度开销里。这样算出来的月度开销数字，还应该减去创业过程中同时保有的固定工作所取得的收入。剩余的数字才是企业每月产生的利润，这样创客就能够支付企业和个人的费用。下一步就是确认要产生这一利润需要售出多少产品。

大多数企业都会对不止一条的产品线进行销售。为了预测未来以及追踪当前的收入，每条产品线都应该有一个包括产品销售数量和所产生收入的分离账户。出于年度预算的目的，创客需要估算出明年的月度收入。这对初创企业来说难度较大，因为它们没有任何历史销售数据可以依赖。另外，尝试估算一年内的产品销售数量对大部分初创企业来说也是很困难的，因为它们根本没有足够的经验来做出准确的估计。尽管如此，克服这一点的一个方法是，创客一开始就为每条产品线设定好收入目标，之后再以此确定必须售出的产品数量。

在数周、数月之后，实际收入将被追踪到，并与预算收入进行比较。有些创客可能会认为做这样的事情没有什么意义，因为他们会"能赚多少钱就是多少"。然而，从预算和实际收入的比较中能学到很多东西。收入要能达到或超过预算估计可能需要经历数周或数月的时间，反之亦然。于是，创客就会知道，这段时间是需要投入更多精力进行市场营销。

6.4 费用账户——追踪开销

当然，收入与利润是不同的，因为首先需要支付成本费用。为了方便预算，对费用也需要进行分类以便进行追踪。假如成本费用居高不下，那么只是减少开支是不够的。我们需要对资金的流向进行跟踪，这样就不会削减企业的运营开支。怎样对费用进行分类对每类企业来说都是不一样的。创客应该为每类费用开支分别设立一个账户，如原材料账户、工资薪金账户、租金账户以及营销费用账户。

只有通过运用这样的预算方法，创客才会清楚什么产品最盈利，而不仅仅是收入。例如，假设创客要去异地为组织机构或私人团体提供演出服务，那么他们需要弄清楚产生收入所需的费用，如交通费、原材料费和住宿费。在对收入和费用进行比较之后，可能会确定演出实际上是亏钱的。在这种情况下，要么降低所产生的费用，要么提高报价，如果二者都不可行，演出就不应该再继续下去。

有些需要支付的费用是不与产品生产直接相关的。这部分费用被称为一般管理费用，包括租金、水电费和车辆维护费。不与生产直接相关的其他费用可能还有保险费、纳税支出和法律费用。营销费用可以作为单项固定费用从整个企业的角度去追踪，也可以跟踪每条产品线推广所需的开销。

6.5　分析变化——我搞对了吗

只是创建和保留预算是不够的，还必须定期对预算进行分析。每月、每季度、每年的实际的收入、成本和利润都要与预算进行比对。在某些情况下，创客会发现预算是不切实际的。比如，水电费可能会比预算的高很多。如果没有办法明显地降低成本，那么在下一次做预算时，数字必须得到修正以更加准确地反映现实状况。假如收入高于预算，这当然对企业来说是好消息。而如果收入低于预算，那么就需要探明为什么会是这样。可能是因为创客太过乐观，所以未来的预算就需要调低。又或者，可能是应该更加关注营销以增加销量，这样实际收入才会与预算相匹配。

思考问题：我的年度收入和费用的预算是多少？我根据什么信息得出这些数字？我的企业什么时候能够实现盈亏平衡？

选择银行

创客花在选购最新款手机上的时间可能远比选择银行的时间要多。实际上，对他们来说，这也只不过是在最方便的地点开个账户而已。然而，创客与某家银行保持良好关系，可能意味着企业能否保持正常运营或不得不关闭。在选择银行时需要考虑五个问题：

1.贷款审批：询问谁具有贷款审批权限。假如贷款能在当地审批，对你的企业会更有利。

2.本地知识：社区银行具有关于本地市场条件的知识，而区域性银行则可能没有。此外，本地银行很可能对你知根知底。

3.利率：大型的、区域性或全国性银行相比社区银行，其利率优惠往往更多。

4.政府项目：区域性或全国性银行可能更加熟悉不同的政府项目，这是小微企业贷款的保障。

5.账户额外服务：很多银行通过提供额外服务展开竞争，这其中包括网上银行服务、应收账款收集和账单支付服务等。

当决定要与某家银行建立关系时，你应当设想一下创业成功的情况，并自问随着企业成长你需要的是什么样的服务，而不只是现在的需求。一旦选定银行之后，即使企业运营正常，你也应该与银行经理经常会面。当在顺境中建立一段关系时，你才更有可能在逆境来临时获得资金。

华尔街日报，2014

7.资金来源

相对于富有的人来说，拿钱出来创业对每个人都是一个挑战。一家有前途的小企业主从银行能轻易地贷款或获得某个政府机构补贴的时代已经一去不复返了。由于经济低迷，使申请资金的企业越来越少，于是银行抱怨缺少企业贷款，而与此同时，由于风险的存在，银行不愿发放贷款，企业主对此也是怨声载道（Tozzi，2012）。然而，即便是在贷款更容易获得时，由于小型初创企业的固有风险使然，要拿到资金仍然困难重重。而现在出于若干原因的影响，更是难上加难。首先，由于2007年的经济衰退[①]的影响，银行对贷款的资质要求更加严格。另外，那些想要自己创业的创意工作者可能会有大量的个人债务或学生贷款债务缠身。很多艺术家可能并没有信用记录，或者记录不太良好。由于严格的贷款资质要求，企业的负债水平较高或信用评分较低都会使其贷款变得十分困难。这种不能获得资金的状况，不仅在企业创办之前会造成影响，而且这种影响还会持续地发生，因为将来需要资金的地方还可能包括新设备购买、新场地搬迁，以及渡过销量不佳的艰难时期。

创客很有可能是用个人储蓄为创业初始阶段的资金做准备。除了这种情况之外，对小微企业来说，传统的资金来源还包括朋友和家人。然而，现在还有如点对点（peer-to-peer）贷款这样新的在线资金渠道（Wack，2014）。在线资金渠道是指向企业提供在线贷款的独立投资人或金融公司。个体投资者可投资于贷款投资型基金，从而获得利息收入。于是，创客可以申请这类基金的贷款。这类基金的贷款税率可能比传统银行的贷款利率低，因为它们的固定间接成本较低。然而，这类基金的贷款利率会因对创客信用风险的评估而有所不同。

7.1 商业贷款——直接去银行

在创客能够获得一笔商业贷款之前，有些特定的限制是出借方必定会施加的。首先，出借方会要求资金只能用于贷款指定的用途。例如，假设创客

---

① 2007—2009年的环球金融危机，又被称为世界金融危机、次贷危机、信用危机，由于此次危机在美国持续发酵，又被称为金融海啸或华尔街海啸，这场金融危机在2007年8月便开始浮现（译者注）。

为了履行某个较大的产品订单申请贷款购买原材料，出借方会希望查看最终的纸质作品，以校验购买行为。其次，使用任何贷款资金作为创客薪酬的行为，都可能会受到严格限制。这样的薪酬保障可能会受到企业主的欢迎，但并不会增加企业的盈利能力。此外，出借方还可能会要求为贷款提供抵押物。在贷款无法偿还的情况下可以拿走转售的有形资产，即抵押物，可以是原材料或已完成作品的库存。创客拥有其他可用作抵押物的空闲商业资产的情况较为罕见。因此，出借方或许还会让企业主把轿车或卡车这类私人财产用于抵押。

同样，在进行贷款谈判时，创客也应该争取一些条件。如果创客有多余的现金，他们应该在贷款到期之前还款或是再融资，因为这样做可以减少利息支出。另一方面，创业过程可能会比预期进展得缓慢，因此贷款合同应该允许 30 天或 60 天的还款宽限期。在这种情况下，如果通过重新调整的日期实现还款，那么银行就不能采取任何行动收回贷款抵押物。

7.2 贷款要求——钱不是免费使用的

除了评估产品，银行还会评估借款者本人。毕竟，只要产品是好的，人们就会购买，于是借出的资金就能得到偿还。然而，接受这笔贷款的并非是某家小企业，而是经营企业的个人。因此，银行对借款人的审查不亚于对企业经营理念本身的审视。在获取贷款时，个人将被称为"5C"的信用体系评估，这个信用体系包括信誉（character）、偿还能力（capacity）、抵押物（collateral）、贷款本金（capital）和外部条件（conditions）。对这些要求有所了解将极大地提高获得贷款的概率（Barrow et al.，2008）。

首先，出借方会对提出贷款申请人的性格特征进行评估。即便是企业在赚钱的情况下，也不能保证还款的实现，这是因为借款人有可能只是把收入拿去开销，而不是偿还贷款。因此，出借方将对借款人是否已经全部偿还过去的贷款进行查验。另外，银行还会看借款人是否具有诚实守信声誉的相关证据。对较大的贷款机构来说，这种分析是决策过程的核心部分，因为机构可能并不直接认识了解借款人。而对小型社区银行来说，这些问题则更易于回答。

能力是指偿还贷款的能力。即便有还款意愿，但如果企业收入太低，还款也有可能实现不了。这就是贷款申请必须得到预期预算支持的原因，这表明有足够的现金流支持还款计划。否则，借款人关于如期归还贷款的声明只能被看作是一种希望。

抵押物几乎总是少不了的。银行家并不是把他或她自己的资金借出来，而是借出其他人在银行里储存的钱。银行负有信托责任，即不把资金用在无法偿还的贷款上。然而，有时即便拥有最好的创业计划，事情也会出错。比如，在即将开业前，一次大洪水冲毁了店面，或是创客被诊断出患了重病。假如银行从企业收入中不能得到偿还的贷款，它们将会获得一些有价值的东西从而得到补偿，这就是抵押物的约定作用。银行并不想要抵押物，但在贷款不能偿还的情况下，抵押物至少是弥补部分经济损失的一种方法。

如果银行对借款人的信誉感到满意，对企业将产生足够的现金流偿还贷款感到放心，并且还有抵押物以防无力偿还的情况发生，那么另一个问题就是贷款金额。申请的贷款金额越高，对信誉、偿还能力和抵押物的要求就会越严格。

最后，外部条件将影响银行提供贷款的能力。从资产负债来看，如果银行财力较弱，那么可能银行没有足够的资金满足所有的贷款请求。另外，对某些银行而言，小额贷款并不具有商业价值，因为提供贷款所产生的间接成本不会被未来的利息支付所覆盖。

贷款申请：在申请贷款前，创客应该与熟悉流程的人进行交流。这类人

可以是任职于某个政府机构，如美国的小企业管理局（SBA）的顾问，或是某个聚集了退休高管的志愿者组织，或是地方银行的贷款主管。建议在初创阶段的创客选择地方性而非全国性金融机构开始贷款申请流程（Tabaka，2013）。地方性金融机构往往对申请人更加了解，在决策时会更看重其信誉。大多数大型银行只对贷款给已经获得成功且需要资金进行扩张的公司感兴趣。

虽然创业计划书有可能会打动出借方，但并不能说它就可以替代贷款申请。大多数银行在分析25万美元以下贷款申请时主要依据的是抵押物和信用评分，而更高额度的贷款随之也会受到更多的审查。大部分小微企业的贷款申请都属于25万美元以下的类型。银行希望在这类贷款申请中涵盖的主题包括贷款目的及其偿还方式。银行还希望了解关于企业主在专业技能方面的信息。毕竟，假如企业主没有能力，再好的机会也不能保证成功。最后，贷款申请还可能要求创客提供一份其拥有的用于贷款抵押物的资产清单。

7.3 政府担保贷款——谁能与政府讨价还价呢

美国的小企业管理局（SBA）是一个担保银行贷款的政府机构。其他国家也有通过支持小企业成长来促进经济发展的类似项目。像SBA这样的机构之所以存在是因为可以通过鼓励银行放贷刺激小企业的初创和成长。SBA的贷款申请流程与银行的贷款申请流程相类似，需要向其提供的文件资料包括企业的组织结构和财务状况。无论是政府机构还是银行，都会要求创客把一定量的自有资金注入企业。出于两个非常好的原因，贷款从来不都是百分之百的启动成本。首先，假如创客没有任何储蓄，或是没有任何其他个人资金来源，那么人们会认为作为企业主他们是没有任何未来的。其次，企业主必须还要有"自身利益在其中"。假如企业主没有任何的资金风险,人们会认为他们可能不会努力工作来获得成功,而如果企业陷入了财务困境他们或许只会扭头离开。

就企业贷款而言,银行可能会要求某个政府机构进行担保,尤其在额度巨大且期限较长的情况下。然而,在SBA的案例中,如果受到担保的创客无力偿债,那么贷款机构将会得到75%的贷款偿还量。虽然这并未完全消除银行的风险,但是却使其更愿意在没有足够抵押物的情况下发放贷款。即便是最棒的企业在偿还完贷款之前也有可能失败,而很多时候问题并非出在它们自己身上。而使用政府机构贷款担保,银行就能够确保收回贷款的大部分资金。

7.4　来自亲友的贷款——求助于爸妈

对创客而言的另一种可行选择就是,向亲友寻求经济援助。要记住的关键是,收到亲友的资金并非天赐,这也是一种必须偿还的债务。尽管如此,由于亲友与创客的私人关系,还款的方式和时限则具有较大的弹性。此外,因为承受风险的是其自有资金,而非他人的,亲友在利息和还款期限方面往往会更加慷慨。当然,由于是向亲友借款,假如创客不能按期偿还资金,则会有破坏亲友关系的风险。

因此,向亲友借款应像从银行借款一样认真对待。也就是说,创客应当提供能证明贷款如期偿还的相关材料。比起银行的贷款来说,创客可能会得到更加宽松的条件,但关于贷款额度和还款期限仍然应当出具一份书面协议。这份协议还应该清楚地描述借款人的义务。而除了偿还现金,亲友还往往会愿意接受其他的好处,如免费或打折的产品用以弥补较低的利息或无息贷款。

7.5 物物交换——就像跳蚤市场那样

假如创客没有资金用以支付所需的商品或服务，那么还可以使用物物交换这种方法，即用其他有价值的东西进行交换，而不是现金。创客可以把物物交换作为一种常设的安排以协调资金。例如，房东可能会同意减少部分租金用以交换对房屋建筑的一些修缮工作。用产品交换一次性的服务也是可行的。比如，创客可以用一件产品交换到诸如纳税申报这样的服务。这样做的好处是，产品不会让人损失全部的成本，而只是损失了原材料的可变成本。与此同时，提供纳税申报服务者也得到了正常情况下负担不起的产品。何乐而不为呢？运用物物交换法的势头增长迅猛，甚至还出现在很多国际贸易中（Kouremetis，2012）。物物交换的类型包括直接的，即产品/服务同步交换；还有间接的，即一方先得到产品而另一方则稍晚。现在甚至还出现了国际互惠贸易协会（International Reciprocal Trade Association）这样的在线网络组织，专门从事物物交换服务的公司。

思考问题：我能从哪里得到初创资金？我需要的资金是多少？

小结

创客并没有必要成为技术纯熟的财务分析专家，但对收入、成本和利润之间关系的基本理解将有助于其避免犯代价昂贵的商业错误。由于卖出产品并取得收入，初创企业的企业主可能会感觉到在财务上获得了成功。然而，任何一种获得的收入都必须首先用以支付成本费用。只有在这一步之后剩余的资金才是利润，因此产品的定价至关重要。价格可能以生产产品的成本为基础，或以选择与竞争产品的价格相比较为基础。此外，当某个消费细分市场对产品极度热捧时，价格不再是问题，创客可以使用声望定价法。创客学习一些预算技能将有助于确保其随时握有充足现金以支付账单。而当创客无法获得传统的银行贷款时，来自亲友的贷款或许也是可行的。但是，这类贷款仍然应当以书面协议的形式清楚地说明各方的责任义务。

完成任务

回答以下这些问题将有助于完成创业规划的财务部分。

1.收入和利润

a.从你自己的生活中举例说明过多的开销所导致的问题。

2.产品定价

a.哪种定价方法对你的产品来说最有意义？

b.找出十款竞争产品，与你的产品进行价格比较。

3.预算

a.你的年度预测收入和利润是多少？

b.写一份关于你自己的过度开销的严肃记录。

c.找一个可以为你提供所需设备的供应商，并找出具体价格。

4.资金

a.我能为创业拿出多少资金？

b.试着填写一份你能在网上找到的贷款申请。

形象化训练

1.画出你在创业成功后的样子。

2.画出你想要的房子和车子。

3.画一堆美元用以表示初创企业成本所需资金量。

参考文献

Bala, Venkatesh and Jason Green. "Charge What Your Products Are Worth." *Harvard Business Review* 85, no.9 (September 2007) : 22.

Barrow, Colin, Paul Barrow and Robert Brown. *The Business Plan Workbook: The Definitive Guide to Researching, Writing up and Presenting a Winning Plan*, London: Kogan Page, 2008.

Dinwiddie, Melissa. "5 Art Pricing Lessons I Learned the Hard Way." *The Abundant Artist, November* 13, 2012. http://theabundantartist. com /5-art-pricing - lessons. Accessed August 12, 2014.

Horowitz, Noah. *Art of the Deal: Contemporary Art in a Global Financial Market*, Princeton, NJ: Princeton University Press, 2011.

Kouremetis, Dena. "Bartering for Survival—'Have I Got A Deal for You'." *Forbes*, October 22, 2012. www.forbes.com/sites/denakouremetis/2012/10/22/bartering-for-survival-have-i-got-a-deal-for-you. Accessed August 4, 2014.

Lesonsky, Rieva. *Start Your Own Business: The Only Startup Book You'll Ever Need*, Irivine, CA: Entrepreneur Press, 2007.

O'Neil, Kathleen M. "Bringing Art to Market: The Diversity of Pricing Styles in a Local Art Market." *Poetics* 36, no.1 (February 2008) : 94–113.

Scorcu, Antonello E. and Roberto Zanola. "The 'Right' Price for Art Collectibles: A Quantile Hedonic Regression Investigation of Picasso Paintings." *Journal of Alternative Investments* 14, no.2 (2011) : 89–99.

Smith, Constance. *Art Marketing 101: An Artist's Guide to Creating a successful Business*, London: ArtNetwork, 2013.

Tabaka, Marla. "4 Tips for Getting a Business Loan." *Inc.com*, January 21, 2013. www.inc. com / marla-tabaka /4-ways-to-get-a-business-loan. html. Accessed August 5, 2014.

Wack, Kevin. "Small Business Loans Emerge as New Frontier in P2P Lending." *American Banker* 179, no.75 (May 2014) : 1.

Wall Street Journal. "How to Shop for a Bank." How to Guide Funding. *Wall Street Journal*, n. d. Accessed July 22, 2014. http://guides. wsj. com /small-business/funding/how-to-shop-for-a-bank.

第7章
产品分销

对一家企业来说，为了使竞争最小化，远离那些销售类似产品的企业似乎是一件有意义的事情。而实际上，对立面往往才是真理。企业能够通过靠近其竞争对手而获得新客户，并且还能从竞争对手的营销中获益。

1.导言

虽然多数创业者都懂得拟订计划对生产、定价和推广产品的必要性，但是他们中的很多人却并未意识到产品分销计划的重要性。分销是指产品如何从生产者手中到消费者那里。就分销计划而言，必须考虑的问题是，创客是通过直接还是间接的方法销售产品。他们还必须决定其产品是以独家、选择或密集的方式进行分销，而对基于表演的产品类型来说，其独特分销问题还涉及场地的选择。以生产为主的企业则将需要确定适合其创业的最佳地点。

直接分销能通过创客开设自有实体店铺实现。创客还能自建网页，或使用其他企业主办的某个已有的网络市场进行产品销售。直接分销还可以发生在手工艺品博览会、快闪店（**pop-up stores**）①和娱乐事件中。此外，创客还可以通过其他零售商间接地分销产品。

创客感言：莉恩达·柏妮拉（Leenda Bonilla）

莉恩达是另一个创作多种产品创客的范例。她把用回收瓶盖创作的珠宝命名为"cultural bling"。当创作这种珠宝时，她运用了摄影、绘画和平面设计的技能。她在 Etsy 上有一家网店，而其多数销售则是通过口碑和委托定制实现的。她也销售美术作品，但这并不是她很想投入的。此外，莉恩达还为大型的艺术和文化类活动提供项目管理服务。即使已经接受过文化管理方面

---

① 近年来世界各大品牌纷纷流行起一股开设季节性专门店的风潮,这种有限期的店面,即快闪店,其最大特征是营造话题十足的店铺,趁着限期对消费者产生的急迫性进行推销(译者注)。

的良好教育，莉恩达仍然希望在以下几个方面能够了解得更多一些：

1.财务会计。

2.可以更多的直接研究网络在线销售。

3.专利许可。

要了解有关莉恩达作品的情况请访问网址：www.leendabonilla.com。

2.产品分销的方法

分销包括了将产品从生产地送到购买者家里的所有流程和步骤。一款产品能被分销到消费者手中的各种不同方法便是渠道。创客可以使用直接分销渠道，在其工作室或实体店铺直接面向消费者进行销售。直接分销也能通过网站销售产品来实现。直接分销的优势在于，为创客和客户提供了人际互动联系。创客还可以运用间接分销渠道实现销售。使用这种方法，创客将面向零售商进行销售，之后再由零售商销售给最终的购买者。间接分销的优势在于，可以触及更多的潜在客户。有些创客则直接或间接地运用多渠道系统。

2.1　直接分销——直接从我到你那

当生产者亲自把产品销售给消费者时，即直接分销。这可以发生在作品创作的地方，如创客的工作室，也可以是在某个由创客所拥有或管理的零售店。现实情况是开设零售店的风险越来越高，而许多小型零售店则在经济复苏的小城镇上寻找着机会（Palma，2006）。其他的直接分销方法还有在工艺品博览会和娱乐活动事件中销售产品。此外，直接销售还可以通过另一个零售地点售货，如大型购物中心或城市街道的售货亭。只在短期内开设运营的快闪店，也能作为创客使用的一种直接分销手段。通常开设在空置店面里的快闪店正变得越来越受欢迎，甚至现在还有企业为创客提供专门的可用空间（Promotional Marketing，2013）。

直接分销存在一些弊端，即创客维护零售空间或网站必须产生成本且耗费精力。虽然生产产品和进行零售都使用相同的空间，因此节省了成本，但是创客必须懂得一点，即处理客户关系需要时间，而这不是创造性的生产。直接分销的最后一个弊端是，创客将需要自己进行全部的市场营销活动。

尽管如此，直接分销还是具有一定的优势。首先，因为创客直接面向消费者销售产品，所以全部收入得以被企业保留。除了保有全部收入之外，直接面向消费者销售的另一个主要优势是，它使创客能更好地了解其客户对产品的偏好。当产品通过其他零售运营方式进行销售时，这种私人联系是难以实现的。虽然创客能够访问在线评论，但是要想从在线评论中获得产品改进的意见和想法是比较困难的。通过直接分销过程中的私人交流能够产生改进当前产品的想法，甚至还能激发出新的产品理念。

许多人网购是因为方便快捷，与此同时，这些人也会偏爱从生产者手中直接购买独特的产品。这类消费者认为与创客的互动是产品体验的一部分。购买者不仅想知道产品是如何被创作出来的，他们还会想了解创作者的价值观。通过直接的购买行为，他们感到这也是一种接受这些价值观的过程。

另外，一些消费者偏好直接购买是因为他们认为这样更加划算。他们的理解是，如果同样的产品是由某个零售店而非生产者本人销售，价格只会更高。由于不存在同样需要赚取利润的零售商，消费者期望能获得更低的价格。

2.2 间接分销——从别人手里到你那

分销的另一种方法是间接分销，即产品通过某个中介进行销售。以由他人而非创客本人拥有的零售店或画廊作为中介的例子来看，这些零售商会为了得到产品付钱给创作者，之后再进行转售，以赚取利润。这些零售商或许会拥有实体店铺、网店或二者兼有。当中介为了获取产品对生产者进行支付时，中介就取得了所有权。这对创客而言是具有裨益的，因为这样他们就能立即获得收入而无需等待产品销售给客户。

但是，运用中介进行间接分销也是有弊端的。同样都是做生意，他们也需要从产品的销售中获利。因此，要么创客接受一个较低的价格，否则，零售店的产品价格将会高得离谱。对多数零售店而言，标准的涨价规则就是让产品价格翻倍。对大规模化生产的商品而言这通常不成问题，因为此类产品往往由机器制造从而极其廉价。而对个人创作的创意产品而言，却产生了问题。如果产品价格翻倍，对目标细分市场而言产品可能会变得极其昂贵而使消费者不愿意购买。

3.分销策略

在决定去哪分销产品之前，创客应当首先确定应该要运用哪一类分销策略——独家分销、选择分销、密集分销。独家分销，即通过单一渠道进行分销，如某个零售店或某个网站。选择分销是指在规模较小的、精心挑选的、指定的范围内分销产品，如创客自己的网站或艺术品博览会。密集分销则是把产品放到尽可能多的潜在购买地点进行分销。

分销方法

- 密集式：广泛地分销产品以使销量最大化。
- 选择式：根据客户的地点偏好选择若干渠道。
- 独家式：单一分销地点以支持品牌形象。

3.1 密集式——随处可见

第一种分销方法是密集式，即对产品进行尽可能广泛的分销。这类分销方法被最广泛地应用于价格低廉的便利产品上，由于每件产品售出只产生微薄利润，因此对此类产品必须进行广泛的分销。为了使利润最大化，这类产品的销量就需要尽可能地保持在较大规模上。也正因为薄利多销，这类产品往往是大规模化生产的。因此，创客生产的产品几乎很少采用密集式的分销方法。

3.2 选择式——或这或那

选择分销意味着产品生产者决定不局限于通过某一种分销渠道进行销售。做出这样的决策往往是基于地理位置、目标市场或购物偏好。创客之所以采取选择分销可能是由于他们需要接触更加广阔的地理区域市场。例如，分布在不同地理区域的礼品店可以触及都市和郊区的客户，或者还可以让每个分销点接触不同的消费细分市场。又如，传统零售店可以用来接触较年长的消费者，而较年轻的消费者则可以通过快闪店来接触。最后，当目标细分市场喜欢多样化的购物方法时，如消费者对亲自购物和网购都喜欢，这时创客也可以使用选择分销策略。

虽然似乎拥有较多的分销点总是更好一些，但是在运用选择分销策略时也会面临挑战。拥有多个分销渠道将需要花费更多的时间用以把产品运送至实体店铺，或在网上发布相关信息。此外，还需要考虑包装和物流的问题。最后，由于更多的分销渠道可能会导致销量的增加，因此创客还需要有能力为每个分销点提供充足的产品。虽然存在这些挑战，除了规模最小的或适合独家经营的企业外，选择分销仍然是其余所有企业的标准方法。

3.3　独家式——唯此一家

当某个企业决定采用独家分销策略时，就意味着只有一个渠道可以获得产品。虽然人们可能会认为这对创客来说是自然而然的选择，但是实际上也有大型企业采用这种策略。这是因为独家分销可以用来构建一种具有排他性的形象，原因在于能够接触产品的只有少数人。出于对产品的复杂性考虑，当面对消费者时需要进行说明解释，在这种情况下也能运用独家分销策略。以上两种情况都需要对能够买到产品的地点进行仔细的筛选，以支持品牌形象。

有些零售商只在生产者同意由其独家经销的安排下才愿意对产品进行分销。这使得零售商可以开价更高，因为没有其他竞争对手压低价格。另外，独家经销还使得零售商可以通过标榜此处是能买到产品的唯一地点来吸引客户。像这样只有一个零售商的独家经营策略往往只在创客已经建立起品牌声望时才是可行的。

假如产品只在创客的工作室进行供给和销售，这也被视为独家分销。如果符合品牌形象，则创客还可以决定在都市的某个时尚区域开设自己的零售店。创客还可以通过确定某个单一零售店进行产品分销，而之所以这样选择是出于其供给的其他产品来考虑的。最后，产品当然还可以进行在线独家分销，只要确定这就是目标细分市场已经开始购物的地方就行。当运用独家分销策略时，创客还应该分析这样做是否能产生足够多的销量，否则就应该用选择分销策略取而代之。

思考问题：我要用选择策略，还是独家策略来分销产品，以及为什么做出这样的选择？

4.分销中介

假如创客拥有自己的工作室或商店，并且还有居住在附近的数量充足的客户，那么遵循直接分销策略就比较容易。然而，现实中创客可能会面临没有足够的当地客户以产生充足收入的问题。如果创客需要增加客户的数量，那么通过在自己的网站或在工艺品博览会上直接面向客户销售产品，他们便能增加分销渠道。但是，假如这些方法还不足以产生充足的销量，或者创客不愿意直接与客户打交道，他们可能就会通过某个中介间接地分销产品。承担销售产品任务的中介可以是某个实体店铺或零售网店，也可以是某个批发商、代理商和经纪人。

4.1 零售型中介——让某个商店去销售产品

创客可能会不愿意承担面向消费者销售产品的责任。他们想专注于产品生产，让其他人为市场和销售的事情分忧。如果是这样的话，创客将需要找一个愿意承接产品的零售商。实体店、线上或二者兼有，零售商通过哪种渠道销售其实无关紧要，因为中介流程都是相同的。零售商要做的就是购入产品、标价，之后把其推销给消费者。

零售商知道它们在向特定的目标细分市场销售产品，因此，它们只会把目光投向那些客户已经感兴趣的产品上。虽然创客了解自己作品的品质和特点，但是零售商关心的问题只会是能否卖得出去。这并不意味着零售商对生产流程和原材料来源这类问题不感兴趣，而是这些问题只在那些效用成为其客户追寻的目标时才会相关联起来。毕竟，假如产品卖不出去，零售商就不能支付账单和维持营业。

价格将是零售商关心的第二个问题。因为零售商必须把产品按某个高于支付给创客价格的比例来定价，所以初始价格必须足够低才能使这种溢价成为可能。各个零售商的溢价比例不尽相同，但定价必须足够高得能支付运营企业的各项成本，包括场地租金、水电费、税费、雇员成本以及市场营销费用。许多零售商把其购买产品的价格翻倍作为基础价格。正是出于这个原因，除非创客已建立起允许其按较高价格销售产品的声望，否则要找到某个愿意承接其产品的零售商是很具挑战性的，但这也并非不可能。

在与零售商进入实质的协商阶段之前，创客应当确保竞价过程有利于双方利益。创客应与那些其员工具有销售产品专业技能的零售商建立合作关系（Reece，2010）。假如员工不具备这些技能，那么创客将需要就生产流程和组织使命两方面的内容对其进行培训。此外，零售商的品牌还应有利于补充完善创客的品牌。训练有素的员工和协调一致的组织使命都会促进销量的增加。

4.2 代理商和经纪人——让他们替你去寻找买家

另一类使用中介的分销方法是运用代理商和经纪人。虽然这两个词的使用常常可以互换，但还是存在区别的。代理商帮助客户寻找分销渠道，而经纪人则独立工作把买卖双方聚合起来并收取一定费用。为创客工作的代理商会替产品寻找分销商，假如交易达成，创客就从销售收入中提取一定比例的资金用于支付这种服务。对创客来说，经纪人服务则并不常见，而对表演艺术家和视觉艺术家来说，运用代理商则是司空见惯的事。

4.3 批发商——让它们去担忧寻找零售商的事吧

批发商从生产者那里购进产品，之后再转售给零售商。把产品直接销售给批发商减轻了生产者寻找正确的零售分销渠道的责任。这样做同时降低了生产者的风险，因为当产品卖不出去时，是批发商在承受库存压力。而正因为批发商承担了这种风险和责任，它们购买产品所支付的价格就明显要低很多。批发商把产品卖给零售商时必须赚取一定的利润，而后者把产品卖给最终的消费者时也必须赚取一定的利润。出于此原因，对愿意进行手工制作产品的创客来说，批发几乎很难成为其选择，因为最终的零售价格必将会太高。

思考问题：我能使用什么中介分销我的产品？

按艺术家的生活方式来生活

有些城市通过打造允许住宅和商业共同发展的分区来鼓励艺术家工作并生活在相同的地点。这些特殊的区间划分通常包括一些闲置的或未充分使用的工业建筑。在美国的克利夫兰，艺术文化社区合作体（Community Partnership for Arts and Culture，简称CPAC）维护着创意指南手册（Creative Compass），这是一份列明了可供艺术家使用空间的清单。有些地方，如滑铁卢艺术工作室（Waterloo Arts Studio）出租可以用于创作、展示和销售作品的空间，但却不能用于居住，因为其没有卧室。与创作和销售作品的空间一起，艺术家还分享共用的厨房和卫生间。然而，这些房屋的业主知道，艺术家需要一个创意社区围绕在自己周围。因此，他们会强调突出临近的画廊以及月度的艺术走秀活动。此外，每个夏季还会举办年度艺术节以吸引游客到此。

另一种选择是居住和工作都在同一个空间里。虽然这种选择的成本更高，但是创客不需要再为单独的居所支付租金。在克利夫兰，Tower Press 大楼的每一个居住/工作艺术家空间里都有一间阁楼式卧室，并配有独立的厨房和浴室。然而，租金却低于市场价格，这是因为业主获得了税收减免优惠以支持该项目的发展。因此，业主需要确保只有执业的艺术家才能利用这种安排，而艺术家则必须提交其作品集和租房申请。如果申请得到获准，他们不仅有机会使用同一个空间来居住和工作，而且还能享用咖啡厅和画廊，以及庭院和封闭式停车场。

谁说艺术家就一定要穷困潦倒。

创意指南，2014

5.生产地点

创客销售的产品是自己所创作生产的产品。对创客来说，这就导致了一个独特的问题产生，即生产应该在哪里进行。对多数企业而言，相对于产品销售地，生产环节往往发生在某个分离的地点，或许甚至是在另一个国家。此外，企业主和员工有其各自的居所也是假定的前提。

生产有形产品的创客面临着是否要把生产地点与销售地点合并，以及如何合并的决策问题。而对表演艺术家而言，产品的生产过程则必须与其销售发生在同一地点。表演艺术家所面对的问题是应该拥有自己的演出场地，还是选择在别人的场地上进行表演。

5.1 视觉艺术家——吃喝、工作、休息的平衡

虽然节省成本，但是对生产有形产品的创客而言，要依靠政府管制实现居住、工作和销售都在相同地点往往是很困难的。规划用于居住用途的城市区域可能不允许人们在家里进行产品的生产和销售。设置这种限制的原因是出于保护邻里免于噪声和交通拥堵的干扰。此外，居住型社区往往也没有足够的停车位供客户使用。如果想把居住、生产和销售都放在同一地点，创客就必须找到对居住和商业活动都许可的地方。

对这个问题有一种解决方法，就是选择居住在商住两用皆可的地方。这类区域的有些建筑是专门为创客使用所设计开发的（Borrup，2006）。这些建筑往往是重新投入使用的工业遗址或位于经济复苏的市区。很多城市都支持这些发展的建立，因为由创客带给社区的活力和创新能把其他的商业形态吸引过来。

有些创客则会选择在某个住宅社区居住，而在另外一个单独的地点，如工作室，在那里他们既能创作也能销售产品。最后一种选择就是同时拥有居所、工作场所和店铺。然而，这样做成本将会很高，因为需要更多的人员配置。艺术家在生产创作空间工作的同时，需要员工在店铺面对客户进行销售。

要把工作和私人生活结合起来，对那些提供服务类产品的创客来说要更加容易一些，因为他们不必生产有形产品。服务类产品，如声乐课程往往更便于在家中实现，因为这不会产生让邻居感到反感的噪声。此外，由于通常一次只服务单个客户，因此造成的交通压力问题也不是很明显。

5.2 表演艺术家——场地就是问题

提供戏剧或音乐作品服务的创客面临着相似的问题。然而，其实二者还是有明显区别的，因为提供表演服务的创客几乎不大可能在其自己的场地创作作品。相反，为了避免维持场地的固定成本，演出往往在其他地点进行。这些地点可能包括已建好的演出空间，如剧院；也可能是非传统的空间，如零售场所、餐馆或公园。即便没有属于自己的场地，创客也仍然需要练习演出的空间。如果人数不多且噪声不是问题，这个空间可以是家里。假如这样不行，通常还可以根据需要租用排练空间，而不必全天租用和维护整个空间。此外，一些城市还提供了为表演艺术家所专门设计的住宅建筑。

思考问题：我所梦想的地点是什么样的？我可以怎样把创作和私人生活结合起来？

6.选择零售地点

创客可以拥有自己的零售空间。通过把工作室和商店结合起来从而使创作和销售产品都能在同一地点实现，这样做能节省资金和时间，因为只有一份租金是需要支付的。另外，这也关系到效率问题。假如把工作室和店铺相结合，在没有客户时，创客便能利用这段时间创作产品。然而，这样做也有缺陷。假如产品创作需要安静的环境，那么同样作为店铺来使用的空间就具有干扰性。

如果决定让生产和销售使用同一个地点，那么就需要解决选址的问题。

当然，场地的成本是至关重要的。此外，目标细分市场因素也必须考虑，如客户去该地点的意愿、环境氛围以及交通和停车状况。应该加以分析的还有另外一些因素，包括邻里社区和邻近的竞争对手。

选择零售地点时要考虑的因素

- 成本：租金、保险费、水电费、维护费。
- 目标市场：邻近度、交通、停车。
- 邻里社区：方便性、环境氛围。
- 竞争对手：相似商店、相似产品。

6.1 成本——我能负担得起吗

在考虑租用场地的成本时，创客必须意识到成本会高于每月付款额。水电费是一项需要考虑的成本，因为它能严重地影响到预算。一栋老旧建筑的空间费用可能便宜，但它可能同时存在楼层太高、窗户透风和隔热效果不佳的情况。这样一来，算上每月的取暖费，可能新房子的实际租金反而还更少一些。高犯罪率社区可能对个人来说并非一定就令人反感，但保险费则会更高，同样也会影响到预算。房产相关的税收很可能是由房屋所有者支付，但是房产税越高，房东收取的租金也就越多。此外，很多城市的市政当局还会对企业的收入征税。这类成本不可小视，必须纳入总成本中加以考虑，因为它将直接影响到预算。如果还有景观或停车区域，则应当在签订租约前搞清楚谁会为维护绿化环境买单，因为这些费用也是不小的开支。

6.2 从目标市场来考虑——客户会来吗

在选址确定之前，创客需要确定好其目标细分市场和产品分销计划。假设确定了大多数销售将发生于店铺，那么选址就必须处于目标市场所能企及的距离范围之内。如果创客的作品很知名，那么客户或许会愿意远距离地购买产品。但如果创客的作品只是初出茅庐，那么企业选址就需要靠近目标市场的购物地点。一旦选定了社区，对具体场地的选择取决于该区域的交通便利性。如果预期的大多数客户会自驾车购物，那么就必须有可用的停车场。在创客对生产和销售地点感到满意的同时，还必须考虑对潜在客户是否便利的问题。

6.3 邻里社区——客户会喜欢邻居们吗

企业所在的邻里社区能吸引客户，也能驱逐客户。俗话说，企业成功三个最重要的标准是：地点、地点、还是地点。假如创客要想让客户亲自去零售地点，那么这个邻里社区不仅要交通便捷，而且还要具有所需的氛围。无论商店在哪，忠诚度最高的那部分客户可能都会去，而对其他人来说，地点则构成了品牌形象和产品体验的一部分。只有创客才知道潜在客户是否会被吸引到市中心的大众消费区域，或者靠近高档夜生活区的时尚场所，又或者位于郊区沿公路一字排开的商业区的某个地方。

此外，创客还应考虑选址是否与企业及其使命相符（Barrow et al.，2008）。很多大学城往往有一些迎合学生的区域，这可能会适合于创业者。不仅学生有可能会成为潜在客户，而且创客或许还会在知识分子的生活中找到灵感。通过提供建议和互相鼓励，新兴的艺术社区也能成为创客互相支持的创业环境。

6.4 竞争——让其近在咫尺

对一家企业来说，为了使竞争最小化，远离那些销售类似产品的企业似乎是一件有意义的事情。而实际上，对立面往往才是真理（Speader，2014）。企业能够通过靠近其竞争对手而获得新客户，并能从竞争对手的营销中获益。忠诚客户会直接到创客的店铺，而其他人则可能在市场上寻找某款产品，但还未决定要购买的类型和品牌。这些潜在客户可能会被吸引到能让其购物的聚集了一定数量的相似商店的某个区域，以便在做出购买决定前对各个产品进行比较。因此，店铺处于具有相似产品类型的商店聚集区域，能为其带来一些本来打算在别处购物的客户。当然，产品必须具有独特的竞争优势，而不仅是对某个附近商店在售产品的复制抄袭。

思考问题：什么类型的零售空间适合于我的产品？什么样的地点才是最好的？

7.网络分销

大多数人都会认为网站属于企业推广促销手段的一部分，而如果创客在使用网站销售产品，那么这当然也算是分销策略的一部分。企业可以线上销售，或把其当作多渠道分销体系的一部分。即便在企业不依赖线上销售作为其收入主体部分的情况下，线上分销仍然是值得尝试的。有些潜在客户通过网络找到了产品，但他们却不能通过其他渠道获得产品，可能因为其所处地理位置较远。

创客可以使用自己的网站进行销售，或者通过别人所拥有和运营的网络市场销售产品。人们认为线上销售的运用使艺术世界得到了民主化，因为它能触及不去画廊或博览会的那些消费者（Latimer，2011）。此外，很多艺术家还使用在线网站对不同的产品进行销售。例如，某位知名艺术家可以在画廊销售昂贵的原创艺术作品，也可以在线上销售不十分昂贵的版画作品。无论是创客的自有网站，还是他人所拥有的线上市场，属于艺术家的页面应该包含有关企业和产品的信息，以及对潜在客户和电子商务功能感兴趣的媒体内容。

7.1 设计——让它看起来不错

创客可以自行设计网站，或使用某个公司提供的可定制化的线上模板。还有些公司是专门为画家和音乐家设计网站的。另一个问题是，创客的电子商务网站要做成独立的，还是隶属于某个线上销售市场。拥有艺术家、音乐家和手工艺人的线上市场能够为其提供匹配服务。与其希望在线购物者自己找到创客的电子商务网站，不如将网站与其他艺术家网站链接起来，这样可以增加销售量。当然，这类链接和匹配服务并非是免费的。虽然创客必须按收入的一定比例支付费用，但是这些公司往往还提供额外的服务，如营销建议、社交媒体内容、博客帮助，甚至更多。Etsy这个著名的线上市场甚至还帮助其畅销艺术家、手艺人和设计师通过线下零售点进行分销（Indvik，2014）。

7.2 内容——让它变得有趣

创客需要确保最终完成的网站能够树立正确的品牌形象。创客需要对网址名称、颜色、布局和功能进行选择。无论是自行设计，还是在他人的协助下设计网站，尽可能多地查看一些竞争对手的网站是一个好主意。这不仅能提供有关设计的思路，而且也能提供应该包含的信息。网站内容应该包含有关创客的一份简要介绍、企业历史以及企业的使命声明。网站上不仅应该有高分辨率的艺术作品照片，还应该有创客本人和创意流程的相关照片或视频。另外，与创客的其他社交媒体网站的链接应该被突出显示。

7.3　支付系统——不要忘记拿钱

可供创客选择的为线上销售处理在线支付的系统有很多，并且随着新服务的引入这一领域还在发生着持续不断的变化。假如创客拥有自己的网站，他们将需要确定支付服务的提供商。创客需要考虑的一个因素是，选择一个固定费用支付系统，还是选择一个按每单销量支付的系统。若是固定费用支付系统，创客为获得支付服务就必须付出一笔月度费用。如果有足够的销量产生，那么这将是一种合理的成本。其他的支付服务则按每单销量计费，即占购买价格一定比例的费用。如果创客使用的是成熟的线上市场，那么它的支付系统是配备好的。

7.4　挑选线上市场——那个让你感到宾至如归的地方在哪

创客可以选择使用某个已有的线上市场，而不必一定要依赖于潜在客户找到自己的网站。这些公司运营着能让创客展示并销售其产品的网站。它们的范围涵盖了从销售廉价手工艺物件到面向收藏家销售重要艺术品的市场。快速在线搜索一下就能获得最新的选择列表。这些网站在所售产品类型和目标客户类型方面各有不同。有些网站是面向任意类型的创意产品，而有些网站则专注于某一种艺术形式。这些网站在为创客提供的服务方面也是不相同的，其中有些网站只提供基础的软件页面，之后再由创客自己进行定制，而有些网站则会提供额外的设计服务，以及一个可以征求意见的艺术家社区。创客可能会被收取固定费用、计件的商品上架费、按每单销售的一定比例提取的费用，或者这些类型的混合收费。创客不能只是简单地使用他们发现的第一个线上市场，而是遵循他们在考虑零售网点时所遵循的筛选流程。正如实体店铺那样，这类线上市场在价格、产品品质、目标客户和品牌形象方面都是不相同的。

此类网站并不意味着要取代创意产品的其他推广渠道，而其应与人工销售相结合（Grant-Peterkin，2014）。使用线上市场销售作品的创客仍然应该维持其自有网站和社交媒体网站，因为正是在这些网站上创客建立起了自己的声誉。

思考问题：我拥有设计网站的技能吗？我想要线上销售吗？有没有适合我销售产品的线上市场？

8.艺术工艺品博览会分销

适用于创客的另一种直接分销方法是在艺术工艺品博览会上进行销售。此类博览会的优势在于，它们会做大量的营销工作以吸引人们的注意力。假如是组织有序的博览会，创客将能够面向之前对其产品不熟悉的客户进行销售。在选择参与哪个博览会时，创客需要考虑博览会的成本，这可能是固定的费用，或是销售收入的一定比例，或是二者的结合。此外，交通成本与布置展位的人力成本和时间成本也是必须要考虑的。这些成本必须与将会产生的潜在销售收入进行权衡。另外需要考虑的因素是，博览会是否能够吸引到对创客的产品最感兴趣的那部分目标细分市场。在每次博览会之后，创客必须对成本和收入进行比较，以确定参与博览会是否在经济上合算。

8.1　贸易展

贸易展与其他类型博览会的不同之处是，贸易展瞄准的是中间商，而不是最终的消费者。只有从事贸易的人才能参加这种类型的博览会。产品生产商支付一定费用以获取博览会的一个展位，用以向潜在的零售中间商展示其产品。参加贸易展的人员必须对其企业进行登记注册，并保证购买产品不是为了个人用途。贸易展是按产品类型组织的，几乎每种类型的产品都会有相应的博览会。而与创客关联性最大的可能是礼品类贸易展。贸易展的优势在于，它们把产品置于很多有可能对购买感兴趣的潜在零售商之中进行展示。而贸易展的弊端则是，如果某个零售商对产品感兴趣了，它们可能想要下的订单量会比创客想要生产，甚至是有能力生产的产品数量大得多。

思考问题：我应该用什么样的艺术工艺品博览会或贸易展进行产品分销？

9.通过零售商的间接分销

创客也有可能不直接面向消费者销售其产品。这或许是因为他们与客户在地理位置上相距甚远，或者他们在运营自己的零售店、维护电商网站及参加博览会方面缺乏兴趣、经济实力或相关技能。因此，对一些创客来说，正确的产品分销选择可能就是通过零售商进行间接分销。

通过零售商分销给创客带来了价格挑战。如果零售商购买产品，它们是期望能以低于个人消费者的价格购进产品。这样产品的价格将会被显著提高，零售商才能盈利。因此，创客需要降低产品价格。尽管如此，这样做的经济优势在于，零售商将会购买多种产品，而消费者通常只购买自己需要的产品。另外，零售商还会对产品进行推广，让更多的潜在客户看到产品。

9.1 零售商类型——每款产品都有一家适合的商店

基于所有权、服务水平、产品分类和价格的不同，创客应该选择一家定位最相符的零售商销售其产品。商店可以是个人所有，也可以属于某家连锁店。拥有店铺的个人对想采购的产品类型具有更多的自由选择权。而如果店铺是属于某个集团公司，并由某个职业经理人在负责，那么可能需要得到许可才能接纳某款产品。

根据所提供的服务水平，各个商店之间也存在差异。基本上是自助服务型的商店可能只有一名店员在收银台，或者商店雇用训练有素的员工，他们会花时间向客户介绍所采购的产品。另外，零售商可能在某种特定类型的产品方面具有专业性，如视觉艺术或手工艺品。这类专业性商店的员工对产品会具有较深的专业知识。客户往往愿意花时间在专卖店购物，因为他们认为这样可以获得最好的选择和产品知识。

其他类型的商店将会有更广泛的产品范围，但每种产品可供挑选的余地却很少。客户光顾这类商店是因为其便利性，即在同一地点能找到许多不同类型的产品。根据消费价格可以将零售商店分为不同类型。有些商店以售卖高价商品而闻名，这类商店会设计成能够吸引愿意支付高价购物的那部分客户的环境氛围和装饰风格。而处于价格另一端的商店则会容纳更多的低价商品。

容纳专业产品线并有着训练有素员工的商店往往会对产品收取更高的费用。而产品线种类较多但不深入的商店则通常收取较少的费用，它们可以通过销售更多的产品来弥补低利润率。因为创客很难做到大量地生产创作产品，所以他们最有可能把产品卖给容纳专业产品线的那些商店。

10. 多渠道分销

创客还可以采取多渠道分销，即不止用一种方法对产品进行分销。产品可以既在实体店分销，也可以在线上销售。另外，产品还可以在艺术工艺品博览会或其他特定活动中销售。创客应该牢记的一点是，在运用多渠道分销时，应该使价格保持可比性。如果创客在线上以相当低的价格销售产品，那么零售渠道是不会对承接这样的产品感兴趣的。因为许多人在外出购物的同时会经常性的在网上查询价格，如果零售商知道网上售价更低，那么它们将损失这笔收入，其结果就是它们不再有动力去承接这款产品了。

思考问题：什么样的零售商会对接纳我的产品感兴趣？

查塔努加（Chattanooga）的 MadeWork 项目

艺术家比起其他人来说成为自由职业者的概率要高出 3.5 倍。然而，其中还是有很多艺术家会保有"正规"的工作，以支付日常开销。田纳西州的查塔努加市明确表示，艺术家在业务增长方面需要帮助，以使其生活能够顺利进行下去。从另一方面来说，这座城市的市区核心地带也需要更多的企业入驻。于是，MadeWork 项目应运而生。艺术家及其他创客可以申请补助用以支付成本费用，从而使其业务得到增长。补助获得者要经过竞争激烈的评审过程产生。补助曾经被发给巧克力制作师、平面设计师、音乐家和肖像艺术家以资助各类项目、援建工作室和其他业务的需求。例如，当地的一位雕塑师就曾用补助金购买金属切割和焊接的设备。

然而，这一项目对创客取得成功的帮助要远大于直接给钱。作为补助金的交换条件，获得者能够参加各类会议，以分享在营销、预算和运用互联网方面的想法思路。同时，他们还被鼓励通过博客和公开展示来分享其作品。

这样做有效果吗？该项目从2008年运行至2013年。在这期间，63%的补助获得者年均收入增长了15%。另外，53%的补助获得者现在能够完全将创意工作当作唯一的收入来源。

认为15%还不算多吗？去问问任何一个有正规工作的人是否喜欢15%的增长幅度吧！

WRCBtv.com，2012

11.寻找演出场地

从传统音乐娱乐到多媒体木偶剧，这些基于表演类产品的创客在处理分销时面临着独特的问题。表演类产品的创客可以选择在自己的场地进行表演。在这种情况下，场地租赁的要求就与挑选店铺或工作室的决策类型相同。

然而，创客还可以选择不要自己拥有场地。在这种情况下，在家里开设一个办公室用以处理预定安排及其他相关事宜是完全可以接受的。这样也不存在干扰邻居的问题，因为没有客户会到办公室观看表演。接下来的问题是，演出是在某个特定的场地进行，还是在别的商业地点进行。

一些创客所具有的表演类产品要在人们的家里进行，如针对聚会的娱乐服务。当创客选择做这类产品时，他们需要确保能够恰当地处理交易流程。在进行预订时，创客与客户之间应当签署一份合同，列明付款金额和期限。而创客还应该确保，无论在家中还是在别的地方，演出举行的地点要满足其演出要求。如果可能的话，应当在演出或活动开始前查看场地。如果做不到这点，合同就应该列明所有的演出需求，如空间大小、电源接口和可用照明。一旦演出人员抵达场地才去纠正这些问题就为时已晚了，因为没有所需的设备很可能会影响到演出的质量。

另一种可选方案就是为演出预订专业场地。在这种情况下，对场地满足演出要求方面就可以少操一些心。虽然创客可能需要支付一定的租金，但是在专业场地进行表演也有助于吸引观众观看演出。假如这个场地具有提供高品质娱乐活动的品牌形象，那么销售演出票也将更加容易。

除了传统的场地，演出还可以选择在商业场所进行，如餐馆、酒吧或饭店。这些场所通常都期望能以合理价格预订到杰出的表演家。如果观众会给小费，这类收入还可以超过商家所支付的薪酬。其他商业场所，如大型办公楼，也可能会对在其大堂搞些娱乐活动感兴趣。另外，可选方案还有零售商店。在这些公共商业场所提供娱乐服务不仅可以带来收入，还有助于提高公众对创客的认识。

思考问题：我应该使用什么样的演出场地？

小结

在创业规划中，产品分销经常被忽视。然而，对于成功来说，产品分销和拥有正确的产品、定价和推广同样重要。创客可以把其产品直接销售给消费者，也可以通过中介间接地销售产品。作为创业规划流程的一部分，创客需要考虑采取独家式、选择式还是密集式的产品分销策略。创客面临着如何把居住、创作和销售的地点结合起来的挑战，他们需要寻找最能满足其需求的情形。创客或许愿意在生产创作的地方进行销售。在这种情况下，他们需要确保选择到某个有利的地点，或者他们可以通过已有的零售商进行分销。如果选择在线上销售产品，创客可以自建网站，也可以使用由某个公司提供的线上市场。比其初看起来，产品分销是创业规划中较复杂的部分。

完成任务

回答以下这些问题将有助于完成创业规划的产品分销部分。

1.分销渠道

a.描述一下你将运用的产品分销渠道。

2.直接分销

a.假如你有自己的店铺，它会在什么位置？

b.找出首选地点店铺的租金或租赁费用。

c.列出你想在线上销售的产品。

3.间接分销

a.列举三个有可能接纳你的产品的零售商。

b.找到三个你能用来销售产品的线上市场。

c.找出五个你能参加的艺术工艺品博览会。

4.基于表演类产品的分销

a. 描述一下你的理想演出场地。

b. 找到三个能在你社区使用的不同类型的场地。

形象化训练

1. 设计你的经营场地前要悬挂的标识。

2. 画出你理想的零售或演出空间的平面图。

3. 画出你所在街区的地图，标出附近的企业。

4. 创建你的产品的展示。

5. 设计你的网站主页的外观。

参考文献

Barrow, Colin, Paul Barrow and Robert Brown. *The Business Plan Workbook: The Definitive Guide to Researching, Writing up and Presenting a Winning Plan*, London: Kogan Page, 2008.

Borrup, Tom. *The Creative Community Builder's Handbook: How to Transform Communities Using Local Assets, Art, and Culture*, Saint Paul, MN: Fieldstone Alliance, 2006.

Grant-Peterkin, Chris. "Selling Art Online and Reaching New Markets: 5 Tips for Artists." *The Guardian*, January 28, 2014. www.theguardian.com/culture-professionals-network/culture-professionals-blog/2014/jan/28/selling-art-online-tips-artists. Accessed August 4, 2014.

Indvik, Lauren. "Etsy Wants to Get More Sellers Goods In Brick-and-Mortar Stores." *Fashionista*, August 5, 2014. http://fashionista.com/2014/08/etsy-wholesale. Accessed August 7, 2014.

Latimer, Joanne. "Would Picasso have Sold Online?" *Maclean's* 124, no. 10 (March 2011): 56.

My Creative Compass. "Guide to Cleveland Artist Communities." *My Creative compass.* mycreativecompass.org/space. Accessed May 15, 2014.

Palma, Dolores P. "Ten Myths About Downtown Revitalization." *In Main Street Renewal: A Handbook for Citizens and Public Officials*, Jefferson, NC: McFarland & Company, 2006, pp.374-380.

Promotional Marketing. "The Pop-up Shops Broker." *Promotional Marketing*, Decemeber 5, 2013. http://lyco2.lycoming.edu:2048/login?url=http://search.ebscohost.com/login.aspx?direct=true&db=buh&AN=92950173&site=ehost=live&scope=site. Accessed August 6, 2014.

Reece, Monique. *Real-time Marketing for Business Growth: How to Use Social Media, Measure Marketing, and Create a Culture of Execution*, Upper saddle River, NJ: FT Press, 2010.

Speader, Karen E. "How to Find the Best Location: A Guide to Scouting out a Location for Your Food or Retail Business, Sizing up Demographics and Getting the Help You Need." *Entrepreneur.com.* www.entrepreneur.com/article/73784. Accessed August 6, 2014,

WRCBtv.com. "Make Work to Award $75 000 in Arts Grants." *WRCBtv.com*, January 4, 2012. www.wrcbty.com/story/18692785/makework-to-award-75000-in-arts-grants-this-year, Accessed July 7, 2014,

第8章
创意产品的推广

品牌是一种承诺，是组织实际表达出来的既是关于产品，也是关于使命的承诺。人们购买一件创意产品，买来的不仅有物化的产品或服务，还有这个企业的价值观。

1.导言

创客生产的产品是对其独特个性和价值观的表达。因为他们坚信其产品是卓越的，或许就会造成难以领会的一点是，对潜在客户来说他们所生产的产品仅是诸多产品中的另一件而已。现实情况则是，市场中充斥着各种各样的竞争性创意产品。另外，由于技术的进步，人们不仅注意到了这些众多的可用产品，而且他们还能轻而易举地从世界各地购买产品。于是，创客必须把其产品与竞争者的产品进行区分，同时还必须把产品形象植入消费者脑海中。

虽然创客懂得推广产品的需要，但是实际上所需的远非只是一条简单的推广信息。创客需要做的是，打造一个能够传递组织使命、价值观，以及产品特征和效用的品牌形象。这一形象和信息应当运用广告、销售激励、人员推销、公共关系和社交媒体这些推广方法进行传播。此外，营销信息的成功传播将取决于对吸引消费者注意力、激发产品兴趣、创造购买欲望和刺激消费者产品购买行为这几方面的AIDA流程的理解。

创客感言：希拉里·弗里斯比（Hillary Frisbie）

希拉里是个多才多艺的女性，她在传播和媒体研究、文化组织、事业管理方面接受过教育。把所有这些领域都结合在一起是她在管理文化事业方面的工作，她负责安排调度音乐家及其活动。此外，她还是一个针对国际文化事业管理者会议的联合创始人。这个组织开发教育工具，并将教育工具卖给各个大学的文化事业管理教学项目。作为一个掌握了众多技艺的女性，她仍然希望在以下几方面获得更多知识：

1.帮助客户理解其需求以使其计划能够成为现实。

2.理解自己的长处和短处，这将有助于她管理替她工作的人和其他经理人。

3.懂得如何在不像推销者的情况下对产品进行市场营销。

要了解有关希拉里的更多信息请访问网址：www.linkedin.com/in/hillary-frisbie。

2.品牌打造

品牌打造是一种信息的创建过程，是一个视觉符号或标志，它能向潜在购买者传播公司价值，以及产品所能提供的特征和效用。放在一起使用的文字和符号被简单地看作是品牌，但品牌名称这个词实际上指的是文字，而品牌标志这个词则是指符号或标识。

一个良好的品牌形象向客户传递情感信息，让他们回顾消费产品时的感受。创客应该理解这一点，营销信息传递的是产品如何使消费者获益，而品牌传递的则是产品对客户来说意味着什么（Millman，2012）。因此，品牌不应该只关注于产品特性。相反，品牌的目标是成为消费者意愿的某种表达。例如，有些消费者可能对经济欠发达国家的贫穷问题很关切，但又感到个人对此无能为力。然而，通过购买来自为那些国家提供就业岗位的某个组织的产品，他们会认为自己不仅关心这类问题，而且还采取行动减轻了贫困。在琳琅满目的市场上要销售一款产品，关于产品效用的营销信息和表达消费者意愿的品牌形象都是必要的条件。

因为品牌信息和形象的开发是一个创意的过程,所以创客具有某种天然的优势。虽然要耗费一些时间和精力,但是创建能与产品一起被识别的品牌信息和视觉形象是值得使用的办法,因为这一品牌将在创客所有的推广材料中被使用。实际上,甚至是产品的包装也能被设计用于表达品牌形象。假如创客拥有工作室或店铺,外面的招牌和室内的装修设计也应该反映出品牌的氛围。对公司的电商网站来说也是同样的道理。甚至是很小的细节,如产品的价格标签也应包含品牌形象。

对演艺公司的成功来说,品牌形象甚至更加重要。由于产品是无形的,品牌形象传递的就是产品可以提供的体验类型,这属于对产品将如推广中所呈现那样的一种承诺。俗话说,不能通过封面去了解一本书。但在无形的体验类产品的品牌打造过程中,这句话却失灵了。正是封面,或者说是品牌形象,迅速且准确地把内容告知客户。

开始构建品牌信息的一个方法是想一想用来描述公司使命和产品的那些形容词(Reece,2010)。耐用、新潮、安全、时尚、令人兴奋、镇静、健康或是任何这些词或其他词汇的混合都能被认为是公司给人的某种印象。品牌具有与消费者相关的某种情感内涵,所以这些词汇也应该是感性的。为了获得设计思路,可以参考展示众多品牌标志的网站。当然,这不是为了抄袭复制别人,而是用于激发灵感。

一种新的开发品牌形象的方法是,与当前的客户一起共同创建品牌(Ind et al.,2013)。要达到此目的有一个简单易行的办法,即询问客户产品为他们带来了什么以及对他们来说意味着什么。这一点最好能通过使用在线社区来实现,但也可以通过人际交流来完成。可以询问客户对产品的印象、当前在产品使用中的逸闻趣事以及对企业的情感。人们觉得自己更接近和更支持品牌,并觉得是他们为品牌的创建提供了帮助。

思考问题：我的品牌形象将是什么样子？它会被用在哪些地方？

品牌的成功

简单回顾一下商店里和网络上的那些品牌很快就会发现各个品牌间的差别很大。没有什么指南能够说清楚成功的品牌所包含的特定视觉或语言设计。那么到底是什么让品牌成功的呢？以下是七项与设计无关而对成功品牌来说需要遵循的原则：

1.了解受众：除非你了解你对话的对象是谁，否则你无法成功地沟通。

2.成为独特者：假如你身上没有什么独特的地方，那么你的信息也不可能是独一无二的。

3.充满激情：除非企业能够经常性地表现出内在的激情，否则客户是很难对企业产生热情的。

4.一致性：产品需要与品牌尽可能地相一致。

5.竞争力：创造品牌要比持续努力地建设品牌容易得多。

6.曝光度：把品牌运用于多种渠道是必要的。

7.领导力：品牌不会自行成功，公司的领导力是关键。

就品牌打造而言，更多的是参与，而不仅仅是酷炫的设计！

DeMers，2013

3.产品差异化

要对合适的品牌信息做出决策应该考虑创客的产品与竞争品牌有着怎样

的不同，即基于竞争优势的差异化。创客必须首先明确自己的竞争优势是什么，然后再确定如何运用这种优势在潜在消费者所理解的竞争关系中定位产品。有些企业只关心品牌权益，即品牌以货币形式计量的价值，而更好的模式是基于其构建竞争地位的能力来评估品牌（Burke，2011）。构建竞争地位始于对目标细分市场需求的理解。创客需要将其产品在目标细分市场的效用与竞争产品所提供的效用进行对比。而品牌价值还产生于企业对其承诺的兑现。于是，诚信也属于构建产品竞争地位的一部分。

大规模化生产产品的竞争优势可以源于低价格、高效分销和专利技术。而创客所开发产品的竞争优势则源于创作产品和经营公司的人的价值，以及产品的独特品质。

3.1　产品定位——旁观者清

产品定位是把某个独特的产品效用与某个特定的目标细分市场需求相匹配的过程。假如具有一个以上的差异化基础，那么一款产品在市场中的定位就不止一种。例如，某款为儿童创作的手工玩具可以因为具有教育功能而与其他玩具的定位不同。这样的定位可以发展成为指向父母的市场营销信息。假如玩具是在没有就业机会的偏远农村生产的，那么同样的产品就能够从伦理道德上定位面向关心社会问题的人群。在这种情况下，市场营销信息可以阐释为购买产品有助于减轻贫困问题。最后，同样是这款手工玩具还能被定位为是一件可用于展示的民间艺术作品，这就开启了一个新的目标市场，如那些不是在寻找儿童玩具而是在寻找装饰物的收藏家。

差异化的基础：一款产品的差异化存在很多种基础，包括生产方法、原材料或产品的生产者。差异化可以基于创作产品的生产方法，如创客使用了某种新的数字打印流程。如果这种流程产生了更加鲜活的印刷效果，

那么就可以作为差异化的基础。随之生成的营销信息可以说鲜艳的色彩使主题变得生动活泼起来。差异化也能基于生产产品的原材料，如使用天然植物提取物染成的布料。生产天然染色衣服的创客可能会向父母传达一种营销信息:衣服就像母亲的爱一样纯洁。此外，差异化还可以基于产品的生产者。创客是当地居民、大学生或是雇用了新近移民者都有可能成为差异化的因素。另外，诸如强调个性化服务或独特的产品包装这类形式上的产品属性也能在差异化中得到运用。最后，差异化还能基于像组织使命这样的辅助属性。无论差异化是基于什么产生的，它都是指向目标细分市场的推广营销信息的基础。

产品定位策略:一旦企业清楚了自己的竞争优势并明确了其差异化所在，接下来就要选择产品定位策略。这个过程涉及创客是如何在其消费者脑海中构建积极的品牌形象的。第一种策略是通过突出产品的积极属性强化当前的定位。通过这种策略，公司将利用其竞争优势创建出一个独一无二的积极形象。然而，还有其他策略可以对竞争进行重新定位，这种策略强调的是竞争对手产品的缺点。例如，创客可以说购买其他国家大规模化生产的产品是抢了当地居民的"饭碗"。

竞争网格:帮助创客开发产品定位策略的一种方法是创建竞争网格（competitive grid）。网格由90度角相交的两条线组成，从而形成四等份。两条线代表了创客所认为的两种最受消费者喜欢的产品属性。例如，对乐队来说，一条线可以代表个性化服务的水平，从没有服务到完全个性定制演出曲目的能力，而另一条线则是演出成本，从低到高。根据服务和价格的水平，创客和其他乐队的产品都可以放置于网格之中。从这个网格中就能判断出哪些乐队提供个性化服务且收费较高。同时也能判断出哪些乐队不提供个性化服务且收费较低。假如创客的乐队能利用技术提供个性化服

务且收费不高，就会找到了一个竞争最小化的产品定位。另一个例子是城市景观方案蓝图，在此相交的两条线可以代表价格和规划设计服务。从这个网格可以看出，没有提供商愿意以低价的方式提供现场的规划设计服务。在这种情况下，拥有低价方案蓝图的创客就可以决定增加规划设计服务作为其产品定位。

思考问题：我的产品如何与竞争对手的不同？客户怎样看待我的产品？

4.传播营销信息

创客必须向目标细分市场传播某种阐释其竞争优势和产品定位的单一的营销信息。如果创客使用前后不一致的推广信息，那么他们只会使潜在消费者对所提供产品的特征和效用产生疑惑。为了避免这种疑惑产生，创客可以通过品牌建立产品名称和效用之间的关联。然而，通过品牌在潜在消费者中建立起认知度是一件耗费时间和精力的事情。

虽然营销信息已经传播出去了，但是并不意味着信息就能被消费者接收到。在开发市场营销策略中，最具挑战性的任务是用简短的文字写出一条能吸引潜在客户注意力的营销信息。抓住消费者的注意力变得越来越困难，因为他们不断地暴露于海量的促销信息之中。除了常见的、传统的广播和印刷媒介资源，消费者现在还能在网站、电子邮件、巴士、建筑围场，甚至厕所隔间上看见促销信息。此外，社交媒体网站也包含促销信息。于是，人们已经"见怪不怪"了。因此，创客必须开发一条能在持续不断的竞争信息的"嘈杂声"中被听到的信息。

4.1 传播策略——选择运用事实还是感觉

产品的推广信息可被创建为以显性或隐性的方式进行传播。当产品特征被大众易于理解的简单语言直接描述时，营销信息就是显性传播。当传播信息的目的是提供事实类信息时就可以使用显性的营销信息。例如，某位壁画创客可以使用显性的信息表达家里如果有壁画能增加房屋的转售价值。

另一方面，隐性的信息通过对产品的购买和使用所产生的情感类效用进行说服性的传播。这些隐性的营销信息使用感性的语言和形象间接地传播信息。上面同样的例子如果是隐性的营销信息，创客可能会展示的画面是一对夫妇在一天快结束时悠闲放松地坐在沙发上同时欣赏着家里的壁画。间接传播的隐性营销信息是消费者将享受家中有壁画的身心放松效用。第二种可能的画面是展现两位认真的艺术爱好者把其壁画和书本里的艺术进行对比。这条隐性营销信息传递出壁画受到艺术爱好者追捧的信息。

推拉式策略：讨论传播策略时常用的另外两个词是推动和拉引。拉引式策略（pull strategy）是面向消费者推广的一种常见形式，产品的生产者直接向消费者传播产品推广信息，从而把其注意力从竞争产品那里"拉引"过来。例如，创客向潜在观众推销其音乐演出以努力把其兴趣从别的娱乐活动中拉引过来。而创客面向中介机构（如零售店）进行推广，寄望于它们能够把产品推销给客户时，即是推动式策略（push strategy）。例如，创客向零售店提供关于产品的推广营销材料，如阐释产品如何被生产出来的小册子或明信片，以激励其把产品"推动"给客户。

如果创客只通过直接渠道对客户进行产品分销，那么他们只需要拉引式策略。而如果创客还通过中介机构进行间接分销，那么他们就需要推动式策略达到有效推广的目的。在这种情况下，拉引式策略和推动式策略都将传递出购买者会接收到的产品效用。然而，还有另一类营销信息是直接指向中介机构的。这就是 B2B（企业对企业，business-to-business）的营销信息，它强调拥有某款产品是如何能够使商店的销售收入增加的。这类信息只用来对中介机构进行传播。

4.2 传播产品的特征、效用和价值观——它是什么、能干什么、代表什么

创客运用营销信息传播有关产品所能提供内容的相关信息以努力刺激购买行为产生。创客可以将产品知识传达给潜在消费者，以帮助他们做出购买决定。营销信息应包括特征、效用和价值观三个方面的信息。另外，信息应以既理性又感性的方式传播。

关于产品特征的营销信息要以理性的方式传播，以构建产品作为一种可能选项的认知度。特征是产品的事实属性，要直截了当地表达出来。例如，某条营销信息为全部围巾都是用羊毛手工制作而成，并且有多种颜色可供选择。这使潜在消费者认知了产品及其有形特征。然而，这种理性的营销信息还不足以刺激购买，除非潜在客户已经明确他们想要买的是一条手工制作的蓝色羊毛围巾。

关于产品效用的营销信息要以感性的方式传播，以在众多竞争对手中建立对这款围巾的偏好。这一信息不是关于产品"是什么"，而是它能为消费者"做什么"。例如，营销信息是这条手工围巾在使消费者感到温暖的同时还很时尚。另一种体现效用的营销信息是，购买围巾有助于促进某项社会公益事业。另外，推广的效用还可以是围巾也能作为家具的罩子使用以起到装饰居家的作用。感性的营销信息还将被用以吸引迎合潜在消费者的自身价值观和身份认同。这部分信息可以被理解为不仅是关于产品而且是涉及公司使命的某个故事（Sachs，2012）。故事能在潜在客户与组织之间建立起某种情

感联系。例如，营销故事可以这样说，所有的围巾都是由当地一所大学的学纺织的学生手工制作而成的。通过购买行为，客户不仅获得了一款产品，而且也以某种形式资助了学生的学业。通过传播产品的特征、效用和价值观，营销信息将刺激消费者逐渐从认知到产生偏好，再到最终购买产品。

分析产品

- *特征：产品是什么。*
- *效用：产品能做什么。*
- *价值观：产品意味着什么。*

思考问题：我的营销信息怎样才能传递出产品的特征、效用和价值观？

5.产品推广方法

一旦创客确定了产品推广信息的内容，那么就必须考虑面向目标细分市场进行传播的问题。传播营销信息的传统方法包括广告、销售激励、人员推销和公共关系。现在这种推广组合又增加了社交媒体。虽然有些人可能会认为传统的产品推广方法已经被社交媒体所取代，但是事实并非如此。发生在现实中的情况是，社交媒体融合并提高了通过传统方法进行传播的能力（Kabani和Brogan，2012）。下一章将详细讨论对社交媒体的这种运用。

产品推广方法

- *广告：非人际单向传播，以建立认知度。*

- 销售激励：提供即刻购买的动机。

- 公共关系：让其他媒介讲述你的故事，以建立可信度。

- 人员推销：双向传播以克服异议。

5.1 广告——仍然在身边，仍然起作用

广告被定义为一种单向的、非人际传播。当涉及产品推广时，它可能是大部分人最先想到的。实际上，推广和广告这两个词时常可以互换使用。尽管如此，广告却只是对营销信息的单向传播。广告的最佳用途是建立产品认知度。其目的不在于刺激即刻销售，而是激励消费者寻找到更多有关产品的信息。广告的强项在于传播产品名称以及描述产品竞争优势的营销信息。广告还会包含产品相关信息以引导潜在客户前往某个零售点或网站。因为人们每天都被各种各样的广告信息所淹没，所以广告使用的语言和视觉形象必须要有创意且简洁。语言和图像要能够抓住消费者的注意力，并在一瞬间把信息传递出去。

做广告可能会很昂贵，特别是当企业要使用全国性或地方性的媒体宣传活动时。但是，使用诸如传单和海报这样的方法也有可能不那么昂贵。营销信息还可以放置于名片、咖啡杯和票根背面这些地方。企业需要发挥创造力来思考如何运用广告才能把信息送达给潜在的目标市场。

信息类型：广告信息可以分为倡导性、竞争性和比较性三种类型。当要把某种新产品引入市场时，可以运用倡导性广告。如果某款产品是全新的，营销信息就必须用来向目标市场阐释产品的相关内容。数码艺术作品的某种新鲜形式可能会需要用到这个方法，以便公众能够体会到这类新艺术形式所带来的艺术享受。新的音乐风格也可能会需要用这种方法来描述形容其听觉感受。而如果某种类型的产品在市场上是为人所熟知的，那么就要运用竞争

性广告。在这种情况下，营销信息要传递的是与竞争对手相比而言的产品优势。最后，如果产品直接定位成与其竞争对手的产品是针锋相对的，那么就可以运用比较性广告了。此类信息将产品优势针对特定竞争对手进行比较。创客可能会用到比较性营销信息的情形是，用来说明购买当地生产的某款产品相比其他国家产品的优势。

媒介类型：广告媒介的主要种类有广播、印刷品和互联网。另外，还有非传统媒介可供使用。广播广告包括电视和收音机广告。由于高昂的制作成本和媒体时间成本，电视广告对创客来说或许是不大适合的。但是，报纸却是可以考虑的一个媒介。虽然报纸的纸质订阅数不断减少，但是其网络订阅数在持续增长。在受众范围广泛的主流报纸上做广告价格十分昂贵，但创客应该注意到很多人仍然会在地方报纸上看新闻和广告。此外，还有免费报纸，这些报纸经常被广泛分发，这也是投放广告的可能场所。报纸的优势在于，它针对特定的地理区域。假如创客直接向零售商销售产品，那么经过谈判达成的协议可以包含让零售商投放推广产品广告这样的内容。

杂志通常会制作成印刷版和网络版两个版本。杂志的优势在于，它的目标市场是定位于有特定生活方式或特殊兴趣爱好的群体。创客的目标细分市场可能会由包括生活方式在内的心理特征所确定。假设真实情况果真如此，那么很有可能就有一本杂志目标定位于相同的消费细分市场。而如果价格在可承受范围内，那么投放一则这样的广告或许也是一个明智之举。

网络广告也应纳入考虑范畴。企业网站便是一种广告形式。尽管如此，广告空间也可以在其他网站上购买。运用数据分析方法，创客就能知道其广告是否获得了点击。

替代媒介包括其他所有可用以展示广告信息的方法。虽然有些替代方法，如社交媒体广告，属于重点要关注的，但是其他方法也在不断地发挥作用（Blakeman，2014）。假如有意识地留心投放相对简洁的传单和小册子，也能抓住目标细分市场的注意力。活动和演出的海报也能传递营销信息，从而成为吸引受众的有效方法。这些方法成本低，而且如果信息和图像定位于特定细分市场，那么这些方法就会成功。

5.2　销售激励——每个人都会无缘由地爱上某样东西

通过为即刻购买行为提供理由，销售激励与其他推广营销媒介结合，以求建立购买产品的兴趣。虽然这个想法看似简单，当然也非新鲜事物，但是却仍然在不断地起作用，原因就是它们回应了人类想要"好买卖"的基本诉求。在经济不景气时，它们反而在促使消费者购买方面显得尤为有用（Findlay Schneck，2010）。销售激励通常表现为限时优惠，其目标定位要么是使当前客户更频繁地购买，要么就是为了吸引新客户。

销售激励法可以根据目标细分市场的需求量身定制。对某一个群体起作用的激励却不一定适用于其他群体。此外，激励的成本需要与产品的成本相匹配。例如，购买一件包含了小礼物的不太昂贵的产品是比较合适的。然而，随着这款产品成本的增长，所提供礼物的造价也必须相应地提高。

销售激励的优势在于，可通过精心设计的包装以帮助在特定时间段内销售某款特定产品，甚至任何产品都行。假如某款产品的销售不及预期，则可以使用销售激励增加购买。当然，销售激励也是有成本的，因为每件商品的利润都会有减少，但这总比卖不出任何产品要好。另外，假如有淡季存在，销售激励还可以是季节性的，以使消费者在或许还没有想过要买东西时，给予其一个购买产品的理由。

当然，需要让公众注意到销售激励的存在。要达到此目的可以运用诸如在线广告或低成本的传单这些广告形式。有关销售激励的信息还能添加到创客的社交媒体活动中。实际上，这也为社交网站、博客条目和微博提供了书写内容。

种类：有些销售激励是经济上的，如临时降价、可用于冲抵价格的优惠券、购买后可以获得的折扣。其他的销售激励则是提供免费礼品，如客户在购买的同时可获得的额外产品。例如，额外奖品可以是与创客的产品相关的诸如用来装珠宝的一个免费手提箱，或者是不相关的物品，如某款新产品的样品。最后，有些销售激励则涉及购买者可以赢取奖品的竞赛游戏。竞赛具有收集客户相关信息的好处，这在之后可以用于发送未来的营销信息和优惠信息。

有些销售激励类型是易于理解和执行的，包括打折、礼物和竞赛游戏。而另一些销售激励方法则需要更多的考虑，如客户忠诚度计划和抽样法。通过达到某个购买目标后的礼物赠予或打折，忠诚度计划鼓励不断重复的购买行为。这可以根据个人购买数量或所购产品金额计算。最简单易行的是打孔卡，在每次消费时打一个孔。当然，目前还有网络版的打孔卡用来追踪消费者的购买行为。当推荐朋友购买产品时，当前的客户也有可能会得到奖励。

抽样法通常与诸如食物这样的快消品关联在一起使用，而提供表演类产品的创客也能有效地使用抽样法。把演出的小样放到公共空间甚至能够以网络视频剪辑所不及的方式把产品呈现给潜在客户。样品不仅对演出进行了展示，而且也介绍了表演者。基于表演服务产品的创客可以运用诸如公园、当地艺术节，甚至是办公楼大堂这样的公共空间来提供演出样品。

这不仅给予公众了解演出的机会，而且表演者也能提供如何预订演出的相关信息。

5.3 公共关系——请替我说说好话

公共关系的目的在于维持良好的公共形象。对任何组织来说，应对可能出现在新闻媒体上的负面消息都是一项必修技能。虽然应对负面新闻是公共关系的一项重要功能，但是通常情况下，这并非同样适用于创客。创客需要专注的是公共关系的宣传作用。宣传是对组织的正面信息的创作，以期望由新闻媒体出版。然而，创客不仅希望新闻媒体能够撰写反映组织正面信息的文章，他们还会向媒体提供诸如企业采取行动促进社区改善的信息。创客提供此类信息的目的在于，生成公众能够读到的新闻报道或博客文章，并期望能够刺激消费者购买产品。

工具：新闻发布、摄影拍照和专题文章是在生成宣传效果中所使用的主要工具。公共关系最常用的情况是，创客的企业对社区福祉产生贡献。所有的组织都需要考虑如何影响社区这个问题。当然，企业都会供应有需求的产品，而通过这样做也就提供了就业机会并缴纳税收。企业也应具有慈善意识，通过做力所能及的事来改善社区，如参与现有的组织，或者发起某个活动来支持某项事业。当企业这样做时，就可以将其行动的信息运用新闻稿、照片和文章等形式提供给当地的新闻媒体。另外，此类活动也应通过创客自己的社交媒体进行良好的展现和报道。

对小型创意企业来说，某些形式的公共关系可能尤为有用，如慈善捐赠、赞助和消费者教育。创客可以直接向慈善事业进行捐赠。当创客这样做时，他们应该针对目标细分客户选择慈善机构。企业赞助是最普遍的形式，往往涉及体育、音乐和艺术等领域。通过向某个基金会进行捐助来支持这些领域的活动，创客的名字和商标将得到展示。这不仅建立了企业在公众中的认知度，还能用以增强企业的品牌形象。例如，创客销售的是某款针对儿童的产品，他们可能会考虑赞助当地的某个体育运动团队，或当地的某个儿童音乐节；而创客销售的是某种针对那些有健康意识的客户的食品，他们可能会考虑举行一个有关健康生活方式的教育活动。销售水彩画的艺术家则可能会举办潜在客户能够绘画学习的活动。表演艺术家也会考虑教育类活动。例如，音乐家可以举行让孩子们尝试各种不同乐器的活动，从而把音乐介绍给他们。

　　运用：当然，这些活动应该传播给更多的受众，而不仅仅是参与其中的人。首先，创客可以举行一个简短的新闻发布会，面向所有媒体描述要举办的活动，并告知其即将到来的日期。由于活动专注于社区教育，媒体应该提供免费新闻报道。活动结束之后，创客应该撰写一篇新闻报道并与表现社区成员在为慈善筹款的照片一同发布。所有这些信息还可以在创客的社交媒体上推广（Scott，2013）。

　　公共关系并非是对其他推广形式的代替。它仅是诸多推广方法中的一种。从不需要购买媒体这一点而言，它是免费的。但是，主持活动和撰写新闻稿是需要耗费时间和精力的。假如创客还未参与到社区活动中，那么他们应当对此加以考虑，因为这是正确的做法，使用公共关系传播参与社区活动的信息将有利于增加产品销量。

5.4　人员推销——让我面对面地讲解

　　产品推广方法的第四种传统形式是人员推销，是运用双向传播销售产品，购买者有表达关切或质疑反对的机会，而销售人员则对此做出回应。在新技术来临之前，这种方法仅指面对面的交流沟通。由于把人力用于销售中会产生昂贵的成本，只有那些比较贵重的或是需要讲解说明的产品才使用人员推销法。随着社交媒体的运用，这一点得到了改变。创客对线上信息需求或投诉抱怨做出的每次回应，都是他们在运用人员推销法的表现。

假如创客有自己的实体店铺，那么与潜在客户有接触的每个人都算是销售人员。因此，对访问店铺的每个人都应尊重对待。即便他们不会成为客户，他们也可能会把产品推荐给朋友。在不惹人厌的同时向客户表达友善和帮助可以说是一种微妙的平衡。要做到这一点的方法是，在首次互动中专注于客户，而不是产品。几种开始谈话的方法，如询问客户从何处来，赞美其穿戴的某个方面，或者只是从天气谈起都是避免给人留下只对销售感兴趣的印象。

关系网：此外，即使没有与潜在客户进行交谈，创客也总是在销售产品。这就是在社区内部建立关系网至关重要的原因。在参加社区活动时，创客可以自我引荐，其创业内容能够吸引人们的好奇心，从而促使其访问企业网站、店铺，或在某个工艺品博览会上寻找创客。虽然与其他创客建立关系是激发灵感和汲取艺术知识的重要途径，但是在社区内建立关系网却是有所不同的。这一关系网面对的是潜在客户群。这对创客来说，在初始阶段恐怕并不是一个具有吸引力的机会，他们往往更喜欢和其他艺术家待在一起。然而，不仅企业的名称和产品能够通过构建的关系网变得更为人所知，而且创客还能更多地了解潜在客户对产品的需求及其购买动机。创客应该考虑把每次涉及公众的事件都当作构建关系网和人员推销的机会（Zack，2010）。

思考问题：如何利用广告、销售激励、人员推销和公共关系推广我的产品？

使用在线市场

销售艺术品的新方法总是不断涌现。19世纪，艺术品通过文化精英举办的沙龙实现销售。到了20世纪，艺术品主要通过商业画廊销售。而现在线上市场日益得到越来越多的使用。Etsy可能是我们首先想到的这类平台，而这一领域的一些新进入者还包括 Artspace、Paddle8 和 Amazon Art。

现在，每个人都在谈论社交媒体和在线销售，结果导致了对社交网站、电子商务网站和线上市场的混淆。创客要拥有自己的社交网站与公众就有关产品的问题进行沟通，而线上销售产品则发生于创客的网站，在此需要增加电子商务功能。电子商务的另一个选择是使用线上市场，它是由某个公司开设的"店铺群"。如果创客选择使用这种模式，那么可以记住以下五点：

1.不要混淆：线上市场是寻找新的客户，而社交媒体是管理当前的客户关系。

2.保持线下工作：运用线上市场补充其他分销方法，而不是取代。

3.扩散选择：不要局限于使用某一个网站，因为各个网站服务的受众是不同的。

4.面对面销售：大多数人在购买前都想亲眼看看艺术品。

5.更新信息：线上市场里没有销售人员，所以买家只能根据艺术家发布的信息做出决策。

线上市场是林中一木，而非整个森林。

Grant-Peterkin，2014

6.AIDA 模型

创客必须理解激励客户购买产品是一个过程，这也是在前面章节讨论消费者购买过程模型的原因。思考购买过程的另一个有效方法是，考虑如何利用营销推广把消费者从最初的感兴趣推向最终购买。在描述怎样运用推广信息和方法把消费者从关注（A，attention）引向兴趣（I，interest），再到产生购买欲望（D，desire），并最终付诸购买行动（A，action）方面，AIDA模型是尤为有用的工具。

在消费者购买某款产品之前，必须首先让其意识到产品的存在。市场上充斥着众多的商品，消费者持续不断地受到各种营销信息的轰炸。于是，他们往往会忽视全部信息，而只会记住其中最有意思的那一条信息。广告能被用于拓展产品认知，而要准确估算在获取消费者注意力方面广告是否有效是十分困难的，这就是创客应该总是在消费者进行购买时向其询问从哪里听说了产品的原因。

然而，只通过广告获取消费者注意力还是远远不够的，创客还必须传递产品如何使消费者直接受益的信息来拓展其兴趣。因此，除了告知消费者产品的存在之外，推广信息还必须传递产品的竞争优势。人员推销和社交媒体在传播效用信息以及激起消费兴趣方面都是很有效的方法。社交媒体能够为客户提供已发生过购买行为的消费者对产品的评价。此外，创客还可以鼓励现有客户上传他们使用产品时所拍摄的照片。假如这类评价是正面的、积极的，而且照片也十分吸引人，那么潜在客户就会对产品产生兴趣。

消费者或许会对产品产生兴趣，但要让他们产生购买欲望则需要创客付出更多努力。创客通过提供销售激励诸如打折、礼品，或加入某个比赛的权利，让消费者不仅对产品感兴趣而且还产生购买欲望，这是非常有效的方法。

最后，让消费者付诸行动，鼓励其购买产品。假如潜在客户想要得到某款产品，购买行为看似是必然会发生的，但是许多问题却会使购买行为最终失败。例如，未提供关于商店的地点和营业时间这些具体信息，则有可能导致客户失去兴趣。而假如在线购买不能轻而易举地实现，那么消费者可能也会丧失兴趣并放弃已发起的购买流程。另外，完善价格信息，如运费，也是必须的。因此，创客必须详细说明有关产品如何购买的全部信息。

思考问题：怎样使我的客户产生购买欲望？

7.有效运用产品推广

有一句关于产品推广的老话是这样说的，花在产品推广上的资金一半被浪费了，但问题是没有人知道这浪费的一半到底出在哪里。为了避免这种情况发生，创客必须对其产品推广的效果进行跟踪。这一点可以运用投资回报率（return on investment，ROI）模型实现。创客对某款特定产品或产品线的销售设定一个目标。这一目标是基于过去的业绩，又或者可以基于测算预估（如果是新兴业态）。然后，从收入中扣除成本就可以得出这一销量目标的利润。

需要计算的还有计划实施产品推广活动的成本。假如这些材料是由创客亲自创作的，还将包括用于开发产品推广材料的时间价值。而如果这些材料是由其他公司开发的，那么成本便是其要价，还应包含其制作的全部纸质手册和传单的成本，以及购买报纸、杂志或网络空间的成本。另外，还有维护其产品推广相关的社交媒体所产生的成本。

在产品推广活动的最后阶段，要再次核实销量是否达到了计划产生的预期数，也就是说，增加的收入要超过产品推广活动所产生的成本。假如不能实现，那么产品推广活动就没有达到目标，是不成功的。至少在活动期间所产生的额外收入要能够支付产品推广的成本。虽然以这种方式跟踪产品推广活动会耗费大量的时间，但这却是确定是否值得进行产品推广活动的唯一方法。

思考问题：我可以用什么方法跟踪产品推广活动是否成功？

小结

品牌是一种承诺，不仅是关于产品的承诺，也是关于使命的承诺。人们购买一件创意产品，买来的不仅是物化的产品或服务，还有企业的价值观。因此，企业与公众的每次交流沟通都应该表达这些价值观。在过去，此类价值观可能会通过企业的传统媒介进行传递。现在，通过使用社交媒体价值观能持续不断地得到传播。传递给目标细分市场的产品推广信息应该对优于竞争对手的产品优势加以解释。通过拥有一条直接说出其需求的营销信息，产品就能定位于某个特定的目标细分市场。在接触其潜在客户时，使用最有效的那类产品推广方法应该是创客追求的目标。传统方法包括广告、销售激励、人员推销和公共关系。社交媒体并非是对传统媒介的替代，而是将信息聚焦于个体消费者的一种扩展手段。通过对 AIDA 模型的理解，创客便能运用这种推广方法，将消费者从产品认知推向最终购买。

完成任务

回答以下这些问题将有助于完成创业规划的产品推广部分。

1.品牌打造

a.在线搜索寻找适合你的品牌形象设计风格的五个网站。

b.撰写一条描述你的产品及其效用的营销信息。

2.产品推广

a.在创业初始阶段，你可用于推广营销的三种不同媒介是什么？

b.列举你可能会刺激客户进行购买的三种销售激励。

c.你能用来构建人员推销网络的五种机会是什么？

d.撰写一篇新闻稿，描写你将赞助的某个慈善活动。

3.AIDA 模型

a.你会用来吸引注意力的广告媒介是什么？

b.思考可能会把消费者从购买欲望推向实际行动的一个产品推广思路。

形象化训练

1.运用你的所有感官来描述你的品牌形象。

2.为广告构思文字和图像。

3.把你自己画成一个卡通形象，并用文字表示出你可能会在某个社交活动上说的话。

4.画出你可能会给出的奖品或奖金。

5.为公关活动构思一个想法。

参考文献

Blakeman, Robyn. *Nontraditional Media in Marketing and Advertising*, New York: Sage Publications, 2014.

Burke, Sandra J. "Competitive Positioning Strength: Market Measurement." *Journal of Strategic Marketing* 19, no.5(2011): 421–428.

DeMers, Jayson. "The Top 7 Characteristics of Successful Brands." *Forbes*, November 12, 2013. www.forbes.com/sites/jaysondemers/2013/11/12/the-top-7-characteristics-of-successful-brands. Accessed August 8, 2014.

Findlay Schneck, Barbara. "Three Steps to Effective Sales Promotions." *Entrepreneur*, February 1 2010. www.entrepreneur.com/article/204860. Accessed August 8, 2014.

Grant-Peterkin, Chris. "Selling Art Onling and Reaching NewMarkets: 5 Tips for Artists." *The Guardian*, January 28, 2014. www.theguardian.com/culture-professionals-network/culture-professionals-blog/2014/jan/28/selling-art-online-tips-artists. Accessed August 23, 2014.

Ind, Nicholas, Oriol Iglesias and Majken Schultz. "Building Brands Together: Emergence and Outcomes of Co-Creation." *California Management Review 55*, no.3(2013): 5–26.

Kabani, Shama and Chris Brogan. *The Zen of Social Media Marketing: An Easier Way to Build Credibility, Generate Buzz, and Increase Revenue: 2012 Edition*, New York: BenBella Books, 2012.

Millman, Debbie. *Brand Bible: The Complete Guide to Building, Designing, and Sustaining Brands*, Beverly, MA: Rockport Publishers, 2012.

Reece, Monique. *Real-time Marketing for Business Growth: How to Use Social Media, Measure Marketing, and Create a Culture of Execution*, Upper Saddle River, NJ: FT Press, 2010.

Sachs, Jonah. *Winning the Story Wars: Why Those Who Tell—and Live—the Best Stories Will Rule the Future*, Boston, MA: Harvard Business Review Press, 2012.

Scott, David Meerman. *The New Rules of Marketing and PR: How to Use Social Media, Blogs, News Releases, Online Video, and Viral Marketing to Reach Buyers Directly*, Hoboken, NJ: John Wiley & Sons, 2013.

Zack, Devora. *Networking for People Who Hate Networking : A Field Guide for Introverts, the Overwhelmed, and the Underconnected*, San Francisco, CA: Berrett-Koehler Publishers, 2010.

第9章
构建社交媒体关系

有一种错误观念认为，社交媒体使传统的产品推广变得陈旧过时。而其实，社交媒体所做的是改变了传统产品推广运用的方式。广告、销售激励、人员推销和公共关系这些传统的产品推广方法仍然能够用于传播市场营销信息。然而，它们现在与社交媒体结合了起来，而非单独使用。

1.导言

无论是创意型初创企业、非营利性文化组织，还是大型跨国公司，现在任何的营销推广战略都少不了社交媒体这部分内容。创客需要使用社交媒体，因为它是与客户构建关系的一种有效且成本低廉的方法。非营利性组织需要使用社交媒体，这样它们就能在社区中建立起对其使命的支持。此外，现在的公众期望能够与跨国公司这样的大型机构进行交流沟通，并得到回应，因为他们不再仅仅是作为一个营销推广的受众。社交媒体的发展已经带来了如此深刻的变化，它导致了对媒体的重新定义。现在的媒体常常被描述为付费媒体、自媒体和赢得媒体三种类型，而非传统媒体与新媒体的区别。营销推广的传统形式仍在被使用，只不过与社交媒体整合形成了一种黏性战略（cohesive strategy）。一个成功的社交媒体战略将会吸引人们的认知，诱惑公众参与互动，并允许潜在客户和当前客户把自己的意见添加到对话中。除了为创客和公众之间的交流沟通提供一种渠道，社交媒体对决策过程和产品开发也有帮助。

创客感言：乔纳森·张（Jonathan Chang）

乔纳森是个多才多艺的艺术家，他不仅绘画而且从事摄影和物品设计。他曾经是北京和台湾的常驻艺术家，现在生活于纽约，他具有一定的国际声誉。让乔纳森成为真正的创客的是，他把其创意技能应用到了营销界。他开发了针对年轻艺术家以及创意网站的营销策略。现在，他与其他艺术家合作共同开发一套恐龙图，这将填补艺术创作的一块空白。来自产品销售的部分收益将捐赠给动物权益保护组织。乔纳森建议其他创客专注于：

1. 开发高级市场营销策略的能力。

2. 网络知识，因为网站发展是创业必不可少的一部分。

3. 不要忘记营销是任何创意工作都不可缺少的部分。

要了解有关乔纳森的更多信息请访问网址：www.chunghanchang.com。

2.付费媒体、自媒体、赢得媒体

近年来，一种新的媒体分类方法变得流行起来。过去，营销推广媒体按照传统方法被分为广告、人员推销、销售激励和公共关系，之后又增加了第五种方法，即社交媒体。然而，社交媒体并不仅是另一种营销推广的渠道，它已经改变了营销信息的方式。现在，营销推广方法被更加准确地划分为付费媒体（paid media）、自媒体（owned media）和赢得媒体（earned media）三个类型（Burcher，2012）。

媒体类型

- 付费媒体：企业所购买的广播或印刷媒体。

- 自媒体：企业自有的社交媒体网站。

- 赢得媒体：推广企业产品的其他社交媒体。

2.1 付费媒体——为其付费，所以我能说我所想

付费媒体是由企业所购买的传统广告。因为企业对内容进行了支付，所以它能控制传播的营销信息。付费媒体包括杂志、报纸、广告牌、电视和电

台。对拥有有限的营销资金的小型企业来说，它可能会选择使用诸如传单和小册子这类不那么昂贵的付费媒体。所有这些付费媒体都用于向广大受众传播受控制的营销信息。付费媒体不能保证目标细分市场一定会购买产品，但作为接收到信息的结果，创客希望一些潜在客户会通过访问企业的自媒体从而获取更多的产品信息。

2.2　自媒体——说我所想，但也欢迎回应

自媒体运用通信技术发送营销信息，以围绕产品和组织开展推广，并建立社群。网站、社交网站、照片或视频分享网站，以及其他社交媒体平台都是可供创客使用的自媒体。此外，所有的博客和微博网站，如推特，也都是自媒体类型。自媒体与付费媒体的区别在于，它不仅针对特定目标细分市场进行营销推广，它还鼓励回应反馈。虽然自媒体只是传播公司的营销信息，但是也面向公众寻求其关于产品和组织的看法和观点。因此，沟通就产生了，公众对营销推广的信息既可以赞同，也可以否定。由于创客随后需要对这些评论做出回应，因此相比传统的付费媒体，自媒体需要投入更多的时间和精力。尽管如此，在吸引客户兴趣和围绕产品构建社群方面，自媒体却比付费媒体有效得多。

2.3　赢得媒体——别人的社交媒体在谈论我们

赢得媒体处于企业的控制之外，它包括社交网站上关于产品的评论、有关产品的博客和客户的评价。赢得媒体可以是发表于YouTube上的由某位购买者制作的展示人们使用公司产品的一段视频剪辑。

对一个企业来说，赢得媒体可能是有利的，也可能是不利的。虽然企业应该对赢得媒体进行监测，并在适当的时机做出回应，但它却是没有办法控

制的，甚至是没有指导内容的。当然，企业对正面积极的赢得媒体会感到高兴，但如果赢得媒体是负面消极的，企业必须进行应对，或反击负面消息，或在投诉属实的情况下改进产品。

围绕某款产品开发出来的粉丝社群是另一种形式的赢得媒体。这些社群拥有自己的网站和社交媒体平台，并与生产产品的企业没有任何关系。运用这些网站，社群成员将可以分享产品如何使用的例子，甚至能回答来自潜在购买者关于产品的问题。这类粉丝社群在没有任何来自企业投入的情况下对产品进行了推广营销。

产品评论网站是赢得媒体的另一种形式。因为这类网站不受企业控制，它们能得到公众的信任。当人们对创客的自媒体社交网站产生投诉抱怨时，很容易就能发布一条回应。然而，他们或许还会在某个独立的产品评论网站上进行投诉抱怨。对于那些应该被创客所知晓的负面评论，评论产品的读者会有一种不同的反应。当人们读到日常使用的实用型产品的负面评论时，他们可能会相信这一负面评论。然而，对享乐型产品，或者是由于所带来的愉悦而购买的产品，其负面评价则更有可能被读者忽略，因为这是产生于评论者内心的某种偏见，而非产品本身的问题。这类负面评论的读者更有可能理解"情人眼里出西施"的这个道理（Sen 和 Lerman，2007）。

思考问题：我目前可以运用的付费媒体、自媒体和赢得媒体有哪些？

3.整合付费媒体与社交媒体

创客必须根据产品效用的定位开发营销信息，然后，运用传统的付费媒体获得潜在客户的注意力，吸引其兴趣以产生购买产品的欲望，并最终说服消费者购买产品。当把社交媒体与自媒体的运用整合在一起时，上述这些行动仍然是必须采取的。但区别之处在于，营销信息不再受企业控制，企业需要对信息进行监测，并做出回应。

有一种错误观念认为，社交媒体使传统的产品推广变得陈旧过时（Handley，2012）。而事实是，社交媒体所做的是改变了传统产品推广运用的方式。广告、销售激励、人员推销和公共关系这些传统的产品推广方法仍然能够用于传播营销信息。然而，它们现在与社交媒体结合了起来，而非单独使用。例如，某个小型艺术品商店仍将使用廉价的传单张贴在小镇上，用来告知公众其即将举行的绘画之夜。在活动举行的当晚，商店或许还会发放每单打折10%的优惠券，而在客户进行购买时则可以运用人员推销通知相关活动信息。此外，因为创作的工艺品会捐赠给某个生活救助中心，这家商店还将撰写一篇新闻报道。

3.1 加入社交媒体——想接触更多的人群，就在网络发布

然而，假如能够把社交媒体融合进去，所有上述这些产品推广方法将变得更加有效。传单仍将包含有关商店网站的信息，这将把潜在客户引向企业的自媒体脸谱网（Facebook）。而这个自媒体网站将从来自公众对其参与计划的讨论中提供更多关于活动和消息的细节。而有效的优惠券则将被推送给关注这个商店推特（Tweeter）简讯的人们。人员推销在实体店中仍然奏效，只不过现在通过商店的博客得到了扩展，有关活动的问题得到了在线解答。最后，客户把完成的工艺品赠送给生活救助中心的照片会发布在Facebook、Instagram和Pinterest的网页上。而这些内容会被其他博客写手注意到，并留下有关活动的评论。

社交媒体资料：要在运用社交媒体方面取得成功，创客必须发展出一套有效的社交媒体资料，这与品牌形象相类似，但其推广的不仅仅是产品，还有创客及其组织。线上的每次交流都要准确地传递产品信息，同时也要反映企业的价值观。此外，通过提供有关企业员工的信息，企业应该变得人性化。创客的线上品牌与产品相关，而社交媒体资料则包括了企业的产品、价值观和人三个要素，这些都是对公众的商业定位，同时也是围绕产品开始构建社群的基础。

对那些已经在使用社交媒体与亲友交流的创客来说，建立社交媒体资料应当是一件自然而然的事（Harrah，2012）。然而，创客不应该假设与亲友交流工作的社交媒体平台就是与客户交流工作的相同网站。或许要做一些实验才能确定哪类网站受到客户青睐。另外，不断试错才能知道什么类型的内容使人感兴趣。一个成功的策略不会发生于一夜之间，这就是它是一项需要快速实施推广任务的原因。

分析法：有些创客可能会在一开始抗拒参与其中。这或许是无法确定用于给社交媒体网站添加内容所花费时间的投资回报率的观念使然。但是，社交媒体已经发展成熟到了这个地步，即描述性、预测性和规范性三种类型的分析法能够在不使用复杂软件程序的情况下被小企业所运用（Leone，2014）。描述性报告将告诉创客有多少人访问其网站、停留多长时间，以及他们来自哪里。预测性统计则会注意到两个不同事件之间的关系。例如，当把视频发布于网页时，人们停留的时间会更长。规范性报告需要运用复杂软件，然而，其原理却只需要常识便可理解。假如在上传视频的情况下人们停留网站时间更久，那么之后发布任何新产品都应包含上传的视频。

思考问题：如何将传统媒体与我所使用的社交媒体进行整合？

4.可用的社交媒体类型

虽然新的社交媒体平台总是不断涌现，但社交媒体的类型却保持了相对的稳定，并能按照其所分享的信息类别进行划分。无论是针对人际关系还是专业交流的社交网站，都允许公众成员间的双向对话。其他类型的社交媒体是设计用以分享、欣赏视频和照片的平台，而不是用于口头交流。有些社交媒体的形式则不属于某种特定的网站，这其中包括播客（podcasting）、博客（blogging）和微博（microblogging）。

我们可以用一件创意产品（如陶器）对社交媒体网站进行阐释。一般性的社交网站可以被用来告诉客户关于某个人对陶艺的兴趣。专业性的社交网站则会被用来告知其他陶工，有人正在从事陶器生意。博客可以用于解释制陶流程，并回答关于特定风格的问题。微博则可以用来阐释现在正在制作的某种陶器。图片分享网站可用于发布最新制作的陶器照片，而视频分享网站则可以展示陶器制作的视频。最后，还能用播客分享有关陶器历史的故事内容。

4.1 社交型电子商务（social commerce）——让我们共同创造

所有的社交媒体方法都是让人们去做他们所做的，并与别人进行交流和分享。现在的区别在于可以把这个过程电子化，而不用再考虑时空因素。社交媒体源于人际交流的工具，但企业很快便意识到它在与当前客户和潜在客户交流方面的潜力。创客不仅能使用社交媒体鼓励消费者对产品进行评论，而且还能运用社交型电子商务围绕其产品构建社群（Liang et al.，2011）。社交型电子商务是用来描述买家与单一卖家之间关系的一个词汇。当创客拥有自己的电子商务和社交媒体网站时，这涉及他们与客户共同创造的价值。这包括消费者给其他消费者提供购买建议，以及与朋友分享的由消费者所生成的产品偏好的心愿清单。产品的生产者不再是唯一传播产品信息的人。因此，社交型电子商务意味着当前的消费者也可以向潜在消费者进行推广营销。

4.2 流程——让我们开始吧

创客不需要马上融合全部的社交媒体类型构建社交型电子商务。创客首先应该为其组织开发一个人际社交网站页面。这个网站将被用于提供产品信息，并与客户进行互动。此外，可以创建专业性社交网站，如领英（Linke-dIn）用于与其他专业人士进行交流。接下来则可以添加照片和视频分享网站，用于发布产品图片、客户使用产品和产品生产过程的视频。这些网站都允许成员发表评论，创客和其他成员则可以就此做出回应。诸如此类的交流沟通对公众起到了教育作用，并建立起一种对创意流程的欣赏。

添加播客是一个可选步骤，是指创建一个能被下载的音频文件，并在听者方便时进行播放，之后他们还能发表评论。创客能运用播客提供即将举行演出的作品小样，或创作流程的相关信息。博客则属于更高级形式的社交媒体，创客可以把其当作分享产品理念、个人观点和组织消息更新的一种工具加以运用。然而，博客也能被用于分享当前客户和潜在客户都会感兴趣的一般性新闻，同样，客户也能对创客的产品发表评论或提出问题。

创客还能运用微博作为与他人保持联系的一种途径。推特可能是最为人所熟知的微博类网站，人们对其使用并非是为了获得反馈，而是让其他人可以传递信息。尽管如此，并不是所有的创客都有时间发微博，因为帖子必须既有信息含量又有趣才行。然而，不是每个人都具有持续书写引人注目或具有娱乐性帖子的技能。

创客应该以精心设计的网页作为开始，在其上链接其他社交媒体。在创建好网页之后，创客应当开发照片和视频的社交媒体网站，将照片和视频添加到专业的社交媒体网站上。同样，并非所有的创客都有研究博客或播客的兴趣或时间，如果可以的话，这些也是可以增加的内容。最后，创客还能添加微博进行使用。

思考问题：我要怎样运用社交网站、博客、播客、照片和视频分享网站创建及增强品牌形象？电子商务所能完成的占我的创业内容的比重是多少？

5.社交媒体策略的研发

虽然创客可能会很自然地想到使用社交媒体，但是他们必须更具战略性地思考怎样吸引客户以发展品牌忠诚度。社交媒体策略应该围绕三个过程进行设计。首先，社交媒体网站需要吸引消费者的注意力。其次，必须使消费者以某种方式互动起来，从而超越通过点击进入新页面、打开博客帖子或观看某个视频这样的被动型浏览模式。最后，如果社交媒体策略设计得好，网站将会把消费者带入其中，他们将会乐于添加自己的评论或照片。

创客的网站可能会是一些潜在客户开始参与过程的地方。网站将提供关于企业的真实信息，并能够链接到社交媒体网站。接下来便寄希望于客户能够点击进入创客的社交网站获取更多信息。关键的一点是，一旦潜在客户被吸引进入网站，他们就会与内容互动，最终，随着其参与程度的深入，便会添加个人评论和照片。

社交媒体策略

- 吸引：有趣的内容。
- 互动：邀请点击视频、博客和照片的链接。
- 添加：诱使他人添加自己的内容。

5.1 吸引——来看看我吧

在制定社交媒体策略时，首要任务是把人们吸引到自媒体社交网站。为达到此目的，对潜在消费者来说，内容必须既有趣又实用。另外，为了更具吸引力，所有的信息无论是视觉的，还是语音的，都必须用心设计制作。

虽然消费者使用社交媒体网站是为了了解实际的产品信息，但是他们也会想要理解创客所具有的价值观。虽然有些消费者只是在线搜索想要购买的产品，但是创意产品的细分市场人群同样关心产品是如何、在哪以及由谁所生产的。社交媒体应该用来分享产品创作的背景故事和创客的价值观。

内部信息：虽然潜在消费者被吸引到社交媒体是为了了解关于产品和创客的内容，但是额外的实用信息也必须包含进去。实用信息可以是即将举行的活动，无论是创客，还是其他组织赞助的都可以。创客应当共享所有即将开幕的表演信息。创客还可以发布在某个商场举行活动的消息，客户可以亲自尝试自己动手创作产品。在社交媒体上发布这类实用信息将鼓励公众参与评论。这是很管用的，因为这让潜在消费者知道，他们是否也想参与其中。

提供实用信息的一个方法是放弃所谓的专业性。创客可以向公众演示怎样在家中创作一件与其销售的产品相类似的作品。虽然这样做似乎违反常理，但是赠送产品却会刺激销售，因为这有助于培育对创作产品的欣赏习惯（Scott，2013）。

外部信息：尽管如此，创客还应该分享他们认为客户会感兴趣的由其他组织赞助活动的实用信息。社交媒体网站的博客可以承载的信息不只是局限于创客的产品。为了真正变得实用，博客还能够对怎样使用其他企业所售产品给出有帮助的提示。此外，创客可以分享来自邻近企业对潜在消费者有用的促销优惠信息，如客户可能喜欢的商店和餐馆的一段有关当地的短视频导览，可以将其发布于社交网站上，还可以将其上传至视频分享平台。

5.2　互动——点击我吧

所有创建出来的照片、博客帖子和视频剪辑，不仅是为了吸引潜在客户，而且还要使其互动起来。目标不仅让潜在客户找到网站，而且能够让其阅读帖子和观看视频，以使其从情感上介入到产品中。因此，即便还没有购买产品，他们也会再次返回网站。这就是网站必须在视觉上具有吸引力的原因。此外，信息不能保持在静态水平上。新的照片、博客条目和视频剪辑必须不断添加，以便总有新东西被点击、浏览和阅读。创客可以运用分析学决定什么内容在激励消费行动方面是最成功的。

5.3　添加——请评论吧

社交媒体策略的最终目标是让消费者把他们自己的评论加入其中。比起产品生产者所说的，潜在客户更加相信当前客户的意见和看法。通过寻求创客提出问题的答案，客户能够受到激励，从而添加评论。另外，还可以让客户发布他们自己使用产品的照片或视频以参加某项比赛活动。如果产品使用者在网上发表评论，那就更好了。即使假设这些评论是在其他网站上，它们也能被链接到创客的自媒体，并被转发和推送。正面的评论尤为重要，因为比起相信创客所说的，潜在客户更加相信当前客户的评论。

　　对创客来说，保持内容更新并持续不断地对询问和评论做出回应可能是很困难的，因为总会有越来越多的苛刻要求。尽管如此，对小型创意企业而言，在获取客户方面，社交媒体是至关重要的。

　　思考问题：为了吸引客户，我的社交媒体网站应该是什么样子的？我应该怎样激励客户把他们自己的内容添加到我的社交媒体网站上？

在社交媒体上分享你的品牌

　　品牌不仅仅是代表某一个公司的文字和符号。品牌是体现其使命、愿景和价值观的故事内容。创客要怎样传递他们的品牌意义呢？他们可以通过讲述下面列出的故事说明他们的核心理念。

　　创客：他们为何开创公司？他们为何选择生产这款产品？在他们的早期奋斗中是谁启发了他们？

　　公司：他们为何选择这个公司名称？为什么把公司开设在这个地点？公司最初是什么样子的？创客认为公司未来会成为什么样子？

　　产品：这款产品如何体现创客的价值观？原材料来自哪里？包装和分销怎样反映出组织的独特使命？

　　员工：员工为什么选择为这家公司工作？他们会经历怎样的独特体验和挑战？

客户：客户能以什么样有趣的方式使用产品？客户如何使社区变得更好？

仅回答上述这些问题便会产生有趣的内容，让公众了解品牌的意义。

Cohen，2013

6.客户对社交媒体推广的期望

在实施一项社交媒体计划时，应当把客户的期望纳入考虑范围。由于每个行业都是独特的，因此每个行业的客户都会有所不同。但是，仍然有四项指导原则适用于所有的组织：全面披露（full disclosure）、真实互动（authentic interactions）、信息关联（relevant information）和反馈回应（response）（Amos，2013）。

6.1　全面披露——不要隐瞒任何东西

客户想要的是关于谁在企业里工作和谁在发布社交媒体帖子等信息的全面披露。另外，潜在客户还会想要知道关于企业使命和价值观的准确信息。社交媒体永远不应被用于对企业品牌的弄虚作假。假如创客被诱导决定要这样做，应当记住一点，只要有一个人发现了差别就可以把这个信息分享给每个人，从而损毁企业的信誉。

6.2　真实互动——做你自己

雇用其他人撰写故事、博客或者推文，而非创客亲自撰写在节约时间方面可能是具有诱惑力的一件事。虽然对于大型企业来说是可以接受的，但是人们往往期望来自小企业的真实性（Palter，2013）。潜在客户应该知道负责在线发布帖子的企业员工的名字和头衔。假如客户发觉帖子与创客本人的观点和意见并不一致，那么将会导致信任的缺失和客户的流失。当然这就是为什么社交媒体对创意企业来说是一种完美的工具，因为最有可能对发布管理社交媒体帖子感兴趣的往往就是创客本人。

6.3 关联性——使其有用

发帖、推送和博客的内容信息必须与当前客户和潜在客户具有关联性。信息可以是关于公司的内容，以使其与客户的链接得到深化。而更加重要的是，信息应该是实用的，如某个特定手工艺的技巧。然而，关联性还意味着信息的流动不仅是单向的，当创客用博客讲述某种手工艺的技巧时，应该也要让客户分享他们的想法。

6.4 回应——对其进行反馈

最后一点，对客户做出回应是人们期待社交媒体能够实现的另一个功能。人们不仅会发布关于产品的信息，他们也会发布已购买产品的不足之处。假如有一个人在说某款产品的某个问题，那么可能有很多人都遇到了相同的问题。客户会期望企业参与到对话中来，为怎样修正或避免问题提供信息。

思考问题：我的帖子将使用什么样的写作风格？我的客户会觉得什么类型的信息是有用的？我要怎样回应遇到问题的客户？

7.社交媒体和购买过程

正如前面章节所阐释的那样，购买决策过程通常被描述为需求认知、信息搜索、替代品评估、购买和买后评估这几个环节。虽然消费者并非总是严格地遵循这些步骤，但是对企业主来说当思考怎样通过推广营销的传播来接触人群受众时，这仍然是一个可以拿来使用的有用步骤。现在人们运用的网络技术也已成为购买过程的一个部分，甚至在实体店里购买产品时，一个更加简化的模型已经被提出来了（Evans，2012）。在这一模型中，步骤已被缩减为认知、考虑和购买。

7.1 认知——让人们知道它的存在

传统上对市场营销的讨论，认为产品购买源于客户的需求和欲望。然而，至少在发达经济体中，大多数人的基本需求都已得到了满足。创客所面临的问题是，假如潜在消费者连产品存在与否都没有意识到，那么他们是不可能会对一款创意产品产生购买欲望的。因此，消费者不可能去对一款还不知道其存在的产品进行信息搜索。

于是，创客本人需要运用社交媒体去构建关于产品的认知，而不能依赖于消费者自己去搜索信息。虽然传统媒体仍然能被用于构建产品认知度，但要在更广范围内构建认知度，社交媒体却是非常适合的理想工具，因为除了创客的自媒体外，传播的信息还能置于其他网站上。通过对博客帖子以及其他网站的客户评论和照片做出反馈回应，创客便能构建其品牌的认知度。

7.2 考虑——告诉人们所需知道的

购买过程的考虑阶段已经深受社交媒体的影响。在过去，除了企业所传播的信息以外，对消费者来说很难找到某款产品的相关信息。而现在，消费者很容易就能获取海量信息，并且很轻易地就能对其进行添加和分享。

创客必须参与这种对话，从而影响这一考虑的过程。假如创客不参与这个过程，并对可能会发布的负面消息置之不理，别人将会控制关于产品的话语权。创客对负面评论的沉默将会被视为对所述内容的默认。

7.3 购买——怎样和在哪购买已经不重要

理所当然的，产品购买这一步也受到社交媒体的影响。消费者不再区分现场和线上购物的不同。他们可能会在某个活动现场或某个店铺里查看某款产品，但却仍然去网上购买。同样，他们或许会在线搜索研究一番，然后却又亲自到实体商店购物。

思考问题：怎样运用社交媒体构建我的产品认知度？我的社交媒体网站如何才能让购买过程变得更加简单？

获得社交媒体成功的几条简单规则

每个人都认为他们知道怎样使用社交媒体。然而，无论你在使用什么形式的社交媒体，有八条简单的规则需要记住。

1.并非免费：社交媒体的运营需要耗费时间。

2.先倾听，再说话：假如你先倾听，你就会听到人们对你产品的谈论，这样你才能做出反馈回应。

3.回复每个人：没有人希望自己的声音被忽视。

4.要陈述，不要推销：描述你的产品和公司就好，是合适的人就会下决心购买。

5.做自己就好：做自己的你也是最好的你。

6.广告：不要忘记社交媒体网站也能用来放置广告。

7.舍得给予：知识是用来免费赠予的。

8.心怀感恩：当人们说你公司好话时，要诚心诚意地感激他们。

这不是关于技术本身，而是如何使用技术。

Fass，2013

8.社交媒体的使用

对不能在传统营销媒体上投入太多资金的组织来说，社交媒体是一种低成本的方法，可以达到组织的目标市场（Falls和Deckers，2012）。运用社交媒体既能让消费者对产品产生认知，又能刺激鼓励其购买行为。然而，对小企业来说，社交媒体也是一种开展研发、探讨问题和创建网络社群的廉价方法。

8.1 研发——不断地询问为什么、什么内容、怎样实现

在过去，开展正式的研究获取关于客户对当前产品意见和对新产品看法的信息是很有必要的。虽然在企业考虑重大的变化（需要大量的开支）时，正式的研究仍然是必要的，但是社交媒体却使持续的非正式研究成为可能。通过阅读帖子和评论，创客能够被动地获取信息。但是，他们也可以去询问

当前和潜在的客户关于他们会使用现在产品的原因。此外，对消费者可能会喜欢什么样的新产品而言，客户是一个很好的信息来源。除了请求评论以外，创客还能发布调查链接征求关于产品怎样改进的意见。

8.2 对话策略——探讨问题

让粉丝为创客的网页点赞，这样他们的朋友就能看到这个链接，志同道合的人就会被吸引到创客的社交媒体网站上。而一旦他们进入网站，创客就必须用帖子发布问题，并开始一场持续的对话，这样他们就会不断地返回。在社交媒体网站展开一场对话要以讲故事作为开始，而不要只是问问题（Sachs，2012）。需要记住的是，故事应该将创客的价值观与社会所关注的某个问题关联起来。公众想要的是意义而不仅仅是信息，他们会对在买东西的同时还能提供某种信仰的品牌做出回应。

例如，假设创客想开展一场关于客户隐私问题的对话，那么可以发布一篇关于关心信息隐私的人群比例最新调查的文章。接下来，创客可以讨论这篇文章与企业的客户隐私政策的相关性。最后，创客还可以从客户那里寻求关于如何改进其客户服务的反馈意见。

假如创客不知道说什么，而又想不出某个问题的任何方面进行交流，开始对话的方式则可以简化为询问社交媒体网站用户的观点。一旦问题问出并得到了回答，就应该会产生足够多的内容使对话继续下去。

8.3 创建社群——让每个人都参与其中

运用社交媒体策略的主要优势之一是创建社群的能力。任何产品或服务的粉丝总是会就其喜恶进行讨论。而过去这些讨论，企业是听不到的。只有在某个客户直接与企业主交谈的情况下，这些意见才可能被听到。除了在产品上留下电话号码并寄望于有人会拨打电话以外，似乎就没有什么直接的渠道可以获取客户的产品评论。另外，即便有人拨打了电话，评论也只会是关于企业现有的产品，而不会是关于新产品的想法和点子。现在，社交媒体使得创客能够创建并管理自己的社群，在这其中的所有想法都受到欢迎和接纳。这样的社群是一种双向的关系，创客邀请客户评论，之后也会提供对客户有用的信息。

确切地说，社交媒体网站就是为此类消费者行为所设计。例如，演出活动的相关信息可以包括演出场地附近的餐饮地点这类内容。然而，甚至还有更好的解决方案，就是让表演者询问粉丝们会推荐的餐饮地点，因为人们都很渴望分享自己喜欢的地方。运用这样的策略比仅只是给人们某个理由而发布消息的效果更好，这也给了粉丝们一个在演出前后推荐地点彼此相遇认识的机会。假如表演者能够在推荐的餐馆或酒吧停留，并亲自接见粉丝，那么这类社群将获得更进一步的拓展。

分享创作：社群的建立可以通过允许客户展示他们自己如何创作作品来实现。这通常会导致形成对创客技能更好的鉴赏，因为人们会发现创作作品是十分困难的。但是，正像每个人都相信他们自己的孩子是最漂亮的一样，每个人都认为他们自己的艺术作品值得拿来与别人分享。在线分享粉丝创意作品是构建社群的一个办法。

甚至对那些不想自己创作作品的客户来说也会对分享创作过程产生兴趣。对从未经历过艺术创作过程的人来说，最终的作品或许似乎看上去很容易就能创作出来。通过观看客户创作作品，其他人也会感到其参与到创作过程中。这同样会对销量产生直接的影响，因为当人们欣赏创作过程时，就会产生对产品支付更高价格的意愿。

帮助社区：要建立社群不需要只专注于活动和创作过程。企业的使命和

价值观也会有助于社群的建立。创客可以向客户建议协助完成一些属于企业使命范畴的社会事业的方法。创客可以询问粉丝们希望看到企业怎样帮助其社区，而不是仅仅专注于对社会事业要求捐赠的原因。然后，企业便可以邀请粉丝们加入它们的行列。例如，创客可以询问影响社区的什么问题是其客户所关心的。客户或许会在社交媒体发表关于当地某个公园每况愈下的环境条件的评论。而后，创客或许可以组织某个活动与客户一起去清理公园，并种植一些花卉植物。

思考问题：我能通过鼓励分享创意过程来发展自己的社交媒体营销策略吗？我能组织什么样的活动与我的客户一起来帮助我的社区？

9.社交媒体的质量

发布于网络的信息，无论是博客、照片还是视频，都必须与创客所建立的品牌形象保持一致。毋庸置疑，劣质的社交媒体网站会给产品带来负面影响。而一个制作精良的网站并不仅仅是看上去很好。品质网站将会增加组织的信任度，这将会增强客户的购买意愿（Hajli，2014）。虽然博客条目可能会很简短，但是创客仍然必须用心撰写，并且不能出现错误。因为创客太忙而产生的错误，即便迅速做出道歉也不能弥补写作的劣质性，而读者则会想是否创客在创作艺术作品时也会偷工减料。

照片的质量也应该与品牌形象保持一致。产品的照片需要具有吸引力，同时也要展现产品的细节。假如创客缺乏必要的摄影技能，那么就应该雇用专业人士进行拍照。

发布视频剪辑也应着眼于质量。如果除了艺术家以外还有其他人出现在视频中，那么创客就应考虑隐私问题。假如视频是在公共场所拍摄的，在未经允许的情况下把人们包括进去也是可以接受的。然而，假如视频中有儿童出现，则应特别注意。如果视频拍摄于某个商店或工作室，则应获得人们的允许再进行拍摄，并且随后要注明相关信息。这不仅是专业的行为要求，也是好的营销体现。

9.1 创建互动日程

就像人际关系一样，网络关系也必须通过持续的交流进行维护。对一些创客来说，这一点能够自然而然且不由自主地做到，因为他们乐于交流并发布信息。但是，对很多忙碌的创客来说，这需要认真细致的规划，尤其是在他们没有时间或不喜欢上网时。为了确保社交媒体的内容能够定期更新，应该创建一份互动计划的日程。日程的首要目的是确保有趣的事情能够持续不断地发布于社交媒体网站上。没有必要每天都更新相当数量的通告，这对一个小型企业来说或许也是不太可能实现的。但是，至少每周应该发布一次一些有趣的故事、博客、照片或视频。分享一些小活动，如发布一组反映由于某种原材料的新订单得到来而产生的令人激动兴奋的照片，这可能对那些不是从事创意工作的人来说是很有意思的。通过客户传递的趣事，加上其照片的作用，能使社群成员感到更深入的参与度。一旦创客形成了定期发布信息的习惯，越来越多的奇思妙想就会涌现出来。

大型活动，如开幕之夜或店铺搬迁，则应以不同的方式处理。一旦确定了活动举行的日期，创客就要开始工作，计划发布一些营造兴奋点的消息。例如，开幕之夜的计划可以提前进行分享，而随着日期的临近，则可以提高发布消息的频率。店铺搬迁则可以用空置的照片作为开始，然后持续地通过装修过程来更新。通过跟进这些消息外帖子，客户会感到这一盛大的开幕是不容错过的。

如果创业过程中还没有什么值得注意的事情发生，那么也可以发布一些其他相关的内容。因此，创客必须了解创意社区以及外部更广阔世界正在发生的最新情况。首先，当有事件影响到其他艺术家时，可以对其信息进行发布并做出评论。创客面临的法律和职业道德问题，如由于贸易管制造成原材料获取困难，可以将其变成有意思的内容来发布。随后，网站的粉丝们则可以用他们自己的评论来回应。假如事件对企业的客户产生影响，那么创客应该意识到并做出回应。例如，对某项运动赛事的获胜表示祝贺，或者对自然灾害影响到某个社区表示关切。当然，这也是应当做到的，因为创客是在真心实意地表达关心。虚情假意将很快被客户发现，客户关系也就会终止。

思考问题：我拥有产出高品质素材的技能吗？我的社交媒体内容更新的时间表将是什么样子的？

小结

我们可以把现在的媒体分为付费媒体、自媒体和赢得媒体三类，而并非所谓的传统媒体相对新媒体那样。付费媒体是媒体的传统形式，它与自媒体结合，而企业的社交媒体网站则希望能收获赢得媒体，后者是对企业和产品在其他网站的评论。广告、人员推销、销售激励和公共关系这类营销推广的传统手段仍在使用。新的变化在于，所有这些方法都通过对社交媒体的运用得到了增强。无论是通过社交网络、视频和照片分享网站、播客，还是通过博客来实现，社交媒体在让双向对话成为可能方面发挥了独特作用。首先，社交媒体策略需要吸引潜在客户。一旦他们进入网站，就需要鼓励他们通过点击链接浏览内容，从而实现互动。其次，一个成功的社交媒体策略还要激励用户添加自己的内容。创客应该意识到公众想要的是真实互动、信息关联和反馈回应。社交媒体使得客户购买过程简化缩短为认知、考虑和购买三个步骤。最后，除了销售产品以外，创客还能使用社交媒体进行产品研发、发起对话以及创建社群。一旦社交媒体建立起来，创客就需要确保所有内容都要能够反映企业的品质和形象。此外，还可以制订一份日程计划以便网站处于持续更新的状态。

完成任务

回答以下这些问题将有助于完成创业规划的产品推广部分。

1.与传统营销推广进行整合

a.如何将广告、公共关系、销售激励和人员推销整合进你的社交媒体网站，分别提供一个思路。

2.社交媒体应用

a.观看竞争企业的网站并找出五个有趣的帖子。

b.列举出十个博客主题。

c.上网搜索研究相关选项，然后为你的企业选择适合的照片和视频分享网站。

d.有什么内容是你可以用于播客的？

e.上网研究寻找一款可用于在线购物的支付系统。

f.针对客户的投诉抱怨写一条回复。

3.后勤组织

a.谁来处理网站的设计和内容？

b.内容更新的频率是如何的？

形象化训练

1.设计一下你的社交网站的外观。

2.运用卡通人物形象描述一场你希望客户发生的关于你产品的对话。

3.描绘一下可能会上传照片的主题内容。

4.绘制一份月度发帖的时间表。

参考文献

Amos, James. *The Tasti D-Lite Way: Social Media Marketing Lessons for Building Loyalty and a Brand*, New York: McGraw-Hill, 2013.

Burcher, Nick. *Paid, Owned, Earned: Maximizing Marketing Returns in a Socially Connected World*, London: Kogan Page, 2012.

Cohen, Heidi. "Social Media: 35 Brand Attributes to Consider." *Heidi Cohen Actionable Marketing Guide*, January 17, 2013.

Evans, Dave. *Social Media Marketing: An Hour a Day*, Indianapolis, IN: John Wiley & Sons, Inc., 2012.

Falls, Jason and Erik Deckers. *No Bullshit Social Media: The All-Business, No-Hype Guide to Social Media Marketing*, Indianapolis, IN: Que, 2012.

Fass, Allison. "7 Simple Social-Media Moves That Work." *Inc, com*, April 25, 2013. www. inc. com / allison-fass / dave-kerpen-social-media-moves - that -work. html. Accessed August 24, 2014.

Hajli, M. Nick. "A Study of the Impact of Social Media on Consumers." *International Journal of Market Research* 56, no.3 (July 2014): 387-404.

Handley, Lucy. "Promotional Pioneers Keep the Classics to Hand." *Marketing Week* 36, no.1 (December 19, 2012): 25.

Harrah, Raquel. "Social Media Opens Doors for Young Entrepreneurs." *Profiles in Diversity Journal* 14 (2012): 18-20.

Leone, Chris. "Working the Web: Using Analytics to Transform Your Buiness." *Richmond Times Dispatch*, August 7, 2014. www. timesdispatch. com / business / learning-center / working-the - web-using-analytics-to-transform-your-business / article_0d6055b2_ 1d8c_11o4-bc30-0017a43b2370 html Accessed August 8, 2014.

Liang, Ting-Peng, Yi-Ting Ho, Yu-Wen Li and Efraim Turban. "What Drives Social Commerce: The Role of Social Support and Relationship Quality." International *Journal of Electronic Commerce* 16, no.2 (2011): 69-90.

Palter, Jay. "Never Hire Someone to Do Social Media for You." *Yahoo Small Business Advisor*, February 26, 2013. https://smallbusiness. yahoo. com / advisor / never-hire-someone-social-media-211000069.html. Accessed August 7, 2014.

Sachs, Jonah. *Winning the Story Wars: Why Those Who Tell—and Live—the Best Stories Will Rule the Future*, Boston, MA: Harvard Business Review Press, 2012.

Sen, Shahana and Dawn Lerman. "Why are YouTelling Me This? An Examination into Negative Consumer Reiews on the Web. " *Journal of Interactive Marketing* 21, no.4 (October 2007): 76-94.

Scott, David Meerman. *The New Rules of Marketing and PR: How to Use Social Media, Online Video, Mobile Applications, Blogs, News Releases, and Viral Marketing to Reach Buyers Directly*, Hoboken, NJ: John Wiley & Sons, 2013.

第三部分　创业成长

一个企业，就像一件绘画或音乐作品，可以如你所愿变得简单或复杂。要么起步于小微，并保持小微的规模；要么就运用你的才能，把你的企业如你所愿带得越远越好。

"你永远无法穿越海洋，除非你拥有让海岸线从眼前消失的勇气。"

克里斯托弗·哥伦布

You can never cross the ocean until you have the courage to lose sight of the shore.

Christopher Columbus

第10章
成功所需的财务概念

有时候所说的艺术家生存的不稳定性并非是真正引导艺术创造力的因素。实际上，可以得出的是相反的论点，即财务自由使得艺术家能够更好地专注于创造性的工作。

1.导言

一旦创客生产出一款产品,并对其定价、分销和推广做好了规划,那么就可以说创业已经准备好启航了。但是,如果企业想要获得长期的繁荣兴旺则还需要额外地了解一些财务方面的信息。这其中很多都是财务概念,比方说怎样理解保持独立分离的业务和私人财务账户的原因。不理解资产和负债之间的区别将很难使企业保持良好的偿债能力。即便企业账户是由软件或专业会计在处理,对现金记账和权责发生制的理解也将是很有益处的。创客需要具备阅读基本的财务报表的能力,这样才能理解组织当前的财务状况。最后,额外的融资渠道和必要的保险将帮助新公司在成长过程中受到自我保护。

创客感言:田中真里子(Mariko Tanaka)

田中真里子和艺术家同伴伊莎贝尔·莱斯卡诺(Isabel Lezcano)于2013年开创了他们的跨界艺术工作室。他们手工制作所有的设计作品,包括纺织品、3D纸模、蜡烛和陶器。他们的设计简约、现代,并且具有实用功能。他们起初通过艺术博览会进行销售,之后扩大了范围,现在通过自己的网站、Etsy网站和品牌快闪店(pop-up stores)开展分销。以下是田中真里子想与其他创客分享的建议:

1.保持灵活和弹性。握有计划但要做好改变的准备,因为市场千变万化并且会产生新的机遇。

2.不要害羞。要接触其他创客,获取链接和建议。他们可能会正在使用能帮助到你的资源。不要忘记还有你能使用的政府资源。

3.设定可行的目标。通过分解任务抓住大方向。给自己每日或每周做标记，以便你可以跟踪进度。

要参看田中真里子的作品请访问网址：www.rabbitanddragon.com。

2.企业财务

一旦企业建立起来，创客将企业财务交易从个人财务中分离出来就变得势在必行。创客或许会把产品的生产视为其生命中不可或缺的部分。然而，为了管理好企业，创客现在把职业和个人的财务区分开则是至关重要的。

2.1 银行账户——各归其位

创客面临的任务之一是把个人开销从职业开销中分离出来。对大多数商务人士来说，这不成问题，因为企业所需而产生的购买行为与个人使用所产生的购买行为之间存在着清晰的区别。然而，在许多从事创意工作的人身上却难以分辨，因为生产创意产品往往已成为其日常生活的一部分。

为了保持财务分离，创业者应该为企业和个人用途开设不同的支票账户和储蓄账户。企业主需要知道为企业购买了些什么，这样才能比较出生产某款产品的成本费用和销售产品所取得的收入。即便没有立即产生利润，创客可能还是决定维持营业状态，但他们不应该自欺欺人地在没有利润时自认为企业是盈利的。保持账户分离的第二个原因是营业费用可以抵税。税款必须由企业的利润来支付。然而，利润是企业的收入减去支出的余额，所以如果企业的全部成本费用都入账，并从收入中扣除，那么支付的税收将会变得更低。

2.2 银行服务——不仅仅是关于资金

银行业务既可以在实体银行网点办理，也可以在网上银行办理。由于网上银行业务的便捷，可能人们都不需要再踏进银行网点了。尽管如此，对创客来说，还是有理由维持与当地银行的关系。与某家社区银行的业务顾问保持某种私人关系能够为创业者就怎样处理财务问题提供专业的建议。此外，社区银行现在也提供先前只有大银行才提供的移动银行应用，这能够帮助跟踪财务状况（Wisniewski，2014）。这些移动应用赋予了创客便捷地按照种类追踪开销、发送发票单据和进行支付的能力。

开立支票账户和储蓄账户的银行可能还会提供其他软件工具对开支进行分类和跟踪以帮助企业编制财务报表。假如银行不提供此类服务，则它们往往会推荐可以使用的商用软件程序。这些程序甚至还能帮助企业编制预算，因为它们能把企业的成本费用（如原材料或人工成本）按照种类进行划分，并把总的开支置于合适的预算限额之内。尽管企业可能仍然需要税务专业人士的建议，但是这些工具能帮助企业进行税务筹划。

在跟踪企业的成本费用方面，由银行发行的商务信用卡也可以发挥作用。当然，信用卡需要慎用，因为大多数信用卡的费率都很高。但是，信用卡优势在于每个月末都会生成一份明细报表，这会有助于成本费用的分析，明确资金流向。

2.3 处理付款——你总要以某种方式拿到钱

预计到2017年所有销售交易超过3/4将会通过信用卡或借记卡来完成，而不再是现金（Commerce Gate Online Payment Processing，2013）。因为消费者已经习惯于用银行卡对大部分购买活动进行支付，创客将不得不依靠某种能够接受电子支付的渠道。大型零售业务将利用银行或其他金融机构处理商家账户服务，并将处理支付中所涉及的所有问题。金融机构能够提供接受支付所需的设备。当收银机记录下销售情况且信用卡刷卡完成后，银行将会把支付请求发送至信用卡公司。当收到来自信用卡公司的支付时，付款在转移至创客的银行账户之前将会保留在商家账户里。企业需要为设备和报表支付各种费用，这包括一些固定的费用和按每单销售的比例收取的费用。另外，要实现处理移动信用卡支付的能力则可能会增加额外的费用。

还有一些支付服务提供商只处理线上信用卡交易而不使用商家账户。而一旦销售得到处理，销售的金额、更少的费用，就会直接存入创客的银行账户中。这些服务提供商用移动读卡器进行工作，从而把每一部智能手机都变成终端。移动信用卡支付处理服务具有较低的设置和月度费用，但对每笔销售则会收取更高的交易费用。

服务提供商的选择取决于交易的数量和开通移动支付选项的必要性。创客应该对可选择的金融机构及其费用进行研究。同其他任何产品一样，网上也有客户评论可以用于帮助其选择。

思考问题：我将使用什么银行处理我的企业账户？我将用何种方式处理信用卡支付？

签约前做好研究工作

几乎所有的创客都将需要处理像 Visa 和 MasterCard 这样的信用卡支付业务。这些公司并不直接处理支付业务，而是通过开设在银行的商家账户进行工作，即所谓的第三方处理器。创客有各种各样的方式能够与信用卡公司发生连接，但所有这些都会产生费用。以下是五个需要研究的问题：

1.终止费用：务必弄清楚在服务终止时所计算的是固定费用，而不是模糊的费用。

2.购物车：务必弄清楚服务提供商已理解你所使用的电子商务类型，以便系统能够实现兼容。

3.交换加成定价：当客户使用银行卡时，你将支付两笔费用，一笔费用是给信用卡公司，一笔费用是给商家的账户服务公司。务必弄清楚每笔费用都已列出。有些信用卡可能会昂贵得让人难以接受。

4.其他费用：确保你已理解所需支付的月度/年度费用、管理/合规费用和报表费用。一旦你掌握了总费用，接下来就需要进行比较。

5.客户服务：当银行卡支付行不通时，怎么办？务必弄清楚有24/7的客户服务支持随时准备解答问题。因为银行卡支付无法完成将损失销售。

花时间研究各种可能性是很值得的，因为错误的选择将会导致更高的成本和利润的减少。

Clifford，2012

3.个人财务

一旦所有的企业成本费用都能够用收入进行支付时，企业便开始盈利，接下来需要面对的问题是应该从企业拿出多少资金用于创客的生活开销。创客应该给自己发工资，而不仅仅是在需要时随意支取资金。而这份薪资可以每月转至企业主的私人账户用以支付个人开销。这些个人开销并不能抵税，因此必须分别核算追踪。在创业企业的盈利足以支付成本费用和为创客提供充裕生活之前，要经历数月或更长时间是一件稀松平常的事情。这就是许多创客需要其他收入来源的原因。拥有其他收入来源能够成为一种优势，因为这样创客就具有了生产出不是完全一味地迎合市场的产品的可能性（MacLeod，2009）。来自另一份工作的薪水是否只用于支付个人开销，还是用于支付创业所引起的财务损耗，创客将需要就此做出抉择。

随着企业的成长可能会产生大于支付企业主生活开销的利润额。于是，创客面临着如何投资的决策。对企业主来说，实实在在地犒劳一下自己或许是一件极具诱惑力的事。然而，可行的选择是通过购进库存或设备，或者是实施扩张计划，从而将利润返回到企业中（Steinkirchner，2012）。创客还应考虑把超额利润储蓄起来。当销售处于低潮时，这类储蓄可能会使企业渡过难关。如果暂时还不需要使用资金，则企业主可以选择把资金放置在比普通银行储蓄账户利息更高的储蓄工具里。另一种选择是偿还债务，这不仅减少了每月开支而且也节省了利息支付。

创客清楚他们要对企业的财务状况负责，他们也理解企业的财务状况将影响其获得授信或贷款的能力。但是，他们或许并不知道其个人财务状况同样会影响企业获得融资、赊购供给，或者找到愿意处理信用卡支付的服务提供商的能力。

3.1 净值——你的价值有多少

假如小企业需要融资，任何类型的贷款出借人都会想要了解关于企业及创客本人的净值情况。出借方会认为潜在借款人会按照处理其个人财务的方式处理企业财务。因此，创客将会被要求提供自己个人财务净值的报表，其中包括一份有关现金、储蓄和实物资产的资产清单。这些资产将与潜在借款人的负债相平衡，后者可能是抵押贷款、信用卡债务或助学贷款。将总负债从资产中扣除，可得出创客的净值，希望会是一个正数。

3.2 信用评分——人们会知道你过往行为的好坏

每个人都有一个由信用评级机构所提供的信用评分。这些信用评级机构追踪各种信贷使用情况的相关信息。基于个人的债务负担、收入和支付历史，信用评级机构会给出一个代表个人信誉的评分。之后，这一评分将作为银行或公司对个人信用的参考。房东和供应商在签署租约或合同之前也会对信用评级进行审核查验。

对任何类型的抵押贷款或借款的逾期偿还都会导致信用评分不佳。即便只晚了30天也将被记录、报告。负债过高也会导致信用评分不佳，即便是及时还款。这是由于某种担忧，假如借款人未来遭遇到任何的财务问题，每月的债务还款将难以得到支付。当然，如果某个人已停止还款，并造成贷款违约，那么其评分将急剧下降，因为人们会担忧任何新的贷款也会被拖欠。还有最后一个原因也可能会是造成信用评分低，那就是没有信用历史记录。由于创客没有任何信用历史记录，违约的风险便是未知的，因此信用评级机构也就无法对其信誉进行验证。

如果创客想要获得贷款或签署任何类型的金融合同，那么出于两个原因他们应该对自己的信用评级报告进行查阅。第一，确保没有需要修正的错误。第二，这样他们就可以在需要时提高他们的信用等级。如果创客的信用评级不佳将影响到他们未来获得任何融资的能力，甚至还可能会影响到他们获得供应商信任的能力，于是，他们有可能会被要求用现金进行支付。修复不佳的信用评分需要耗费时间，但也只不过是一个开始按时支付所有欠款的过程。经过一段时期以后，不良的还款历史记录将减少。如果信用评分不佳是由于缺少信用记录，那么即便能够用现金进行支付，创客也需要进行信用申请，以便用支付行为建立起一个关于支付习惯的信用记录。

创客或许会认为专注于财务管理事务将会抑制其创造力。甚至更糟的是，有些人认为假如他们在财务上变得安全稳定了，他们将不再愿意在艺术方面进行大胆尝试。然而，有时候艺术家与生俱来的不稳定性并非是真正引导艺术创造力的因素（Vivant，2013）。实际上，可以得出相反的论点，即财务自由使得艺术家能够更好地专注于创造性的工作。

思考问题：我需要每月从企业支取多少资金用于个人开销？估算一下，我的净值和信用评分有多少？

艺术家的每小时价值是多少？

艺术家所面临的最困难的问题之一是，如何评估自己的时间价值。把生产产品所使用的原材料成本从售价里扣除，从而计算出毛利润的概念是易于理解的。但是，如果有两款产品生产成本是相同的，其中一款需要耗费1小时的创意工作量，而另一款则需要耗费10小时的创意工作量。显而易见，这两款产品不应具有相同的价格。尽管如此，假如艺术家不计时间价值，这一因素在定价时就不会被考虑。

艺术家希望知道其是否值得投入时间去工艺品博览会这样的地方销售很多廉价的作品，或者是其应该留在工作室专心创作数量更少，但定价更高的作品。当艺术家计算为准备博览会所耗费的全部时间时，如发邮件、打包作品、布置和拆除展位，以及在没有销售时消磨的时间和交通耗时等，其得出的结论会是，假如自己待在工作室把精力专注于更有价值的时间上，在经济上则会更加划算。

Rhee, 2011

4.会计方法

在追踪收入和支出时，会计学要求记录成本费用的时间段与从该费用中赚到钱的时间段相对应。毕竟，企业总是对理解用于生产产品所花费资金与产品所产生收入之间的关系充满兴趣。假如成本费用不是在销售发生的同一时间段被记录，这样的关系就会变得模糊不清。例如，一位运用金属进行创作的雕塑家由于收到新的作品委托可能会需要购买一批数量较大的钢铁原材料。如果这些原材料的购进在预算年度结束时被记录，而收入却是在下一年度开始时才被记录，那么就没有办法搞清楚企业在这一年损失了资金而在下一年却取得了较大利润的原因。这就是会计的作用，这与只是跟踪财务交易完全不同。对收入和支出进行会计核算有两种方法，即现金制和权责发生制。如果创客的企业规模非常小，且没有应收账款或长期负债，那么现金制会计就可以满足其需求。然而，专业的会计人员将会使用权责发生制会计。

过去，假如某位创客想要自己进行会计核算，唯一的选择就是购买一个复杂的软件程序包。但是，由于现在软件具有了可存于云端的功能，因此软件的选择可以根据业务的具体需求进行调整，并能随着企业发展壮大而进行扩展（Traylor，2013）。对初创企业来说，这使得成本保持在了较低的水平上。软件对小企业而言会变得非常简化，因为只需要跟踪账单和发送发票单据。随着企业的成长壮大，其他功能可以逐渐增加，以便处理从电子商务到工资薪金的各种事务。

会计方法

- 现金制：在收到现金时进行记账处理，这在小企业中最常见。
- 权责发生制：在交易发生时进行记账，而不是在收到现金时才处理。

4.1 现金制会计——自己动手

现金制会计记录来自每一笔销售所取得的资金，以及支付出去的全部开销。对客户在购买行为发生时进行支付的小企业而言，这个系统运行良好。除此之外，在进行采购或其他月度账单到期时，如果创客也是立即支付，那么这个方法也是起作用的。但是，如果用信用卡购买主要设备或进行大规模采购从而分期付款，或者客户提供信用卡并对其购买进行分期支付，那么现金制会计便不太适用了。

4.2 权责发生制会计——交给会计人员

假如企业销售的是高价商品，可能会允许客户用分期付款的方式进行购买。客户可以先支付一定比例的货款，然后再按期支付其余部分直至全款付清。另外，企业也可以在一段较长时间内用分期付款的方式购买设备。如果使用现金制会计，账簿就不能准确地反映企业的运营情况。因此，权责发生制会计增加了另一个层次的复杂性，包括通过记录所欠资金的应付账款和属于企业的应收账款。最后，还需要对折旧进行计算并记账。

思考问题：为了保持对财务信息的跟踪我需要什么样的软件？

5.资产和负债

为了掌握企业的财务状况有必要建立某种系统以保持对资金活动的跟踪。此外，追踪收入来源和开销所产生的原因也是必要的。这样做花在担忧资金上的时间就减少了，可以腾出更多的时间进行创造性的工作。保持财务跟踪并不能确保有充足的资金可以用来付款买单，但它确实意味着，如果资金到位就不必浪费时间去担心了。同样，假如资金有缺口最好能提前知道，而不是等到账单到期的时候。如果发现现金不足，就可以采取行动筹集资金，即使这意味着要变卖资产。

拥有的和亏欠的

- 流动资产：现金及其他能够迅速变现的有价物品。
- 长期资产：将会在企业留存至少一年的有价物品。
- 流动负债：一年内必须偿付的账单，对小企业来说很常见。
- 长期负债：偿付期超过一年的账单，通常针对主要设备和建筑物。

5.1 资产——你所拥有的

企业的财务可以分为资产和负债。资产是企业所拥有的现金或能够轻易变现的东西。为了让企业维持运营，资产是必不可少的。例如，支付日常的和月度的开销就需要用到现金。除了现金，企业可能还会拥有用以生产产品的设备这种形式的资产。用来生产产品的原材料也是资产，还有更大的资产，如小汽车、卡车。所有这些资产只能通过两种方式获得资金：第一种方式是，企业主注入企业的资金属于投资资本。这类资金可以来自企业主自己的储蓄、亲友的借款、银行贷款。第二种方式是，资金来源于销售产品所产生的收入。与非营利组织不同的是，企业没有所谓的捐赠这种类型的收入。人们不会对企业进行捐赠，而是购买其产品。

资产可以分为两大类：流动资产和长期资产。这是一个关键性的区别，因为它有助于创客理解企业是怎样运营的。流动资产是必不可少的，它被定义为那些要么是现金，要么是可以迅速变现的东西，用以支付即将到期的账单。企业的正常运转，如库存和设备这样的长期资产也是需要的。如果企业到了必须要变卖用来生产产品的资产才能够支付水电费，那么企业已经处于濒临破产的危险境地。并非所有的新建企业都拥有每种类型的资产。但是，了解掌握存在什么类型的资产是很有帮助的，这样创客就可以开始思考需要什么资产以及如何对其进行融资。虽然创客已经具有创意才能，但却需要用资产把才能转化为可以销售的产品。

*流动资产：*除了现金以外，流动资产还包括支票和储蓄账户、应收款项、原材料和成品库存。很容易把如现金、支票和储蓄账户这些品类作为资产来理解，但其他品类也是企业价值的一部分。例如，假设某位客户已经购买了某款产品，只是还未进行支付，这就是应收账款。即使资金还未进入账户，在这个付款承诺中仍然具有价值，应该记账。假如企业销售的是高价商品，就更是如此了。当然，创客可能会认为他们一定会记得欠他们一大笔钱的人。然而，如果这位企业主需要向银行或其他投资人证明他们是一家成功的企业，就需要把这些交易记账。

库存是企业所拥有的另一种有价值的资产，它可以是用以生产产品的原材料库存。当然，企业不会计划销售原材料库存，因为这是生产产品所需使用的，但这仍是一种有价值的资产。在产品和产成品也是企业拥有的有价值的资产。把所有这些资产都考虑进去就能得出企业价值的概况。

长期资产：在企业里留存至少一年的有价物品就是长期资产。大多数小企业都不具有太多的长期资产，因为购买它们通常是很昂贵的。然而，创客可能会用到像窑炉、机床或焊机这样的生产设备创作产品。提供演出服务的创客则可能会用到灯光照明设备或音响系统，这些也都是长期资产。如果企业拥有自己的楼宇、店铺或车辆，这些也都是长期资产。长期资产需要折旧，这是一个会计术语，简单来说，就是一种资产。例如，企业所购买的一辆卡车，其价值随着时间的推移而逐渐减少。

5.2 负债——你所亏欠的

负债，即必须支付的账单，也可以划分为流动负债或长期负债两种类型。因为初创企业的日常运营通常都是以现金为基础的，所以很少有包括贷款偿还或主要设备应付账款这类长期负债。流动负债是指未来一年内需要支付的账单。这些流动负债包括应付的供给款、水电费和租金。其他流动负债还包括因长期负债而支付的即期汇票。

应付账款记录了企业欠其他公司的用于支付运营企业所产生的必要开销的资金，如供应品或原材料。当创意企业主为企业进行采购时，他们就会与供应商发生账务往来，之后会在月底进行结算。这个还未支付的账单就是一种流动负债。

创客必须意识到，只要有已销售的产品，他们就必须将其汇总并支付销售税或增值税。很多联邦或州一级的政府，甚至地方政府都会有类似的税款，这是产品购买者按照产品售价的一定比例支付税款的一种法律义务。但是，产品购买者并不直接向政府支付这一比例的税款，而是企业主把这一比例的税款加入到产品售价中，并最终汇总起来。企业具有按月把这笔资金转移到政府账户的法律义务。

　　假如企业实现了盈利，另一种可能会产生的流动负债是所得税，企业可能会按季度或在年末缴纳，又或者两种情况相结合。此外，企业或许还要缴纳地方营业（商品）税。如果企业雇用了员工，那么还要支付给他们工资薪金，这也是一种流动负债。长期负债是指可以在一年以上进行偿还的欠款，这些通常都是贷款或购买主要设备或楼宇产生的款项。

　　思考问题：我的企业可能会拥有什么样的资产和负债？

6.财务报表

　　毫不夸张地说，很少有创客愿意自己做会计。然而，懂得怎样阅读财务报表是很有必要的，因为这可以使企业财务健康状况的全貌一目了然。财务报表等同于医用 X 射线。虽然财务报表提供了关于企业健康状况的重要信息，但是对那些无法读懂它的人来说却显得没有意义。

　　损益表（income statement）、资产负债表（balance sheet）和现金流量表（cash flow statement），这三种财务报表都有其各自不同的目的。损益表跟踪的是在一个特定时间段内企业的收支状况。资产负债表观察的是在一个特定时刻企业的资产相对于其负债的情况。现金流量表可以确认企业是否具有足够多的可用现金支付账单。

　　编制这些报表的信息来自企业保留的收支交易记录。分析财务报表可能并不是创客所喜欢的一项活动，但随着时间的推移，阅读和理解财务报表会变得越来越简单。即使财务报表是别人编制的，读懂它们仍然是至关重要的，因为要用它们来准备纳税申报表，而创客将对其内容负法律责任。

财务报表

● 损益表：跟踪一段时期内的收支情况以显示盈利或亏损。

● 资产负债表：企业在某个时间点上的全貌，显示的是资产、负债和所有者权益的状况。

● 现金流量表：跟踪来自一切来源的进入企业和因为一切原因流出企业的现金。

6.1 损益表——你到底赚了多少

损益表包含了企业的收入和支出及其在一个特定时间段内的变化情况。从企业发展规划的目的出发是需要这样的信息的，因为从长远看来，收入超过支出是至关重要的，否则，企业将无法支付各类账单，从而只能倒闭关门。损益表的主要组成部分是收入（revenue）、销货成本（cost of goods sold）、毛利润（gross profit）、营业费用（operating expenses）和净利润（net profit）。

收入：收入包括产品销售所产生的全部资金来源。假如企业具有超过一种的收入来源，如一种以上的产品类型或与产品绑定在一起的其他服务，每种收入来源都应该分别记账。只有这样创客才能搞清楚什么产品产生的收入最多。

损益表通常是按月划分的，所以每个月将会产生单独的收入数字。因此，企业就能弄清楚哪些月份是产生收入的，哪些月份是亏损的。之后，可以把这些数字与预算收入目标进行比较。

收入是由于产品销售而产生的收益，不应与进入企业的其他资金相混淆。例如，如果在收入较低的一段时期内创客需要使用个人资金支付企业开支，那么应当分开记账，而不能列入销售收入中。

销货成本：对创客来说，这通常是一个难以计算的组成部分。如果企业在生产一款产品，那么销货成本就是用以支付必要的原材料所需的价格。它还包括了包装产品的成本，如礼品盒和商标标签的成本。运输物流成本则不列在其中，因为它被视为一种运营成本。

销货成本并不包括创客本人花在产品生产上的个人工作时间的会计处理。虽然对产品定价来说必须分配用来生产产品的时间是关键因素，但是企业主个人时间的价值并没有被当作一种销货成本进行扣除。通过保留企业的利润，创客对其所付出的时间得到了补偿。尽管如此，员工工资却需要包括进去。

毛利润：当所有类型的收入都加在一起，然后减去销货成本，余下的部分就是企业的毛利润。通过毛利润可以告诉创客从产品销售中获得的收入是否能够至少支付生产产品的成本。假如毛利润为负数，要么必须提高产品价格，要么必须降低用来生产产品的材料和人工成本，或者两种方法都使用。

营业费用：生产有形商品的企业和生产无形服务的企业都会产生营业费用，其中包括租金、水电费、营销费用、保险费、差旅费和一般办公用品费用，这些都是维持企业正常运营的必要支出。对这些费用开支必须以月度为基础进行仔细的跟踪，然后再与预算数进行比较。很多产生收入的企业最后仍然会失败。它们之所以失败，并不是缺乏客户，也非销货成本太高，而是因为没有控制好营业费用。营业费用越高，为了维持企业的正常运营就必须售出更多产品。虽然销售服务类产品的企业或许销货成本很小，但是其仍将产生必须加以控制的营业费用。

净利润：净利润告诉创客的是，企业是否能够维持下去。对小企业来

说，仅是产生了利润还不够，必须还要有足够多的利润维持创客的生活，在必要的情况下，还包括其家庭。这就是有些创客在创业的同时仍然拥有能够提供薪水的第二份工作的原因。

6.2 资产负债表——你所亏欠的是否比你拥有的多

资产负债表是企业在某一时刻呈现出来的财务状况全貌。它显示了企业所拥有的（资产）和所亏欠的（负债）。通过对二者的比较，可以确定公司是否具备维持运营所需的足够多的财务资源。这与看待一个人的资产，如现金、储蓄和财产，并把总量与个人所欠的贷款、抵押和信用卡进行比较并无二致。资产负债表的构成要素有流动资产，如现金、应收账款和库存，以及固定资产，如卡车和设备。还有建筑物和土地这样其他类型的固定资产，但一般都假定小规模初创型创意企业不具备拥有这些资产的条件。

现金：对企业拥有多少现金进行跟踪是很有必要的，这一点很容易理解。这可能会包括保留在营业网点的少量现金，以及有储蓄和支票在内的任何企业银行账户。

应收账款：可以理解现金是一种资产，而应收账款也是同样的，因为这是企业已经赚到的钱，只是还未收到。很多创客都是以现金为基础运营其企业，当产品购买发生时当即付款。然而，如果创业者生产的是价格昂贵的产品，他们可能会允许客户在一段时期内进行分次付款。通常的约定是要求客户预付部分定金，然后用书面合同具体化余下款项到期支付的时间。尽管还未收到这笔钱，但是所欠的资金仍被视为一种资产，并被列入应收账款这个会计科目下。

库存：有些企业可能只按照订单生产产品而并不对产成品进行库存管理。但是，大部分企业都有已经生产出来的还未售出的产品。因为这些库存

产品具有货币价值，所以对企业来说它们被看作是一种资产。生产过程中所使用的原材料也具有价值，因此它也被看作是库存的一部分。

固定资产：创业规划的这一部分指的是任何的生产设备、建筑物或车辆。因为固定资产往往价格昂贵，所以小型创意企业可能很少有能够列举出来的。但是，如果企业确实拥有固定资产，如一辆车辆，那么必须把累计折旧从其价值中扣除。然而，假如企业是个人独资，所有车辆可能都在企业主名下，而不会列入资产负债表中。

负债：小企业的债务可能是很有限的，因为它们中的大多数可能都会采用现金会计为基础的会计方法，每个月末的账单都会得到支付。尽管如此，企业所欠的任何账单，如贷款或抵押的余额，都应该被视为负债。

所有者权益：资产负债表的目的在于对资产与负债进行权衡。假如企业拥有的资产大于负债，区别就会显现为所有者权益。这笔资金可以保留在企业账户中，或者被企业主提取作为私人用途。

如果在编制资产负债表时负债大于资产，企业主就必须把其自有资金更多地投入到企业中，或者寻找其他资金来源。然后，这些资金会作为现金被记账，这样账户就会平衡。

6.3 现金流量表——你有支付能力吗

可能最实用的财务报表就是现金流量表。它唯一的目的就是记录收进来和付出去的现金到底有多少。每个月的账单都要按期支付，而收入则可能是季节性或偶发性产生的。对现金流量的细心留意是很有必要的，因为如果企业没有足够的现金支付其账单，必将濒临破产，最终倒闭关门。但是，没有足够的现金并不意味着企业没有客户或销量。即使有收入产生的情况下，如果对外支出高于流入的现金，企业的现金流仍然可能是负数。这种不幸的命运并不少见。如果能够无论何时都多留意并尽可能地保存现金，企业就可以运营得更成功。同样，这与每个人在其自己的个人生活中面对的处境并无二致。人们按期领到薪水，但是如果过度开支，他们将很快面临收不抵支的窘境。

思考问题：以我的企业为例，我是否能给出这三种财务报表存在的理由？

7.增长所需的融资渠道

虽然企业已经建立起来，但是为了支持规模的扩张仍然可能会有获得额外资金的需求。当新的市场机遇出现时，可能需要生产更多的产品、在另外的地区开设网点或雇用额外的员工。为这些扩张行为提供资金支持时，最常使用的资金来源是银行贷款，而假如企业具有强劲增长的潜力，则还会有投资基金可供使用。

*银行贷款：*要获得传统的银行贷款，企业必须出具一份不仅有收入，而且还有利润的良好记录。银行想要的还有企业能够取得更多收入的明确的机会和资金将被用于购买必要的原材料、不动产或设备的证明。银行不会仅仅因为企业无法支付成本费用而为其提供资金。在准备银行贷款方案时，应当寻求并遵循银行商业贷款人的咨询建议。

企业可以考虑短期、中期或长期的贷款。短期贷款是一至两年的周期，通常被称为信用额度贷款。大部分企业都会经历现金流的困难时期。例如，企业向某位客户提供订单之前，企业可能需要大量采购原材料。运用信用贷款，可以先借用资金，然后在企业收到货款时再归还借款。对小型创意企业主来说，这可谓是一种极好的过渡安排，特别是当销售带有季节性时。信用贷款额度通常以一年为周期，之后则可以进行更新。

中期贷款的期限较长，通常可以高达五年，诸如进行新产品线的扩张这样较大一些的项目就可以使用中期贷款。虽然贷款数额是特定的，但是资金只有在项目需要时才会得到释放。主要的开支则可以使用长期贷款，如在购买一栋建筑时，对这类投入的偿还将会需要很多年时间。

投资人：当传统银行贷款行不通时，可以采用投资基金。银行可能会认为一些新的市场机遇风险太大，或者所需的资金数额没有得到充足的抵押担保品的背书支持。投资人愿意为企业未来的增长提供资金，从而交换到企业的部分所有权或股权，这赋予其分享企业未来收入的资格。假如企业获得了成功，投资人将拥有一笔远超贷款利息的收入。

思考问题：我怎样说服别人把钱借给我？

8.保险的必要性

与公司长期生产能力相关的另一个问题是购买保险的必要性。任何初创企业，现金都会紧张，因此创客可能会推迟投保，但这与其他的初创开支成本同样重要。所需的保险种类包括车辆、财产和责任类保险。

虽然在网上能找到保险的费率，但是与替某家特定公司工作的保险代理人或销售不止一家公司保险的保险经纪人进行了解咨询可能还是有价值的。对小企业主的一次小范围调查发现，他们所接受到的咨询建议水平与影响决定采用哪家保险公司的价格因素同等重要（Mazzuca Toops，2013）。保险代理人和保险经纪人能够为所需的保险种类和保险范围提供建议。

8.1　车辆——风险越大，成本越高

如果用车辆运送商品货物，就需要商用车辆保险。这其中可能会涉及把产成品送到某个零售点或是分发商品至某个物流点。如果要运送企业的客户或员工，商用车辆保险也是需要的。之后，为购买保险进行的支付就成为一种能在纳税时从收入里扣除的企业费用开支。

即便车辆主要用于个人用途，或偶尔用于企业用途，都必须告知保险公司，因为这会影响到所收取的费率。如果没有这样做，当车辆用于企业用途时发生了事故或其他损失，那么保险范围可能就会是无效的。

个人汽车保险保单里写明了风险等级，这是与日常通勤和个人旅程线路联系在一起的。因为驾驶的里程越少，风险越低，于是成本就越低。商用车辆保险花费更高不仅因为可能驾驶的里程数更多，而且因为如果发生事故或损失，这种保险还须覆盖运输途中任何产品或设备的损坏成本。

8.2　财产——只要可能被损坏，就需要对其投保

企业还需要财产保险应对常见的火灾、盗窃和破坏的风险。大部分企业财产保险都涵盖了由自然灾害给企业造成的任何形式的物理损坏，但即使这样保单可能会特别地排除某些风险，如洪水、飓风或龙卷风，即便这些灾害在创客所居住的地方很常见。为了购买保险，创客将需要提供一份资产清单，以便保单能够写出确切数额。潜在损失的数额将成为确定保单价格的决定性因素。然而，创客能通过提高免赔额使价格降下来，这是指不会被保险偿付所覆盖的损失额部分（在英国被称为保险超额部分）。当然在这种情况

下，创客应当确认的是，假如发生了损失，他们是否有可以用来为免赔部分买单的资金。

8.3 责任——是的，他们会起诉你

创客需要意识到当突发事故发生时随之而来的风险。例如，某个人在访问企业时意外跌倒受伤，其可能会向企业提出索赔以支付所需的医药费，甚至是额外的资金以抚慰伤痛。又如，某个人在使用产品过程中受伤也会导致索赔发生。此外，员工也有可能起诉企业主的疏忽大意造成的伤害。创客需要用责任保险[①]支付索赔，而不能假定这些情况永远不会发生，因为任何一次的索赔都有可能使企业倒闭关门。

思考问题：我应该购买哪种类型的保险？

小结

在企业里，通常用数字而不是文字来表述一件事。数字表达的是企业在财务上是否健康的底线。数字并不在意企业主是否乐于与潜在客户进行互动或这家企业是否对其拥有者来说是一种表达创意的机会。乐在其中和创意表达都很重要，但只有数字能够告诉我们企业是否盈利，只要还守信偿付债务，这就是至关重要的。因此，创客必须懂得区分企业和个人财务

---

① liability insurance，即责任保险，是指保险公司负责被保险人依法对他人承担赔偿责任的保险（译者注）。

的重要性。对资产和负债进行划分是衡量企业偿付能力的基础。即便不是自己编制财务报表，阅读损益表、资产负债表和现金流量表的能力将确保创客了解掌握企业的财务健康状况。企业的进一步扩张可能会需要来自银行或投资人的额外融资。最后，拥有充足的保险可以保护企业免受财务危机的困扰。

完成任务

回答以下这些问题将有助于完成创业规划的财务部分。

1.银行业务

a.寻找一家你能够开设企业账户的银行。

b.在网上搜索研究三家能够为你处理信用卡支付的公司。

2.个人财务

a.你现在每月花费是多少？你想花费的又是多少？

b.对改善你的信用评分你有什么计划吗？

3.企业财务

a.在网上寻找三种财务报表的样本，并一一解读其说明的企业状况。

b.查看两家银行的网站，阅读一下企业贷款的申请流程。

c.列出你的资产并评估其价值。

d.查看你将会需要的保单的保险费率。

形象化训练

1.画一个饼状图，每个部分按百分比代表你的各项开支。

2.画一张图表现你的资产和债务。

3.在保险能够提供帮助的情况下，描绘一些可能会发生的糟糕事情。

参考文献

Clifford, Catherine. "5 Questions You Must Ask Your Credit Card Processor." *Entrepreneur*, June 4, 2012. www.entrepreneur.com/article/223696. Accessed August 25, 2014.

CommerceGate Online Payment Processing. "Credit Cards Overturn Trend of Losing Ground to Debit Cards." November 12, 2013. www.commercegate.com/credit-cards-overturn-trend-of-losing-ground-to-debit-cards. Accessed August 21, 2014.

MacLeod, Hugh. *Ignore Everybody: And 39 Other Keys to Creativity*, New York: Portfolio, 2009.

Mazzuca Toops, Laura. "What Drives Small Business Insurance Purchases?" *Property & Casualty* 360 117, no.12 (December 2013): 34.

Rhee, Mea. "The Hourly Earnings Project: A Working Potter Spends a Year with a Stopwatch." *Ceramic Arts Daily*, June 1, 2011. http://ceramicartsdaily.org/ceramic-art-and-artists/open-studios/the-hourly-earnings-project. Accessed March 19, 2014.

Steinkirchner, Sunday. "3 Smart Ways To Reinvest In your Company (Without Adding To Your Expenses)." *Forbes*, October 25, 2012. www.forbes.com/sites/sundaysteinkirchner/2012/10/25/3-smart-ways-to-reinvest-in-your-company-without-adding-to-your-expenses. Accessed August 12, 2014.

Traylor, Polly S. "Accounting Apps for Your Number-Crunching Needs." *Entrepreneur*, May 10, 2013. www.entrepreneur.com/article/226577. Accessed August 10, 2014.

Vivant, Elsa. "Greatives in the City: Urban contradictions of the Creative City." *City*, Culture and Society 4, no.2 (2013): 57-63.

Wisniewski, Mary. "Community Banks Roll Out Digital Tools for Small Businesses." *American Banker RSS*, April 28, 2014.

第11章
业务拓展

随着全球送达变得越来越容易，对地方的依恋这种反向的欲望却也在增长，通过让消费者寻找到独特的产品并直接从当地的生产者那里进行购买，创意企业满足了这类需求。当产品是在当地被购买消费时，资金便留在了社区。

1.导言

　　随着企业的成长壮大，怎样分销产品这个问题会变得越来越复杂。起初，创客可能会针对已经熟悉产品的现有客户群进行销售。接下来，创客或许会决定去某个工艺品博览会或艺术节上进行销售。随着时间的推移，企业逐渐成长壮大起来，关于怎样把产品的分销扩张到新的目标细分市场的决策便会提上日程。这种决策的一部分内容将是决定运用什么新的分销中介。创客可能会想要在零售商店对其产品进行分销，但又找不到愿意采购的零售商。在这种情况下，创客可以采用委托销售这种方式。也许创客想要拥有一个用来分销产品的店面，但却不能单独实现愿望，这可能是因为成本问题或缺乏某些必要的技能。于是构建或加入某个合作性质的商店（合作社）便成为一种可能。另外，有些创客可能会考虑是否转型成为某种非营利性组织，使其能够将产品和服务分销给那些最需要的人。

　　创客可能还会想要考虑怎样让一座城市的经济发展规划作用于企业成长。各个城市和小镇都明白，创意产业不仅对经济萧条地区具有振兴复苏作用，它们还可以吸引新的企业和居民入驻。因此，这些地方会提供各种便利，包括为了让其进驻该区域而针对创意企业的创业指导和租金减免。有些社区甚至还有专门针对想要开办企业的创意人员的资助项目。而这类资助项目通常都要求提交一份创业规划书。

创客感言：阿曼达·霍恩·冈德森（Amanda Horn Gunderson）和比尔·奇尔巴特里（Bill Ciabattri）

阿曼达和比尔在莱康明学院（Lycoming College）教授下一代音乐家，这是一所美国的文科学院。阿曼达除了是一名钢琴教授，从事一些私人教学，他还进行独奏表演，并与她所组建的 Duo Menota 乐团进行巡演。比尔是莱康明学院器乐演奏乐团团长，并且也是一位繁忙的职业音乐家。比尔与很多职业乐团一起表演，他不仅是一名大号演奏者，也是一名低音长号手，还是一名活跃的乐队和管弦乐团指挥。他们希望学生也能明白：

1.从音乐学院毕业并不能保证你会找到一份工作。这比以往任何时候都更真实！

2.只理解音乐产业的技术层面，如录音、表演以及合同谈判是不够的。

3.学生们需要懂得如何去赚钱！这意味着要理解市场营销、预算编制和税务问题。

要了解更多有关阿曼达的音乐职业生涯请访问：www.amandagunderson.com。

比尔在莱康明学院策划的乐队演出信息：www.lycoming.edu/music/bands.aspx。

2.委托销售

当创客想要通过零售分销渠道销售其产品时，他们具有三种选择。第一种选择是开设自己的零售商店。虽然这是可行的，但这并不是大多数创客的选择，原因是所需资金数额较大。此外，诸如维护场地和招募员工这样的额外管理任务也会耗费大量的时间。而且，为了支付一个实体商店的固定成本就必须销售更多的产品，这会增加创业失败的风险。第二种选择是将产品销售给已有的零售店，这样就是零售商在承担销售产品的风险。然而，正是因为这种风险的存在，零售商会希望以折扣价进行采购，之后它们将提价再售。这种安排也具有劣势，因为创客必须寻找一家愿意承销其产品的零售商，而且它们还必须具备以较低价格在特定时间配送出特定数量产品的能力。最后一种选择是委托某个商店销售产品。在这种情况下，创客把产品供应给某个商店，但这家商店并不购买产品和取得所有权。这家商店的职责是提供货架或销售空间，协助产品营销以及处理零售交易。一旦交易完成，商店将会扣留产品售价的一定比例，通常是 25%～40%，而剩余的资金则付给创客本人。

零售商店可能只会在获得面向消费者的最终定价权时才会同意这样的安排。艺术的定价基于两个因素：市场愿意支付的价格和文化受众的估价（Lydiate，2014）。一家面向广大的目标市场进行销售的零售商店将依据市场的支付意愿定价，而一家专业的画廊则会希望通过评论家和收藏家的估值进行定价。假如创客坚持的价格与市场或专业人士给出的价格不一致，产品也就难以实现委托销售。

2.1 协议约定——务必做成书面形式

创客可能会对拥有了别人代销其产品的机会而兴奋不已，因为这给他们留出了进行创造性工作的时间，但在签署委托销售协议之前他们还需要仔细斟酌文本内容。首先，协议应该列明零售商可以从销售价格中扣留的比例。此外，还应约定好创客收到货款的时间。这可以在销售发生的当月末，或者销售发生的次月末。对高价商品而言，可以约定货款尽可能快地在销售结束时就履行，以使创客不需要等待资金太久。协议里需要澄清的其他财务问题包括如果商品被损坏或被盗窃怎么办，以及假如客户想让产品配送到家谁来支付运费。

除了上面提到的常规性文本内容，协议还可以约定在什么情况下创客能够把商品从这家零售商撤回拿到别处去销售。如果双方同意，协议还可以规定产品在商店中的摆放方式以及为产品销售提供的辅助营销类型。由于商店要销售的产品很多，如果商店不提供营销服务，那么对创客来说，在产品处于委托销售状态的同时继续其自己的营销沟通努力可能也是很有必要的。

3.合作商店（合作社）

分销产品的另一个建议是加入某个合作商店。一个合作社（co-op）可能只限于销售某种单一的创意产品，如某家销售油画的画廊，或者也可能是某家销售种类繁多的创意产品的商店。产品可以针对某个特定的人群，如年轻人，或者产品也可以全部属于某个特定的产品线，如珠宝。合作社不同于普通的零售业务，因为获得利润的人不是单一的所有者。而其运营是由若干位创客共同拥有的。通过加入合作社，创客明白其作品将始终具有分销渠道。然而，在拥有了这样展示和销售其产品权利的同时，责任也随之而来。合作社成员要共同为运营零售店铺所涉及的营销、管理和财务方面的工作任务负责。尽管如此，这种模式还是具有一种优势，即这些工作任务能够根据其各自的技能分配给各个合作社成员。

艺术家支付合作社运营成本的方式有两种。一种是可以对他们进行评估确定其佣金，即按每单销售的一定比例提取佣金。但是，这种方法存在一些问题（Thompson，2014）。基于佣金的模式会导致成功的艺术家支付大部分成本，而不太受欢迎的艺术家则支付得较少。此外，具有较高价格作品的艺术家将不得不比具有廉价产品的艺术家付出更多才能负担各项成本费用。另一种不同的方式是，对每位艺术家按月收取相同的费用以支付运营成本。这将会产生鼓励没有销量的艺术家改变其策略的效应，与此同时，成功的艺术家也没被要求去补贴那些销售业绩不好的艺术家。

3.1 目标市场——了解你的客户

当开设一家新的合作社时，全部所有者是共同承担初创成本的。然而，有些城市已经启动了可以帮助降低创业成本的项目，前提是合作社要位于一个需要经济振兴复苏的区域里。这种帮助可能不是以现金形式，而是以减少租金和水电费等形式进行的。

接收所有艺术家作品的合作社很有可能以失败告终。对合作社来说，一份设计良好的创业规划要确保所售产品范围是专门针对某个足够大的单一目标细分市场。由于商店本身仍然需要一个单一的品牌形象以使消费者不至于感到混淆，所选产品就应该基于某个单一的客户细分，如针对儿童的产品或迎合年轻人群的时髦服饰。此外，目标细分市场还可以是基于艺术家的价值观，如带动贫穷国家经济发展的产品、无化学和添加剂的产品或由残障艺术家所创作的产品。有些合作社会以作品介质限制其所售产品，如只销售摄影家或版画家的作品，而有些合作社则欢迎使用任何媒介创作的艺术家，只要作品是目标细分市场感兴趣的产品就行。虽然是针对单一的目标细分市场，但是艺术家的产品不应太过相似，因为这样会导致每位艺术家的产品销量更少，原因是他们只会彼此产生竞争。如果有一个商店经理人，或者更有可能的情况是合作社艺术家所组成的委员会，应该对商店所展示销售的产品是什么样的进行讨论。

加入合作社的优势在于，它能够让创客体验到企业所有权带来的责任，从而认识到管理企业是否是其兴趣所在。在艺术家中间经常要共同承担的一项责任是营销商店的需要。为了向客户阐释其创作和艺术技艺，艺术家常常被寄望于参加公开活动和出席特殊场合。人们可能还希望他们能够向公众开设关于其手艺的培训课程，从而把此作为一种社区参与和维护积极公共关系的方法。

3.2 劣势短板——就像家庭问题一样

共享所有权可谓是合作商店的一个弱点，这既是其竞争力的一部分，也是其可能失败的原因。当销售强劲且收入能够支付开支时，皆大欢喜。而当销量下滑时，就需要做出艰难的决定：这与创客的个人独资企业处于财务危机中需要做的决定是同样的。然而，在合作社里却需要大家共同做出这些决定。假如某个艺术家的作品卖不出去，他或她就会被某个更受欢迎的艺术家所替代，这当然会扰乱人际关系的和谐。另外，如果一些艺术家没有为商店付出足够的努力，那么他们也需要面对。

正因为不想做这些艰难的决定，有时候合作社会通过寻求捐赠以弥补收入的不足。然而，捐赠并不能在企业里发挥任何作用，因为企业的目标是通过提供消费者所需求的产品赚取利润。在身处财务困境时，合作社会尝试的另一种办法是"出售"所有权股份，使股东拥有一定比例的未来收益。但假如合作社已经处在财务困境之中，那么这些股份将会产生股息支付的可能性微乎其微。

任何一个合作社都由两个目标所驱动，即销售产品和秉持坚守其使命。运营成功的合作社会设法在这些有时看似互相竞争矛盾的目标之间来回游走（Blatt，2014）。合作社要能够在销售强劲的同时专注于其使命。然而，当销售疲软时，他们有时也必须在确保其商店存活下去的基础上做出决策。一旦收入增加且利润达到既定目标，那么合作社又能够重新专注于其使命了。

4.创建非营利性组织

有些创客所拥有的企业融合了某种超越仅是销售创意产品的使命主张。这一类型的人很可能会思考创建非营利性组织。这可能似乎看上去比运营一家企业来得容易，但事实并非如此，因为运营企业所需的全部知识和技能在管理非营利性组织时同样需要。此外，创客还需要撰写基金申请书和筹集资金方面的技能。由于非营利性组织往往无法雇用全部所需员工，创客还必须具备招聘和管理志愿者的技能。最后，非营利性组织必须组建一个董事会以确保组织对其使命的坚守和秉持。因此，创客必须具有一些管理技能以便能够为组织提供领导力。

非营利并不意味着组织能够在财务亏损的情况下运营，而是意味着组织不能依靠从其产品或服务中所产生的收入存活下去。于是，它还需要来自公共资助和个人捐赠的收入。公共基金是可行的，因为非营利性组织提供的是私营部门所没有供给的产品或服务。这类产品或服务被认为是在以仅是销售产品所不能实现的一种方式帮助社会。正因为是这样，非营利性组织可能是不需要缴纳某些税费的，否则会减少可用于帮助社会的资金数量。另外，把钱捐赠给非营利性组织的个人也可能会获得税收优惠。

以营利为目的企业获得税收优惠可能会是一件不公平的事情，因为这家企业在之后可以使产品定价低于其竞争对手，从而获得一种不公平的竞争优势。因此，要想被授予非营利的资格，组织必须向政府证明其工作能够以营利性企业所无法实现的方式使社会获益。这可能会涉及大量的文书工作，以及组建一个董事会，其职责在于确保该非营利性组织忠于其使命。即使不用纳税，非营利性组织可能仍然需要编制年度财务报表，因此企业所需的全部的记账要求同样也必须执行。

向公众索取捐赠的非营利性组织数不胜数。因此，在非营利性组织的管理过程中必须抽出时间用于筹集资金和基金资助申请这类事务，而这些时间是不能用于生产产品或提供服务的。同时，非营利性组织必须花时间做的事还有招聘和管理董事会成员，以及必须花时间寻找和管理志愿工作者。对有些创意组织来说，组建成为非营利类型的企业不失为一种合适的战略。虽然对营销和财务技能有着同样的需求，但是创客还需要一些超出小企业所需范围的管理技能。如果想存活下去从而完成其使命，非营利性组织仍然需要创业规划，并将其当作企业进行管理。

思考问题：有没有零售商愿意承销我的产品？加入或组建一个合作社有什么好处？对我的组织来说，组建成为一个非营利性的组织类型是不是最好的选择？

你没必要选择使用画廊

除了传统的画廊以外，还有别的一些场所可以用来展示创意产品。例如，你可以把工作室的一部分作为你自己的画廊，对你自己的展出进行推广。另一种选择是在图书馆或政府大楼里安排展出。另外，各个大学和学院可能也会愿意提供作品展示的空间。其他非传统的作品展示理念还包括家居装饰和家具商店。毕竟，很多人都把创意产品视为装饰品的一部分。如果创意产品适合于在办公背景下展示，那么也可以选择使用办公家具商店。假如安全有保障，写字楼的大堂或许也是举行活动并在之后留下作品进行展示的理想场所。最后，还可以使用餐馆作为展示作品的区域，因为在餐馆人们有充足的时间对其所看到的东西凝神思考。

当然，如果你想做些产品销售，你还可以搞些现场活动，那样你需要亲临现场并做好处理支付和打包服务的准备。

McKensie，2014

5.生产环节的问题

如果企业想要维持正常运营，对产品生产中所使用的供应物资和准备销售的产成品的库存管理就是一项单调乏味却又必不可少的工作任务。这个工作任务包括购买和支付供应物资、维护库存记录、生产计划和外包。假如创客所使用的分销渠道不止一个，那么这些工作任务就变得尤为关键，因为它们确保了将要配送产品的正确种类和数量。

生产环节的问题

● 供应采购：选择正确的供应商，采购准确的数量。

● 库存管理：在现金储备不紧张的情况下，维持充足的原材料和产成品供应。

● 生产计划：确保产成品能够在恰当的时候可供调用。

● 外包：雇用外人完成企业的非核心工作任务。

5.1 采购供应——不要随便在任何地方都买

在选择供应商时，创客需要格外注意，这样所购买的材料才能满足艺术创作的要求，同时也能将价格控制在预算之内。另外，创客应该确保供应商的使命和价值观不与其公司的使命相冲突。选定了供应商之后，付款周期则是可以协商的。在需要支付账单之前，供应商可能会给予30天、60天或90天的期限。而对提前付款的行为，通常会对账单按一个较小的比例给予折扣。出于此原因，如果可能的话，应该在约定的最后期限支付账单。按时对供应商进行支付至关重要，因为假如产品制作所需原材料的供应商没有得到付款，他们将停止供应新的材料。逾期付款也将影响创客的信用评级，这将使其在未来协商合同期限时变得更加困难。

通常在产品售出并取得收入之前就已存在供应物资的需求。出于此原因，有必要记住以现金流的方式计划此类采购。假如供应物资的库存过多，那么说明对现金的使用不当。同时，还意味着需要为大量的供应物资投保，而这又产生了额外的成本费用。产成品的库存也是同样的道理。虽然有必要在手头保持足够的库存以满足订单需求，但是过多的库存也意味着更好销的产品还没有被生产出来。

5.2 库存管理——确保充足，但不宜过多

收到来自供应商的订单一般都会包含发票和装箱清单。创客可能急于开箱并把供应物资放好，但是创客必须要养成仔细核查订单的习惯，主要是基于两个原因：准确性和质量。首先，创客要核对收到的订单是不是指定的以及发票上的价格是否正确，装箱清单和发票则应该与订单进行核对以查看是否全部商品的发货量和价格都正确。其次，应该检查商品形态、

内容是否完好以确保质量。任何不符合要求或有瑕疵的材料，都应立即口头通知订单供应商，并且也要书面送达，这样纸质痕迹的追踪文件也就建立起来了。

同样的道理，创客应当不断地更新维护一份详细的待售产成品清单。有了这份清单，创客就可以清楚地知道是否有足够的库存满足订单需求，或是否需要生产更多的产品。假如商店是面向公众开放的，那么还可以拿这份清单与旁边的产成品进行核对，以查看是否有顺手牵羊的行为发生。这份不断更新的清单也将用于完成财务报表和为了保险目的以防索赔要求。

5.3　生产计划——制作什么以及何时制作

虽然生产计划被频繁地用于制造业部门，但其实在创意组织里生产计划也是适用的。拥有创意技能的创客进入商业领域是为了生产能够表达个性化意义的产品，极有可能的情况是他们能生产多种类型的产品。因此，创客在生产哪款产品、生产多少以及应该在什么时间生产等方面需要做出选择。为了帮助决策，应该保持对生产过程的记录。这些记录的内容应该包括产品生产相关的成本，如所需的特殊设备、原材料成本以及用来进行生产的工时成本。我们很容易把时间成本的计算排除在外，但其实时间成本却是至关重要的，因为时间就像资金一样也是一种资源。之后，应当把这些成本与产品最终售价进行权衡。

毛利率是对生产效率的一种衡量方法，因为它被用于比较收入和生产成本。通过用收入区分每条生产线所产生的毛利润，创客就能够确定哪款产品贡献的利润最多。这样计划并不意味着毛利率相对较低的产品不应被生产，而是需要生产毛利率足够高的产品以确保创客能够将企业维持下去。一旦达到了这个盈亏平衡点，创客接下来就可以计划安排时间生产利润更低但更具个性化价值的产品。

在每个月度末和季度末，创客将要回顾其生产记录。在这个过程中，创客可能会发现有的产品卖得很好，但毛利率却较低。于是，创客就需要对生产记录进行分析，以确定是否可以通过采用较廉价原材料的方法削减成本。另外，在这个过程中可能还会发现一些在不损害产品质量的前提下减少产品生产所需时间的方法。

创业者必须在用来支付企业成本的营利性产品的生产时间和可以获得更多情感激励但利润更低的产品所需时间之间进行平衡。创客需要这样的平衡，尽管其部分作品是为了他们个人发展而不是为了企业所创作的。但是，从这种自我满足的工作中，也可能会涌现出新的能够赚钱的产品理念。

5.4 外包——你不可能自己一手包办全部事务

随着企业的成长，另一个变得越来越重要的问题是工作流程管理。可能以前由创客所执行的一些工作任务，现在将需要外包给别人来完成。这样会使创客有更多的时间投入创意产品的生产。大部分小企业可能会认为，出于节省劳动力成本和提高毛利率的目的，只有那些在其他国家制造产品的大公司才会涉及外包。然而，对小企业来说，其实外包也是一个产品分销的问题。每个组织都有一项核心职责，也就是其使命。但是，企业要完成核心职责，还必须履行一些其他的职责任务。除组织核心使命外，这些职责可以分为三类（Mann Jackson，2014）。首先，有一些高技术含量的工作任务可能是创客刚好缺少的所需技能，如会计。即使必须为此买单，大部分小型组织都需要另请专业人员完成会计工作，因为组织内部没有人具备这项必需的技能。其次，创客可以外包某些专门的工作任务。例如，组织可以雇用专业人员制作营销材料。向这项服务的提供者付款其实仍然是省钱之举，因为通过雇用他们，创客就可以省出时间用于创作产品这项核心职责上。最后，重复性的工作任务可以让专注于其执行层面的人完成。因为这些工作任务都是他们所做的，他们可以做得更有效率。例如，企业可以通过某家快递公司把包装、邮递产品以及国际货运方面的文书工作外包出去。

思考问题：我的库存管理系统是什么样的？我应该怎样处理生产计划这件事？我可以外包的业务有哪些？

6.创意产业和经济发展

一个成功的社区为人们提供的是居住、接受教育、社交和抚养家庭的场所。那些最成功的社区还为居民提供丰富的文化生活。然而，为了实现这一切，社区还必须为居民提供谋生的手段。因此，无论是大城市，还是小镇，社区对经济发展都十分关注（Burayidi，2014）。

作为经济发展的结果，社区寻求实现多种多样的成效。常见的成效包括提高企业在其辖区内设立的竞争力和吸引新居民的能力。此外，经济发展还可能会吸引游客到社区消费。所有经济发展活动的目的都是增加就业、财产价值和零售活动，从而提升当地的经济活力和税收基础。

为了把企业吸引到城镇，传统的经济发展模式聚焦于城镇地理位置的营销。例如，在交通枢纽附近，能够进入目标市场，并能在容易到达的地方找到供应商。通常制造业企业都被锁定成为搬迁的目标，因为一旦这类企业在某个城镇设立，就会创造不计其数的就业岗位。

随着现在越来越多的城镇加入到对为数不多的大型制造业企业的争夺行

列，一种完全不同的竞争策略正在被采用。很多社区现在都意识到，那些企业寻找的不仅是一个便捷的地理位置，还是一个其员工可以安居乐业的城镇。现在的社区明白艺术和文化领域在吸引新企业进驻方面可以发挥关键性的作用，而不再只考虑把城镇的地理位置当作一种资产进行营销（Borrup，2006）。试图寻求搬迁的那些企业认识到已经受雇于企业的核心人员也需要随之迁徙，而假如某个城镇具有文化吸引力，鼓励这些人随迁将会变得更加容易（Lynch，2013）。此外，文化领域还可以在一个地方创造出一种特有的氛围，从而以任何其他类型的经济发展不大可能的方式提高人们的生活品质。

6.1　乘数效应（multiplier effect）——风水轮流转

乘数效应是一个经济学术语，它解释的是投入某个社区的资金如何流动进入其他商业和个人领域。创客通常都受到地方政府经济发展部门的热烈欢迎，原因是用于购买创意产品的资金往往最终会留在社区。

虽然来自世界各地的产品现在基本都能在线购买，但是消费者的另一种诉求也在萌发，那就是直接从创作产品的个人手中进行购买。随着全球送达变得越来越容易，对地方的依恋这种反向的欲望却也在增长。通过让消费者寻找到独特的产品，并直接从当地的生产者那里进行购买，创意企业满足了这类需求。当产品是在当地被购买消费时，资金便留在了社区。

这些收到对其产品支付的创客接下来会把收入用于在当地的开销，因为他们往往乐于从他们所熟知的企业那里进行采购。此外，创客很有可能就居住在这个社区，于是也会产生租金支付，并用其购物行为支持当地的商业发展。乘数效应会不断持续下去，因为这些创客会吸引其他创意人员来到社区，而后者或许就会开始相似的业务（Markusen et al.，2013）。假如某个小型创意企业取得了成功，并把资金留在社区，很有可能其他创客也会为了同样的目的迁往该社区。

思考问题：哪些城市具有活跃的创意氛围使我想前去居住？

人人都希望经济发展

恐怕没有哪个城市不希望获得更多的经济发展以为其居民提供就业岗位和为政府创造税收收入。为什么有些城市成功了，而有些城市没有成功呢？答案之一是，走对路的城市始于时尚生活方式。你需要成为引领潮流、激动人心的那类城市，年轻的、受过教育的、有创造力的人对其趋之若鹜。

这些年轻人想要的是什么？首先，他们想要有趣的工作，生产对他们来说有意义的产品。其次，他们想要社交机会，与像他们一样的人交往。除了生活方式，成功的城市也是可以帮助新兴创意企业成长的地方。它不仅要接近资本，还要接近知识。一旦某些创意企业获得成功之后，它们就能帮助其他企业也走向成功。

Waltmire，2014

7.吸引并协助艺术家

构建融合文化的经济发展战略的一种新方法是以设施为中心（facility-centric）、以项目为基础（program-based）、以人为中心（people-centric）进行考虑的（Dwyer和Beavers，2014）。以设施为中心的经济发展规划聚焦表演空间、舞台、艺术孵化器，或者整个创意街区的建设。这些基础设施项目的营造会吸引游客和居民。此外，它们还增加了所有企业为其员工所追求的生活品质。于是，人们希望企业会进驻邻近区域，提供就业机会。尽管如此，由于这类开发的高成本，选择这种方法的社区比较少。

以项目为基础的经济发展方法包括基于社区的艺术节以及运用艺术和文化改善当地居民生活的社会公益项目。创意人员运用其才华发展这些社会公益项目，从而帮助缓解社区的社会问题。尽管如此，要吸引能够以项目为基础发展的居民，还需要以人为中心的发展。

以人为中心的发展聚焦于如何把创意人员吸引到社区。这可以通过开发同样能用于创意产品生产的居住空间来实现。另一种吸引创意人员的手段是，通过为初创企业提供免费的或补贴性质的零售空间项目。同样，通过增加城市的创意氛围，人们希望企业会进驻邻近区域，而其员工也可以乐享文化生活。

7.1 提供协助——援助很快到位

很多地方和州一级的政府都对把创客吸引到他们的地区来很感兴趣，因为政府官员意识到在社区如果有创意企业则会有助于吸引传统企业。然而，由于创客可能缺乏商业经验，为了确保他们能够成功，少不了创业建议和指导计划。此外，任何新的创意企业都需要资金来支付启动费用。虽然这对任何新企业来说都不容易，但是对没有商业经验的创客来说甚至没有办法贷到款。需要协助创客的另一个问题是租赁店铺，因为要找到价格诱人的零售空间是一件具有挑战性的事。最后，由于区域功能划分或规划方面的一些限制，要寻找艺术家既可以居住又能进行创作的场所也非易事。

创业指导：因为创意企业能够对城镇的经济振兴做出贡献，尤其是历史

悠久的街区，于是很多项目被开发出来用以协助创客在这类区域进行创业。很多社区对新企业的创业指导可能已经通过商会组织（Chamber of Commerce organizations）得到实现。商会组织是一些专注于开发商业技能和社区学院培训项目的非营利性组织。然而，创客运营企业所面临的挑战却是独一无二的。因此，为了在初创阶段激励创意企业，社区还发展了一些专门针对创客的专业工作坊。运作这些项目的可能是艺术委员会或致力于此目的的专业性的非营利性组织。

资金支持：为了吸引创客而设立的有些项目会通过能在很长一段时间内进行偿还的低息或无息贷款向其提供初创启动资金。一些其他项目则会为诸如采购供应和开发营销材料这类支付专门的初创费用向创客提供资助。不论是贷款，还是资助，往往都要求创客提交一份创业规划书，以使稀缺的资源能够被分配给准备最充分的创客。另外，创客可能还会被要求承诺在特定的地理区域开业以满足经济振兴的需要。而这些区域通常也都具有创意企业的企业主和客户想要的独特氛围。

租金支持：有些援助项目为工作室和店铺提供低廉的租金，而不是以现金的形式给予帮助。降低租金的项目比提供初创资金的项目更为常见，因为对很多城市来说这样设立项目的成本会更低。可拿来使用的店铺，无论是很便宜的，还是免费的，大部分都属于传统零售店不太感兴趣的老旧物业。但是，它们却常常提供了符合创意企业品牌形象的有趣氛围。参与这类项目的优势之一是，新企业可以接近其他相似类型的企业。于是，这个区域会逐渐成为当地居民购物和品尝美食的目的地。创客通常都会互相支持，甚至使用联合的推广营销吸引当地的参观者和游客（Kolb，2006）。通过与当地的参观者或旅游局合作，这个区域可能会渐渐成为一个旅游目的地。

由于艺术家低于平均水平的收入，他们通常都负担不起购买整个建筑以供其创业使用。而他们会在需要复兴重建的那些区域进行租赁，原因是可用的场地空间很便宜。然而，随着创客的行动使这样的区域在经济上逐渐有所好转，越来越多的企业就会搬迁至此。结果，租金上涨，而创客又被迫退出了他们已经重新为其注入活力的这个区域（Vivant，2013）。为了遏制这种情况的发生，有些城市已经开始推出经济发展计划以协助创客最终买下其物业，从而帮助其解决这一问题。

生活/工作的共享空间：有些社区通过提供允许在同一个空间生活和工作的住宅机遇吸引创客。这样一来，可以帮助创客降低其生活费用，使其能够以更少的收入生存下去，给予其更多想要的创作自由。而且，居住在这样的地方还可以使创客与志同道合的人在一起，这不仅是一件令人愉悦的事，而且也有助于其擦出创意的火花，增加关系网链接，并最终导致合作性的项目产生。

这些生活/工作共享空间发展计划的初始资金，既有来自私人投资者的，也有来自政府和非营利性组织的。专门开发这类住宅单元的组织懂得怎样找到正确的地点以及如何把社区和政府支持协调起来。政府乐于为这类项目的成本进行补贴，因为它们往往是位于经济衰落区域的老旧闲置建筑。非营利性组织对投资于这些发展计划也很感兴趣，因为它们知道这类艺术家住宅区可以在地方上营造出某种氛围，最终让社区变得更有影响力。

由于税收需要用在经济发展工作中以鼓励创客，他们必须获得社区的支持（Phillips，2004）。因此，负责经济发展事务的政府人员需要寻找愿意住在这些新开发区域并长期献身于社区的人。这种奉献精神会带来由创客所开创的项目，这不仅会使社区变得富裕起来，也会为艺术家带来创收的机会。

为了能够租用到专门为创客提供的生活/工作共享空间，创客必须完成相关的申请流程。虽然创客也可以有来自其他工作的收入，但是他们必须要能够证明自己是具有成熟既定市场的艺术工作者。为了进行申请，创客必须向遴选委员会提供一份代表作品集。如果作品集被接受了，人们会寄望于创客能够用其才华使社区变得更好。

8.经济发展机构

具有吸引和支持创意企业这一使命的经济发展机构可以设置在多个不同的政府部门和组织中。最常见的一种是复兴重建机构（redevelopment agency），它由市政当局组成，用以提供商业补助和贷款。另外，它也有权在购买空置物业之后寻找租客。虽然咨询建议是美妙的，但是往往也离不开对资金的需求。在这一点上，经济发展机构能够在创业初期对创客的租金进行补贴以起到帮助的作用。

负责市区发展的政府机构比起能够影响整体全局经济发展的机构的权力要小。这类机构往往在较低层次上与企业开展合作，并且通常聚焦于单独的某个闹市区或邻近区域。当然，任何类型或规模的组织可能都需要运营企业方面的咨询建议，而负责市区发展的政府机构通常都有专业人员为小企业所面临的特殊挑战提供帮助。市区政府部门的另一项使命是通过聚焦诸如车辆停放、街道维护和预防犯罪这些重点问题与企业合作，以确保市区是一个吸引人观光的地方。此外，负责市区发展的政府机构还支持那些营造市区品位的设计方案。出于此原因，它们也是建筑外观改造的一个资金来源。另外，这些政府机构还会定期举行会议以建立关系、提供机遇，让企业主能够接触到面对相似挑战的其他创业者。

9.将机遇纳入战略

通过经济发展的成果所呈现出来的机遇，包括居住地的选择、零售区位和项目开发，艺术家是可以把其作为创业规划的一部分而加以利用的。人们迁徙以寻找机遇的情况并不罕见。创客应该考虑是否在另一个社区可以找寻到更适于其生活方式和创业需求的生活环境。

那些对开办自己的零售场所感兴趣的创客，应当调研一下具有吸引新企业进驻创意街区项目的城市。通常这些创意街区都位于有些衰败的区域，但却也是具有个性和某种氛围的区域。人们被吸引去参观这类地方，为的是获得一种其普通日常生活之外的体验。创客可能还希望寻找那些通过减免租金和税收激励创意产业发展的城市或集镇，因为在企业运营的前几个月资金有限，限制费用开支是至关重要的。在前期的几个月里，由于创客必须首先构建产品形象并吸引目标细分市场，因此销量往往都比较低。不仅销量会低，而且为了建立产品认知度和吸引客户还会导致营销费用产生。通过利用这些减少开支的方法，创客便可以确保企业长期存活下去。

通过承认和鼓励创客的工作，构建经济上更加强大社区的这些努力是基于以下假设（Katz，2012）。让艺术家和社区持续不断地互动将会使社区成为更加吸引人参观和居住的地方。创客带入项目的创业技能将会帮助项目获得成功。艺术家之间的互动将会激起创意火花，从而可以解决问题或引领新产品的发展。由创客所开创的小企业能够为社区成员带来就业机会。此外，居住在社区里的创客还有助于更大型文化组织的可持续发展。所有这些都是创客能够认可的目标。

虽然创客可能会认为，在创业时他们是在孤军奋战，但实际上，他们既属于创意社区，也属于外部更大社区的一部分。通过融入某个创意社区，创客能够互相支持和学习。通过与更大社区分享其才华，创客可能还会对那些或许从来不会购买其艺术作品的人产生影响。

思考问题：有没有什么政府项目能够在初创成本方面帮助到我？我应该考虑使用生活/工作共享空间吗？我能够为社区增加什么价值？

小结

随着企业的成长，新问题也会随之而来。创客可能会决定采取新的策略，比方说委托销售、设立合作社或创建非营利性组织。随着业务的增加，如库存管理和生产计划这样的问题会变得越来越重要。企业必须对库存水平进行监测，以便有足够的原材料和产成品可以用于生产和销售环节。然而，过多的原材料库存将会约束必要的现金流，而过多的产成品库存则表明需求终端出现了问题。创客可能需要把一些工作任务外包，这样就能专注于创作产品这项核心职责。过去，城市和集镇的经济发展都集中于鼓励大型工业企业的搬迁入驻。现在，越来越多的社区意识到，创客在经济振兴复苏方面的重要作用。由于创客所开创的企业在当地生产产品和开销资金，从而把财富留在了社区。此外，创客还增加了地区的文化活力，这对新居民来说是很具有吸引力的。创客可以把对这些项目的利用作为其创业规划的一部分。在这些项目中，有些项目会提供初创资本，但减免租金才是更为常见的援助形式。另外，有些社区则为艺术家提供可以生活/工作共享的空间。无论是租金补贴，还是提供生活/工作共享空间，都降低了运营企业的固定成本，因此也使企业赚取利润变得更加容易。除了经济上的帮助，这些项目通常还提供创业指导和培训机会。最后，与其他志同道合的创业者组建创意企业，可以为彼此提供相互的支持和创造性的思维。

完成任务

回答以下这些问题将有助于完成创业规划的分销部分。

1. 叫供替代的分销办法

a. 写一份委托销售条款草案。

b. 列举三种你可能会在其中进行销售的合作商店类型。

c. 什么能使你的组织成为非营利性组织？

2. 库存和生产

a. 列举你将需要储存的十种不同类型的供应物资。

b. 描述一下从原材料到产成品的整个生产流程。

c. 准备好你的每周生产计划。

3. 经济发展

a. 在网上搜索一下具有经济发展项目的城市。

b. 租用生活/工作共享空间的成本有哪些？

c. 查看不动产列表清单上将要支付租赁零售空间的成本费用。

d. 你愿意与社区展开合作的社会公益事业是什么？

形象化训练

1.为愿意销售你的产品的合作商店设计一张规划布局图。

2.把进入你的产品生产流程的所有原材料都画出来。

3.用一份时间表绘制出三个月的生产计划。

4.设计下你理想中完美的生活/工作共享空间。

参考文献

Blatt, Ruth. "What to Do When Two Core Values Compete and Why Musicians Follow Blockbusters with Flops." *Forbes*, June 5, 2014. www.forbes.com/sites/ruthblatt/2014/06/05/what-to-do-when-two-core-values-compete-and-why-musicians-follow-high-selling-albums-with-flops, Accessed August 11, 2014.

Borrup, Tom. *The Creative Community Builder's Handbook: How to Transform Communities Using Local Assets, Art, and Culture*, Saint Paul, MN: Fieldstone Alliance, 2006.

Burayidi, Michael A. *Resilient Downtowns: A new Approach to Revitalizing Small and Medium City Downtowns*, Abingdon: Routledge, 2014.

Dwyer, M. Christine and Kelly Ann Beaves. *Economic Vitality: How the Arts and Culture Sector Catalyzes Economic Vitality*, WashingtonDC: American Planning Association, 2014.

Katz, Jonathan. "Public Value, Community Engagement, and Arts Policy." In Doug Borwick (ed.) *Building Communities, Not Audiences: The Future of the Arts in the United States*, Winston-Salem, NC: ArtsEngaged, 2012.

Kolb, Bonita M. *Tourism Marketing for Cities and Towns: Using Branding and Events to Attract Tourism*, Amsterdam: Elsevier/Butterworth-Heinemann, 2006.

Lydiate, Henry. "Ways of Working." *Art Monthly*, no.376 (May 2014): 37.

Lynch, Robert. "Arts are Definitely Good for Business." *Public Management*, 2013.

Mann Jackson, Nancy. "How to Build a Better Business with Outsourcing." *Entrepreneur*, 2014. www.entrepreneur.com/article/204652. Accessed August 11, 2014.

Markusen, Ann, Anne Gadwa Nicodemus and Elisa Barbour. "The Arts, Consumption, and Innovation in Regional Development." In Michael Rushton (ed.) *Creative Communities: Art Works in Econmic Development*, Washington, DC: Brookings Institution Press, 2013.

McKensie, Neil. "Art Marketing and Business by Neil McKenzie Creatives and Business LLC." 2014. http://creativesandbusiness.com/3025-galleries-shows-and-other-opportunities-to-show-your-work. Accessed August 24, 2014.

Phillips, Rhonda. "Artful Business: Using the Arts for Community Economic Development." *Community Development Journal* 39, no.2 (April 2004): 112-122.

Thompson, Patricia. "Daniel Smith—How to Organize an Artist Cooperative." *Daniel Smith*, 2014. www.danielsmith.com/content-id-151. Accessed August 11, 2014.

Vivant, Elsa. "Creatives in the City: Urban Contradictions of the Creative City." *City, Culture and Society* 4, no.2 (2013): 57-63.

Waltmire, Eric. "Two Ideas for Economic Development: Lifestyle and Exits." *Eric Waltmire's Blog*, April 28, 2014. www.waltmire.com/2014/04/28/two-ideas-economic-development-lifestyle-exits. Accessed August 25, 2014.

第12章
增长面临的法律和管理问题

思想能够渗入人的无意识之中，并不知不觉地融入到作品中。由于思想在网络上以及通过社交媒体得到了广泛扩散，要想拿出真正的原创思想正变得越来越困难。

1.导言

正如创客将会发现的那样，随着企业的成长壮大，他们将面临一系列的法律和管理方面的问题。例如，创客将需要理解合同和版权的基础知识。这意味着他们应该寻求专业的法律咨询意见。另外，所有的创客都应该对版权、许可、租赁、分区制（zoning）①和执照有一些基本的了解。有句古话是这样说的，只有死亡和税收是人生中必然会发生的。虽然对每个人来说理解税收的一些基本原理自有其必要性，但是企业必须认真地思考税收是怎样影响其利润的这一问题。随着企业的成长，创客可能还会需要雇用员工处理不断增长的工作量。于是，招聘和录用员工的基本知识也是创客所需的管理技能之一。

合同、版权、分区制、执照和租赁这些方面的法律事务因国而异。实际上，甚至在同一个国家的不同城市之间可能也是有区别的。有些法律体系为管理者提供更多的保护，而其他法律体系则会寻求对雇员的保护。在有些国家，物业合同是灵活有弹性的，而在另一些国家，条款则是不可协商的。本章提供的信息意在突出那些管理自己企业的人们所面临的最常见问题。在任何情况下，企业主都必须寻求建议以确保遵守适用的法律。

创客感言：肖恩·法尔利（Sean Farley）

肖恩·法尔利是一名吉他艺术家。他不仅是成功的音乐家，也是拨弦乐

---

① 城市规划分成工厂区、住宅区等的一种制度(译者注)。

器制作师。肖恩从在家乡的演出开始了职业生涯，而现在他正在进行国际巡演。虽然肖恩演奏过很多不同风格的音乐，但是他已经参加了三次在孟菲斯（Memphis）举行的国际蓝调挑战赛（International Blues Challenge）。在制琴师的生意与音乐演出之间保持平衡是具有挑战性的。肖恩对其他创意工作者的建议是：

1.虽然在身处艰难时期还要保持激情是很困难的，但是从长期来看仍然比放弃你的艺术要容易得多。

2.你可以雇用一名会计，但还是应该自己做市场营销。这不仅会节省资金，而且你最清楚如何传播你想表达的信息。

3.虽然书立合同是以保护双方为目的，但是假如你没有咨询法律建议，合同将会更多地保护别人而不是你。

要了解更多有关肖恩的信息请访问：www.seanfarleymusic.com。

2.管理合同

虽然法律问题会因国而异，但是也有些基本的合同情境和条款适用于几乎所有地方的创客。例如，法律合同的具体构成要件将会各不相同，但其目的都是为了降低各方的风险。任何商业情境只要涉及的资金越多，风险就越大，因此书立合同也就更加关键。例如，如果创客借钱给朋友买午饭吃，他们可能不会觉得有书立合同以保障还款的必要。毕竟，这种借款没有得到偿还也不会造成什么严重的损失。然而，如果他们是借钱给朋友买房，没有合同就会是一件愚蠢的事，因为如果这笔借款没有得到偿还就会导致严重的财物损失。回答有没有必要书立合同这个问题的一种方法是，想一想可能发生的最坏情况是什么（Gegax和Bolsta，2007）。如果答案是企业可能会处于危险之中，那么书立合同就是必要的。

当然，创客书立合同的事实并不能保证合同条款就会得到履行。这就是合同需要得到法律体系的支持才能生效的原因，为的是商业人士在合同另一方不履行条款的情况下可以诉诸法律，法庭就可以对不遵守合同的一方进行惩罚。

2.1 法律咨询——你不可能什么都知道

创客或许能够独自创作产品，但是运营企业还需要他们具备一些专业知识和技能。法律专家可能不会出现在创客的工资名单中，但在有咨询需求时也少不了付其薪酬。把所有书面协议都让律师审阅过目可谓是一种好的投资。在每次有问题需要咨询时，可以用同一个律师，这将会使他或她熟悉了解企业，并能更好地保护企业的利益。虽然由律师审查合同会产生费用开支，但是这也避免了创客将来可能会发生资金大量损失的风险。

在聘请律师之前应该考虑的问题包括其经验履历、收费模式和争议解决办法（Porter，2013）。当决定雇用某位律师时，还应记住一点，律师也是术业有专攻的。处理离婚案件的律师可能不具备处理商业合同或版权问题的专业知识技能。不仅要花钱寻找律师，而且要进行一次自由的初次谈话，以便确定选择是否正确，是一件完全可以接受的事。创客应该记住雇用律师的费用可以作为企业费用开支从收入中扣除，从而降低应交税金。

创客应当清楚地知道律师的收费模式。一些律师可能在工作开始前就对服务收取固定费用，还有些律师则按小时计费。在这种情况下，除了知道计费金额以外，创客还必须问一下是否有每小时最低收费，即不管实际花费的时间是多少，把每小时分成按10分钟、15分钟或30分钟的增加量进行计费。最后，在与客户的争议不能得到解决的情况下，律师可能会提供仲裁服务以避免诉诸法庭。

思考问题：我怎样能找到一位法律顾问？

3.物业合同

在签署任何合同之前，创客应该对其进行认真、仔细、彻底、完全的阅读。任何迷惑不解的部分，或不理解的条款都应该加以标注。然后，在签署文件之前应该对这些语句和用词反复研究。虽然对有些情况的研究或许只需要上网查找一下即可，但是投入时间、精力、金钱寻求法律咨询建议则是一种明智之举。因为大多数合同都使用标准格式，所以让律师审阅过目一下并不应该成为一个冗长多余的过程。假如创客对合同条款感到不悦，律师则能够提供建议并协商更改。

当某个人在为一段较长时期内工作或居住的场所付款时通常都要用到物业合同。这类合同使签字人遵守承诺按月付租金，但即便签字人负担不起这笔开销时它也是有效力的。假如签字人在没有给予法律规定所需通知的情况下搬离房屋，他或她仍将会被要求继续支付租金直至合同到期为止。因此，物业合同也许看起来是有利于业主的，而对创客来说则是一种负担。但是，实际上对创客而言物业合同也是一种保护措施。例如，创客的企业可能已经在原来的地点做得非常成功。如果没有合同，业主在看到创客这样的成功，可能会在每个月末提高租金。另外，在没有合同的情况下，业主可能会让创客搬离房屋，从而出租给别人。这会对创客产生负面影响，因为他们的创业规划必须建立在控制之内而不能超出预算的基础之上。搬到新的地点可能会造成客户的流失。虽然合同约束了创客的租金支付行为，但是也约束了物业业主，允许企业在合同期间只按约定支付租金就可以驻留。

3.1 协议——阅读难懂的条文

另一种形式的物业合同是以月度为基础签订的。即便这类合同是以一年的时间而书立的，也可以在30天内通知结束。另外，业主也能在30天内以书面通知的形式更改协议条款。虽然这类协议为创客提供了灵活性，但是它也缺少了对创客的保障。

商业人士所签订的通常是长期的物业协议，他们需要确定能够按具体的月租费用使用楼宇至少一年。虽然合同可能是以更长的时间签订的，但是大部分物业合同在签订时都会约定年末自动更新，除非另行通知。创客通常都会签订这样的长期合同，以便他们能够为未来的开支预留出必要的资金。在审阅合同时，创客应该核实时间长短和租金。在合同中，不仅租金数额，而且支付时限也应该清楚写明。此外，还应说明在没有按时支付租金的情况下是否具有宽限期，以及在什么情况下业主可以强迫未付租金的租客搬离房屋。

创客应当确定合同表述了房屋的使用目的，这可能会包括什么类型以及在什么时段可以使用的机械装置，从而使产生的噪声对其他租客的打扰最小化。假如安静的环境对创客来说很重要，那么还应核实邻近房屋的使用情况。或许还需要一些条款约定能在房屋内工作的人数以及房屋能否用作客户的销售场所。由于物管费可能会是一笔不小的开支，因此应该就创客还是物业业主支付水电费、排污费、取暖费和垃圾清运费进行协商。每个细节都应以书面形式说明，甚至包括创客想在房屋里养宠物的情况。最后，还应约定清楚业主进入出租房的相关权利。

上述信息涵盖了物业合同商谈中可能会出现的标准常见问题，而需要考虑的其他方面还有场地提升改良和免责条款。合同约定的面积可能会是某种未经加工装修的空间，需要改进才能用作生产设施。另外，如果房屋被当作店铺使用，那么场地可能还需要创客的一些改造提升，这样才会对目标细分市场具有吸引力。通常情况下，合同持有人对这些改造提升负有支付义务。然而，假如这些改造提升会使场地增值，那么减免部分月租金也可作为商谈条件。另一个考虑因素是，假设房屋发生重大损坏或周围道路被阻断使客流量减少，如建筑的取暖或制冷系统发生故障，或道路施工阻断了通行使其他租客搬离，那么在合同中可以说明在这些情况下租金能够重新协商。创客不能寄望于业主的好人品，因为在这些情况下他们也可能处于资金短缺的状态。协商这些问题的最佳时间是在签订合同的时候。

最后一个问题是，创客要有长远考虑的意识。创客在找到合适的地点及取得令人满意的合同时，合同的续约可能会被遗忘。在合同中可以列入一项条款限制租金每年能够提高的数额。经过一年的辛苦工作，创客不想面临负担不起的被提高的租金，尤其是在他们对场地进行了改造提升的情况下。另外，客户已熟知了这个地点，任何改变都有可能造成收入的减少。

3.2　替代性的物业安排——非传统协议

另外，还有两种获取空间场所的途径可加以考虑（Thompson，2013）。当经济活跃度较低时，已成立的企业可能会有一些并不需要的已签约的空间场所。创客或许可以进入一种"寄养的"办公室安排模式（"foster" office arrangement），为此他们同意在特定时段内为场所的使用支付租金。另一种安排模式是共享空间。目前，有些建筑是为按月付租金使用设施的创客所设计的。在这类物业中，有些创客有自己的办公室但需要其共享工作室、接待室、会议室和其他便利设施。而另一些物业则为不同的艺术媒介类型提供生产设施，艺术家在此共享空间和生产设备。在这两种情况下，创客需要通过协商签订合同。

思考问题：我理解物业合同吗？对我的企业来说可以使用的替代性租赁方案是什么？

4.创意产品合同

创客通常会面临三种类型的产品法律问题，即作品的复制和许可、委托创作及委托中介销售的相关协议问题。虽然创客往往不愿意在这类法律问题上花时间，但是要想创业成功他们还是有必要了解一下相关知识。

必要的合同

- 创意的复制和许可：销售使用你作品的权利。
- 委托创作合同：确保作品将如期完成，创客将得到酬劳。
- 委托销售合同：涵盖所有支付和所有权问题的细节。

4.1 创意的复制许可协议——以书面形式确立下来

为了复制再版其作品，有时会有个人或公司与创客接洽提供固定费用或版税。由于创客是该知识产权的所有者，即使该知识没有得到官方正式版权的保护，仍然需要得到创客许可才能对其进行使用。即便作品已经被购买，情况仍可能是这样。对某件创意作品的购买并不赋予所有者复制作品或使用其形象的复制品进行再次销售的权利。

一旦复制物品的权利被出售，创客就不能再销售相似产品。因此，对这种未来收入的损失需要对创客进行补偿。使用创意作品的许可协议必须列明物品的预期用途以及将要支付的补偿款项。然而，在美国，在不付款的情况下对某种思想或形象的"正当使用（fair use）"①是允许的。这种正当使用可能会包括对创意作品的注解、批评或审视，在这种情况下，可以使用作品的形象或样本而无需支付任何补偿。

4.2 委托创作合同——他们拿作品，你拿钱

另一种应该使用合同的情形是委托创作作品。当答应委托创作作品的请求时，创客应该拿出一份可以使用的标准合同。假如受托创作某件作品，创客必须采购所需的原材料，同时还要保证可以用于生产其他待售作品的时间。因此，创客需要通过书立合同规定应完成作品的内容、价格、应付款期限以及作品完成的日期。

这类合同还应当涵盖关于产品总成本的基本财务信息、由哪一方来支付销售税或增值税，以及如果在签约时没有全部付款那么余下部分的支付日期和数额。另外，谁负责产品配送和配送方式也应在合同中说明。合同应该写明保修问题，假设产品在某些方面有缺陷，如何对其进行维修。此外，合同还应包含更多的细节问题，如复制再版的权利和未来转售的权利。

这类协议同样保护作品的购买者，这样他们就可以确切地知道作品的成

---

① 正当使用，一项法律规定，允许人们在不影响作者利益的情况下有限地引用他人的作品（译者注）。

本以及何时能够完成。假如创客没有遵守合同条款，购买者就可以提起诉讼，而企业声誉将会受损。

4.3　委托销售合同——确保人人都满意

作品被委托销售是需要合同的另一个常见原因。在这种情况下，创客的作品在某个画廊或零售点得到展示，并仍保留所有权直至售出为止。如果作品售出，中介机构会扣留销售价格的一定比例的金额，而余下部分则会支付给创客。委托销售合同应当包含各方的提成比例、委托销售作品的类型和数量，以及未售作品归还给创客的时限。

有一些反对依赖委托销售的观点（Arts Business Institute，2011）。销售提成比例越低，中介机构说服客户购买产品的积极性就越低。更值得担忧的是，中介机构对委托销售产生兴趣可能是因为他们存在财务困难，没有资金支付库存。出于所有这些原因，在协商委托销售合同之前，创客必须对零售商或画廊展开深入调研。

思考问题：我的作品是否需要委托复制协议？

获得你所需的学习

越来越多的人意识到，如果艺术家和表演者要依靠其创意工作谋生，他们就需要接受商业训练。艺术家创业者协会（The Artist as an Entrepreneur Institute，AEI）已开发设计出专门针对这类需求的培训。课程设置在四个星期六上课，课程内容是向艺术家介绍一些基本的商业知识技能。由于获得慈善基金会的资助，收取的学费很低。授课的人既有商业实践者也有艺术家。第一个星期六的课程内容聚焦于产品、定价、商业模式和创业规划。第二个星期六的课程内容是教授如何理解客户和研究市场。销售、分销渠道和法律问题会在第三个星期六的课程中教授。第四个星期六的课程内容则致力于个人品牌的研发拓展。

另一个学习选择是，Fractured Atlas 所提供的那些在线课程。它们的 Fractured U 项目提供了一系列的网络教学课程，涉及如财务会计这样的标准企业问题，同时也涵盖一些专门针对艺术的问题，如与代理商的合作以及场地租用问题。

只要学到了所需的知识，创客在哪以及通过什么方式获取信息其实是无关紧要的。

AEI、Fractured U，2014

5.法律问题

还有另外一些不涉及合同的法律问题也会因国家和社区的不同而异。大多数社区都具有一种由社区规划者所使用的条例规则构成的系统，通常被称为分区制或城镇规划，用以鼓励或抑制企业在特定地理区域的设立。企业可能需要通过政府颁发执照，以确保其纳税义务被评估。通常还需要许可证保障进入商业机构的居民的安全。在有些国家，这些要求被严格地强制执行，而在另一些国家则不然。当然，即便不是法律所要求的，创客也会想要把其企业设立在合适的地点，并确保其客户的安全。

5.1 分区制——你在区域里吗

很可能创客并不拥有可用于购买物业当作工作室或店铺使用的资金。于是，在能够使用房屋之前他们需要签署租赁合同。虽然这份租赁合同会列明房屋可以使用的周期以及租金数额，但还有其他法律问题没有涵盖在合同中。甚至在考虑某个可能的地点之前，创客应该确定社区是否会允许其使用。

地方政府可能会强制执行某些分区或规划限制，以确保对某个建筑的使用服务于社区的长远发展规划。一个区域可能会被指定只作为居住用途，或只作为商业用途，或二者兼顾，即所谓的混合用途。假如区域规划只能作为居住用途，即便创客与物业业主真心实意地协商达成了合同，它仍然不能作为商业用途。如果创客忽视这种情况并开设了企业，市政部门可能会强制其关闭，并且还会对其执行处罚。与市政办公室进行核实便可确认物业目前的状态。而假如这个区域属于居住性质，创客或许能够进行申请。然而，用途的改变只能在一定条件下得以实现，即使这样，如果邻居反对，这个请求也有可能会被否决。

如果创客是在自己家中工作，他们可能违反了分区或规划的管理规定，但即便在情况确实如此的美国，也不太可能有主管分区制的官员真的上门进行干涉（Ennico，2005）。而通常会发生的情况是，邻居对交通流量的增加产生投诉抱怨。对创客来说，解决这个问题的方法是使用信箱公司（mailbox company），这种接收派送订单的方式可以避免客户蜂拥而至。

5.2　执照和许可——保持合法性

出于税收方面的目的，创客可能会需要营业执照。由于各个城市的要求会有所不同，因此创客为了在城市所辖范围内开设企业需要联系当地政府以满足其执照要求的条件。此外，假如涉及销售商品给客户的情况，可能还会需要转售许可证，因为企业主可能会被要求代征销售税或增值税。

企业可能还需要取得能够证实企业办公场所满足健康和安全方面要求的许可证。很多这类要求与客户能够安全地待在企业并在发生紧急情况时能够迅速撤离的条件相关。另外，企业办公场所的位置可能会被要求能够满足残障人士可到达的条件。假如企业有餐饮服务，很有可能会有用以确保所提供食品安全和卫生的额外要求。只要销售食物或饮料，哪怕只是在非常有限的基础上，企业可能都会被要求取得卫生健康部门颁发的许可证。最后，在建筑物能够使用之前，消防安全检查以及建筑安全检查可能都是必须履行的强制性义务。例如，安全出口的数量、灭火器的标识和位置可能都要进行核实。

营业执照和转售许可证多半与税收问题相关，而其他许可证则与公共安全相关。因为这些都是出于公益理由的要求，所以没有获得许可证可能会导致巨额罚款，甚至是企业关停。

思考问题：我怎样才能了解有关分区和规划的管理规定？我所在城市有营业执照要求吗？我还需要什么许可证？

创意工作者在实现城市宜居方面的关键作用

为什么经济发展机构希望在其城镇中有创意企业存在？这不仅因为这样可以购买创意产品，而且因为这些机构其实很想吸引大公司。因为拥有百名员工的公司将产生大量的税收收入以及更多的经济支出。然而，为了吸引这样的大公司，经济发展机构需要把商业区出让给公司管理层，而考虑搬迁的公司希望去的是拥有文化设施和具有创造力的城镇。用来描述企业所想要的这类氛围的术语是城市宜居性。通过设立创意企业，文化创业者成为提供这种宜居城市的关键。

考虑搬迁的公司希望去具备文化设施的城市的另一个原因是，企业管理者认为体验艺术能够帮助员工产生新思路，从而使其成为更好的问题解决者。这就是小型创意企业对经济增长的重要性，以及地方政府在其城市创建项目中鼓励它们发展的原因。

Lynch，2013

6.版权问题

所有的创客都需要具有版权意识，设计版权的目的在于保护个人的知识和创造性的工作。没有人愿意别人因为他们所开发出来的产品而得到好评，甚至更糟糕的情况是，他们不希望别人从他们耗费时间、精力和资金的创意理念中获得经济收益。因此，创客同样需要小心翼翼地不在自己的作品中使用别人的思想和设计。有两个问题必须引起创客的注意：一是剽窃抄袭。在这种情况下，任何作品都被当成是创客自己的努力成果，因为他们没有把荣誉给予思想观念的原创者。创作者或许并不在意作品被使用，但这不足以抹杀其功劳。二是版权侵犯。这发生于有版权的作品在未经许可的情况下被使用。作品可能会被同时剽窃和侵权。当然，创客难免会受到其他作品的灵感启发，但当某件作品是被有意地复制时，必须注明其来源出处，若是受版权保护的内容，则需要请求许可。

这有两个主要的国际版权公约：保护文学和艺术作品的伯尔尼公约（Berne Convention for the Protection of Literary and Artistic Works）和世界版权

公约（Universal Copyright Convention，UCC），大多数国家都是签约国。在有些国家，包括美国，作品不需要得到正式的版权保护。然而，无论是为了停止别人对其作品的使用，还是要求赔偿，作品的创作者都必须能够证明其思想理念的原创性。因此，无论在创作过程中，还是已完成的创作作品，创客都应该保留所有作品的副本。这是简单易行的事情，因为可以对草图、笔记和其他初期工作进行数码拍照。在这种情况下，并不需要保留原始设计，因为照片就是文件记录证明。当然，这些照片应加盖日期戳，并保存在安全的网站上。假如创客发现其作品被抄袭复制，他们就能进行起诉。

版权并不仅仅属于个人，它也能归属于创客的后嗣继承者。即使作品的原创者去世了，版权也可以被看作是遗产继承的一部分。因此，假如作品被别人所使用，那么必须对继承者进行补偿。如果创客希望版权成为其遗产的一部分，则必须做出书面声明。

6.1 避免抄袭剽窃或版权侵犯——如有疑问，给予信任

不管怎样，创客更关心是否有人声讨他们抄袭了别人的作品。这甚至会发生在无意抄袭他人原创思想的有职业道德的艺术家和音乐家身上。思想能够渗入人的无意识之中，并不知不觉地融入到作品中（Raspel，2012）。由于思想在网络及社交媒体上得到了广泛扩散，要想拿出真正的原创思想正变得越来越困难。此外，故意把别人的作品元素混入自己的作品中的做法也增加了被指控版权侵犯的概率。

对艺术家或音乐人来说，唯一的保护措施是在创作作品时始终铭记他人的权利。在使用源于他人的创造性作品或思想时，有必要以漫不经心的观察者所辨认不出原作的方式对其加以改造。这并非要故意绕开法律，而是因为

这样一来，作品便不再受版权影响，因为它已不再是别人的原创思想。

当然版权也并非只是惩罚性的设计。由于它的存在，当某个人的思想被别人使用时才能得到补偿。因此，想要使用他人作品的创客可以在原创者知情的情况下这样做。或许有些时候并没有要求补偿的情况发生，但假如发生了需要补偿的情况，在陈述法律协议时，则可以用金钱换取使用权的授予。所有的原创者都希望得到公众的认可。

6.2 其他版权问题——错综复杂

版权问题不仅仅是艺术家创作或希望使用的思想或形象。它甚至同样适用于雇员的工作。例如，假设某位摄影师受雇对艺术作品进行拍摄，由此产生的图片可能属于摄影师本人，因此，除了合同约定的初始原因之外不能用于其他用途。为了避免这种情况的发生，雇佣协议就必须说明照片所有权将归属于雇用摄影师的那位创客。

有时候，即使创客使用的是某位名人或著名建筑的形象，也可能会被视为版权侵犯。在很多国家，这并不适用于为了教育目的而创作的艺术作品。因此，在大学或作为某个教育项目一部分的作品，通常都不是问题。然而，一旦创客成立了企业，那么他们就必须取得对模型或建筑的发布许可，这样才能在其作品中使用该形象。

思考问题：如何使我的作品获得版权保护以免受侵权之害？

获得版权的十大理由

创客的产品包含了表现为文字、表演、影视或视觉意象的思想。一旦产品被生产创作出来，并进行了公开展示，其作品就很容易被别人复制模仿。

但是，这些原创作品是值得保护的。在美国，当一件原创作品以任何书面或视觉的形式被创作出来时，即使没有正式获得官方的版权，它也是受到保护的。因此，即使是还未获得版权的作品，假如他人使用了该思想，并因此获得好评，则可能会遭到起诉。尽管如此，还是有诸多原因使人们通过正式的程序让作品获得版权。

1.所有权的公示：没有人再能辩称他们不知道这件作品是属于你的。

2.可靠的监督：告诫人们不要越雷池半步。

3.推定的所有权（presumption of ownership）：别人想要占有某个思想会变得很困难。

4.简单且廉价：在美国，只需在网络支付少量费用就能完成。

5.提出诉讼的能力：对侵权者的诉讼立即就能提出。

6.损失：你不仅能起诉，还可以获得损失和法律费用的赔偿支付。

7.强制执行：离开正式的版权，将不具备收集损失的能力。

8.赚钱：创作者会因其思想被使用而获得收益。

9.版权属于资产：拥有版权是一种可以让出资者和投资人留下深刻印象的资产。

10.涉外保护：如果发生在进口环节，海关或边境管理机构能够缴获非法贩运的复制品。

即使创客不相信其创意是有价值的，也应该让创意得到版权保护。一旦其他公司开始销售相似的创意，这时创客再提出版权声明则会更加困难。

Tomanov，2014

7.税务问题

虽然税收的种类和数额各地不同，但是无论创客在哪里进行创业都必须缴纳税款。创客必须面对的税收问题包括在政府注册登记，缴纳营业税、个人所得税、销售税或增值税，以及工资薪金税收的处理。

7.1 企业注册登记——现在登记，以便日后能正常纳税

很多国家都要求企业对其存立进行登记。有些政府要求处于正常营业状态的所有的企业都需要支付一定的税费。为了确保企业税费的支付，创客可能会得到一个纳税人识别号。另一点需要考虑的是，企业设立在特别经济开发区（special business improvement zone）的情况。这些区域由负责地方发展的机构建立，目的在于为每个企业评估一笔用于支付超越政府所提供服务的税费。企业注册登记为政府和其他机构开展纳税评估提供了所需的信息。

7.2 企业所得税——是的，总会有更多的税款需要缴纳

企业可能会被要求按其利润向当地、州一级或联邦政府纳税。因为为了计算利润，企业的成本费用可以从收入中扣除，所以创客应该仔细地追踪成本费用，这将会减少税收支出。当然，费用开支的凭据必须保留好，因为负责税款征收的政府机构可能会对其进行核查。而如果这种资料的证据不足，政府有可能会驳回相关费用列支。其结果是，创客可能会被征收更多的税款。

税收错综复杂且因国而异，甚至各个城市也不相同。在有些情况下，企业所得税与个人所得税是完全分开缴纳的；在另一些情况下，要把企业的利

润加入到创客的个人收入中一起纳税。对大多数创客而言，他们都更愿意花时间创作产品，而不是花时间去研读税收的法规条例。因此，聘用专业人员为其服务，以准备税务报表并缴纳税款可能是一个很好的方法。专业人士还可以在法律允许的税前扣除项方面提出建议，以便创客不必缴纳更多的税款。

最后，企业有可能会被要求为政府代征销售税或增值税。这类税款通常是按购买价格的一定比例收取的。然而，并非所有类型的购买行为都会产生这类税收义务。例如，在美国，有些州政府对食物是不征税的，除非是预先烹制的熟食；对服装也不征税，除非一件单品售价超过了一定的数额。这个例子说明了税收法律的复杂性。这是另一种情况，需要企业顾问的建议，以确保销售税或增值税能够被恰当地征收，并按时报送给政府部门。如果未能这样做，通常会被视为犯罪行为，而缺乏相关的法律知识并不能作为企业的借口。

思考问题：我需要营业执照吗？我必须缴纳的税款有哪些？

8.员工招聘

大部分创意企业开始时只有创始人自己，或许还有一个合伙人，他们既要生产产品还要运营企业。然而，如果创业开局成功，需要决定是否雇用员工的时刻必定会来。虽然下一步似乎看起来很简单，而且可能甚至是符合逻辑的，但是实际上，这意味着创客将成为一名管理者。扮演管理者的角色意味着创客必须担负起新的责任，这其中包括职务分析以及与招聘和录用员工相关的工作任务。此外，创客还必须懂得解聘员工所涉及的必要的法律规定。所有这些工作任务都需要花费时间和学习技能。因此，创客应当仔细考虑由员工所提供的额外协助是否能够冲抵执行管理任务所需的额外时间。

招聘的问题

- 职位分析：明确员工将执行的工作任务。
- 招聘：为岗位寻找合格的求职者。
- 面试：询问所有求职者同样的法律问题。
- 录用：书立合同说明雇用条件。

8.1 职位分析——需要做的是什么

在考虑招聘一个员工时，首要任务是明确这个员工在岗位上每天将要做的工作到底是什么。仅仅简单地说需要帮助是远远不够的，因为找到合适的员工取决于其对需要什么技能来完成所要求的任务的理解。假如创客认为他们不能再继续独自经营企业了，他们就应该考虑当前所做的什么工作任务是可以由别人来完成的。所涉及技巧的水平越高，就越有可能需要创客本人完成这项工作任务。然而，技术含量较低的工作任务则可以让别人处理执行。

职位分析是一份工作任务清单，是由一个员工完成的工作量，是工作任务必须得以执行的频率，即是每日、每周，还是每月。这个工作任务及其频率的分析将有助于确定工作所需的天数和小时数。可能并不需要全职的员工，因为并没有足够多的工作量需要一周工作五天。尽管如此，即便只需要兼职的员工，创客也必须确定要求一个人在场的具体天数和小时数。

一旦工作任务清单完成，创客就应该确定这个工作岗位所需的技能、教育程度和人格特质。在有了这些信息之后，便可以撰写一份职位描述。正是这份职位描述将被用于寻找受聘之后最有可能胜任工作的求职者。然而，除了看重特定技能之外，创客还应当注意寻找同样具有创业精神的求职者（Zwilling，2011）。新加入企业的员工应该认同组织的使命而不仅仅是为了谋求一份工作。此外，他们还应该具有一种对创意产品的欣赏态度。作为交换，创客不应该仅仅是把员工当作一个被雇来做任务的人，而是应帮助其理解企业更大的宏图愿景，并使其发展新的技能。作为交换，员工的工作效率会更高。

8.2 招聘合格的求职者——一将难求

大多数创客可能都会倾向于只是雇用他们已经认识的人。只要这个人能够完成所要求的工作任务，这就不是问题。雇用熟悉的人甚至能够成为一种优势，因为这名潜在员工已经熟悉了企业的文化。因此，通知客户、供应商和零售商有职位空缺是寻找新员工要做的第一步。此外，为了寻求合格的求职者，创客可以接触大学的就业办公室，特别是那些具有创意专业的大学，以及当地的就业安置中心。目前已为创客所熟知的实习生也可以被长期聘用。

如果有必要的话，可以在网站或报纸上投放职位的广告。然而，如果可能的话，大部分小企业主都希望能够避免走这一步，因为查看并回复所有申请会耗费大量的时间，而其中很多人并不符合职位要求。

8.3 面试求职者——保持合法

招聘流程可以是非正式的，但面试的过程则需要更加地深思熟虑和周密安排，因为这属于员工招聘中法律流程的一环。虽然法律要求不尽相同，但是通常第一步都是审查申请。即使创客认识未来的员工，仍然应该履行申请流程，要求其提供关于教育和就业的履历。申请可以被视作是一份法律文件，而如果发现员工有没公开的信息，如曾因偷盗被开除，那么这就可以作为协议终止的基础。如果申请显示具有所需的技能和受教育程度，那么便可以安排面试了。

在面试开始前，创客应该准备好一份问题清单。为了公平性和可比性，应该询问每位求职者同样的问题，而且不应有关于求职者私人生活的问题，因为这类问题可能是不合法的。然而，面试不只是一份问题清单和对其的回答，它也是关于求职者的价值观和个性与企业的价值理念匹配的过程。每家企业都具有新员工必须适应的某种文化。在小企业，人们需要紧密地协作，因此需要能够相处融洽。另外，在面试期间，创客其实也是在推销企业。优秀的潜在员工可能具有不止一个工作机会。因此，面试期间应聘者也在确定这是否是一家他们愿意工作的企业。

如果求职者在面试中表现良好，那么在提供职位之前还有最后一步要做，即检查履历。创客懂得一些适用的就业劳动法是有必要的，而求职者隐瞒信息或对其资质完全撒谎的情况也并非罕见。推荐信不能作为足够的证明材料，因为这很容易造假。求职者需要提供一名前雇主或其他专业的介绍人，如某位教授的名字和电话。有的创客可能会觉得这样去核实求职者的陈述令人感到不舒服。但是，应该记住一点，员工的行为可能会损害企业的声誉和财务状况。

8.4 录用员工——有趣的是说"你被录用了！"的时候

一旦决定录用，就要开始书面文书工作。首先，没有被录用的求职者的申请以及解释为什么他们没有被选上的笔录需要保留下来。这是出于合法目的，以防万一求职者认为他们是由于歧视性原因而未被录用。其次，需要准备与录用的求职者相关的文书材料。正式的合同或许还不需要，但应该提供给每位新员工的文书资料包括书面的职位描述、工作时间表及薪酬数额。此外，还应让他们熟悉企业所有的制度规定。

福利是另一个必须澄清的问题。除了获得薪资以外，雇主和雇员可能都需要缴纳雇佣税，这属于政府规定的用以支付社会保障和残障人士补偿计划的税费，它可能是强制性的。此外，由企业提供的福利还包括假期工资、病假工资、健康保险和养老金计划。创客必须理解招聘员工会产生的法律问题。即使福利并非是强制性的，创客可能也会愿意提供福利，从而吸引优秀的员工加入。

思考问题：我在什么时候将会需要招聘员工？我在哪才能找到合格的求职者？

有时不得不说再见

就像在个人关系中那样，有时事情总与某个员工不相协调。解聘员工或许是最不受欢迎的管理工作。然而，假如不得不这样做，以下是可以遵循的流程：

第一步：尝试纠正有问题的行为。用书面的形式说明问题、它需要如何得到纠正以及如果行为没有发生改变将发生什么。

第二步：懂得管理者不能因为歧视性原因开除员工，而只能出于无法履行工作职责的原因开除员工。

第三步：收集好所有的文件资料，包括合同、职位描述、绩效审查以及一份能够解释任何剩余薪资和应付额外福利的信函。

第四步：在一个中立的地点举行一次协议终止会议，让证人见证员工应得的福利已列出。

第五步：在不解释原因的情况下，通知其他员工某人的离职。

有时候，被解聘的员工会在其他公司取得成功。这样的员工并不是不合格，只是他们不适合这份工作而已。

Waring，2013

小结

虽然处理法律问题可能并不是创客愿意花时间的地方，但是如果想让企业存活发展下去，他们就有必要了解这些问题。处理涉及物业、委托创作和委托销售作品的合同将是企业经营的一部分。关于这些问题的很多方面，创客需要寻求专家的建议，但对合同的各个要件仍需要有基本的理解和掌握。用来保护创客作品的版权也是必须要理解和掌握的。此外，涉及执照、租赁和分区的问题在创业者的生活中也需要不断地处理。另一个无法躲避的问题是税收。最后，假如创客决定雇用员工，还必须承担诸如职位分析、招聘、面试和录用的管理任务。

完成任务

回答以下这些问题将有助于完成创业规划的各个部分。

1.援助

a.列出你所在区域的一位财务顾问和一位法律顾问的名字。

2.版权

a.查找一下你所在国家的版权法。

b.在网上找到一份样本复制协议。

3.合同

a.找一份租赁协议并标记出你不知道的条款。

b.找出你现在居住的地址的分区或规划规定。

c.向你所在城市的政府部门电话咨询关于营业执照的信息。

4.税收

a.明确你将要缴纳的企业税收有哪些。

b.找到你需要按照企业利润缴纳的税率。

5.员工

a.查看招聘网站，阅读你将来有一天可能会发布招聘的职位广告。

b.找出一个具有代表性薪资的网站。

c.电话咨询政府办公室，明确哪些职业福利是强制性的。

d.列出五个潜在员工的来源渠道。

形象化训练

1.制作饼状图表示收入，并标明哪一块将会成为政府税收。

2.画出你认为完美的面试求职者。

3.画一张工作任务表列明工作内容、完成时限以及谁来做。

参考文献

Aritis as an Entrepreneur Institute (AEI). Cultural Division. www.broward.org/Arts. Accessed April 4, 2014.

Arts Business Institute. "Art Consignment is Unhealthy for Your Business." August 28, 2011.www.artsbusinessinstitute.org/blog/consignment.Accessed August 13, 2014.

Ennico, Cliff. "Avoiding the Zoning Trap." *Entrepreneur*, August 15, 2005.www.entrepreneur.com/article/79464.Accessed August 13, 2014.

Fractured U. "Courses." http://courses.fracturedatlas.org/courses. Accessed March 4, 2014.

Gegax, Tom and Phil Bolsta. *The Big Book of Small Business : You Don't Have to Run Your Business by the Seat of Your Pants*, New York : Collins.2007.

Lynch, Robert. "Arts are Definitely Good for Business." *Public Management*, 2013.

Porter, Jane. "10 Questions to Ask Before Hiring a Small-Business Attorney." *Entrepreneur*, February 12, 2013.www.entrepreneur.com/article/225395.Accessed August 13, 2014.

Raspel, Petra. "Creative Inspiration vs. Imitation—When does Copying Turn into Plagiarism?" *Artist Sense*, December 18, 2012.http://artistsense.wordpress.com/2012/12/18/creative-inspiration-vs-imitation-when-does-copying-turn-into-plagiarism. Accessed August 13, 2014.

Thompson, Meliss. "Get Office Space." *CNNMoney*, May 13, 2013. http://money.cnn.com/2013/05/13/smallbusiness/office-space.Accessed August 13, 2014.

Tomanov, Melanie. "Copyright Registration Basics for 'Creative Entrepreneurs.'" *The Licensing Journal*, January, 2014.

Waring, David. "How to Fire an Employee in 5 Steps." *Fit Small Business*. October 30, 2013. http://fitsmallbusiness.com / how-to-fire-an-employee. Accessed August 25, 2014.

Zwilling, Martin. "A Growing Startup should Only Hire Entrepreneurs." *Forbes*, February 23, 2011.www.forbes.com/sites/martinzwilling/2011/02/23/a-growing-startup-should-only-hire-entrepreneurs.Accessed August 13, 2014.

附录

创意产业和文化组织的创业规划模板

下面是一份完整的创业规划的建议提纲。每个创业规划都会有所不同，因为每个商业机会都是独一无二的。特别在分销、推广、社交媒体和运营环节必将存在差异。例如，假设只规划了直接分销模式，那么就不需要为间接分销提供任何信息。同样，并不是所有的推广方法都会被创客所采用。

规划是一张用语言描绘的企业蓝图，应当用心组织并认真撰写。创业规划的目的在于把创业想法"推销"给可能的投资者。它还提供了一条创业者随着企业的建立将会遵循的路线图。

使用来自章节末尾相关练习的完整训练将有助于规划的完成。遵循商业写作的3C原则，即清晰（clear）、准确（correct）和简洁（concise）。

清晰——让别人读一读这份规划，以确定你所写的是否是你想说的。

准确——进行校对以确保没有错误，因为读的人会假定这份规划的质量就是企业的品质。

简洁——进行编辑以删除任何不必要的言词，因为人们没时间阅读冗长的文件。

创业规划要点提纲

标题栏

创业者姓名、企业名称、联系方式

一句话：生命的激情——第1章

规划介绍

使命、愿景和价值观——第2章

产品和客户的描述——第1章

目标、任务和策略——第2章

包括有偿/无偿工作经历、职业培训等内容的个人简历——第1章

情境分析

内部：财务、人际、组织技能——第2章

外部：竞争对手、社会文化、科技和经济因素——第2章

SWOT网格——第2章

研究计划

研究问题——第3章

研究对象和方法——第3章

研究结果——第3章

产品描述

产品描述——第4章

产品效用——第4章

竞争优势——第4章

版权保护——第12章

目标客户

目标市场定位策略——第5章

目标细分市场描述——第5章

刺激购买的产品效用——第5章

财务状况

价格结构——第6章

年收入和盈利预测——第6章

税收义务——第12章

初创资金来源——第6章

银行名称——第12章

财务报表——第10章

分销计划

分销策略的描述——第7章

直接分销渠道——第7章

支付处理的方法——第10章

间接分销渠道——第7章

替代性分销方法——第11章

租赁/租借协议——第12章

推广计划

品牌形象的描述——第8章

营销信息——第8章

运用广告的计划——第8章

运用销售推广的计划——第8章

运用网络进行人员推销的计划——第8章

运用公共关系的计划——第8章

社交媒体计划

将传统营销推广融入社交媒体中——第9章

利用社交媒体的类型——第9章

发布日程表——第9章

运营计划

将被使用的供应商——第11章

生产计划——第11章

员工职位描述——第12章

员工来源——第12章

财务顾问、会计人员、保险公司的名字——第12章